rororo gesundes leben
Lektorat Heike Wilhelmi

Gisa Briese-Neumann

Herausforderung Stress

Gesund durch Körper- und InnerManagement

rororo

Rowohlt

Für R. V. – eine Oase inmitten des Chaos

Originalausgabe
Veröffentlicht im Rowohlt Taschenbuch Verlag GmbH,
Reinbek bei Hamburg, Oktober 1997

Redaktion Michaela Breit
Umschlaggestaltung Barbara Thoben
(Foto: The Image Bank/Gordon)
Satz aus der Sabon und Frutiger (Linotronic 500)
Gesamtherstellung Clausen & Bosse, Leck
Printed in Germany
1490-ISBN 3 499 60212 1

Inhalt

Vorwort 9

Einleitung 10

Einführung in das Phänomen «Stress» 15
Stress hält den Organismus in Schwung 16
Was ist eigentlich Stress? 18
Mögliche Reaktionen bei Stress 21
Grunderfahrung Stress –
der Mensch am Ende des 20. Jahrhunderts 23
Stressoren (Stressauslöser) 26

Wie der Organismus auf Stress reagiert 28
Physiologische Stressreaktion 29
Verinnerlichung der Stressreaktion 35
Stress und die Entstehung von Krankheiten 36

Das psychische Stressgeschehen 40
Reaktionsebenen 41
Angst 44
Aggressivität und Aggression 47
Abwehrmechanismen 49
Selbstwert, Ärger und Verletzbarkeit 50
Krisen und Krankheit 53

Wie Emotionen entstehen 57
Emotionen und Kognitionen 57
Sich selbst verwirklichende Annahmen 60
Subjektive Wahrnehmung und Bewertungen 61
Bewertungsprozesse 62
Kognitive Verzerrungen 68

Arbeitsbedingter Stress 71
Belastungen in der Arbeitswelt und ihre Auswirkungen 71
Eine typische arbeitsbedingte Stress-Situation 75
Sozialer Rückhalt in der Familie 77
Leistungsfähigkeit und Leistungsanforderungen 78
Angst vor einer geforderten Leistung 79
Typ-A-Verhaltensmuster 80
«Zeitgemäßer» Stress durch Computer? 81
Erschöpfung psychischer Reserven 83
Zum Abbau von Stressoren in der Arbeitswelt 84

Stressbewältigung – ein Schlüssel zur Gesundheit 86
Konzept Gesundheit 87
Systematische Stressbewältigung 89
Individuelles Bewältigungsverhalten 93
Ungesunde Anti-Stress-Mittel 95
Soziale Reserven 98
Individuelle Widerstandsquellen 99
Stress als Herausforderung 102
Konzentration auf ein Objekt 105

Problemorientiertes Handeln 112
Den Arbeitsstil verbessern 113
Arbeitstechniken 120
Aufgaben delegieren 123
Arbeitsverläufe rationalisieren 124
Kreatives Handeln 125
Selbstkontrolle und Situationskontrolle 127
Entspannte Übergänge schaffen 128
Kritik äußern 130
Aufmerksam zuhören 131
«Nein» sagen 132
Lebensstil 134
Soziales Netzwerk aufbauen 137

KörperManagement:
Das Körperbewußtsein stärken 140
Lernziel Wohlbefinden 141
Fitness 142
Sportliche Aktivitäten 144
Laufen 149
Arbeit am Atem 150
Erholsamer Schlaf 152
Gesunde Ernährung 155
Freizeitverhalten 158

InnerManagement I:
Die eigenen Energiequellen nutzen 162
Körpererfahrung anstreben 162
Physikalische und suggestiv-meditative Methoden 164
Entspannungstechniken 167
Progressive Muskelrelaxation 170 · Autogenes Training 172 · T'ai Chi 174 · Hatha-Yoga 175 · Feldenkrais-Methode 177
Mentale Methoden 178
Gedankenstopp 178 · Positives Denken und Suggestionsformeln 180 · Neurolinguistisches Programmieren (NLP) 182 · Visualisieren 184 · Fokussieren 187 · Meditation 189
Aktive Musiktherapie 192

InnerManagement II:
Geist und Psyche stärken 195
Chancen für das innere Wachstum 195
Aktion statt Reaktion 197
Aktive Kommunikation 199
Konflikte abbauen 201
Eigenverantwortung und Selbstbestimmung 202
Die eigene Mitte finden 206
Angelernte Verhaltensweisen verändern 208

Anhang 212
Literaturverzeichnis 212
Weitere Literatur 227
Adressen 230
Sachregister 236

Vorwort

Veröffentlichungen zum Thema Stress gibt es unzählige. Auch zur Stressprophylaxe und -bewältigung ist das Angebot an Ratgebern unüberschaubar. Dabei wird der Begriff «Stress» ganz unterschiedlich gefaßt. Die Vorstellungen kreisen zum einen um Konzeptionen von Belastung, Beanspruchung, Anforderung, Überbelastung, Überforderung, Unterforderung usw., wobei sich die inhaltliche Differenzierung – wie auch in der Alltagssprache – als schwierig erweist. Zum anderen ist keine klare Abgrenzung des Begriffes zu psychologischen Konstrukten wie Angst, Frustration, Konflikt u. ä. möglich, was eine konsensfähige Definition erschwert beziehungsweise die Komplexität des Geschehens bestätigt. Zudem ist anzumerken, daß die Verhaltenspsychologie versucht, Konzepte zum psychologischen Stress in eine Emotionstheorie auszudehnen.

Es ist nicht Absicht dieses Buches, neueste wissenschaftliche Erkenntnisse zu präsentieren. Vielmehr wird das außerordentlich vielschichtige Phänomen Stress anhand der wichtigsten Erkenntnisse aus der umfangreichen Literatur teilweise sehr stark vereinfacht skizziert, um einen großen Leserkreis für etwas ganz Alltägliches sensibler zu machen, vor allem jedoch, um Möglichkeiten des gezielten Umgangs mit Stress aufzuzeigen. Die Mobilisierung des Individuums, möglichen Reaktionen auf Stress-Situationen an ihrer Wurzel entgegenzuwirken, ist um so dringlicher in einer Zeit, wo sich das Individuum mehr und mehr auf sich selbst besinnen muß, wenn es um den Erhalt von Wohlbefinden geht. Der moderne Mensch muß lernen, Verantwortung für seine Gesundheit zu übernehmen und – vor allem – sein Wohlbefinden durch mehr Aufmerksamkeit auf die Einflüsse, von denen Wohlbefinden abhängig ist, zu steuern.

GBN

Einleitung

«Ich selbst, *ich selbst*», so Gert Nagel (Ordinarius in Freiburg) in einer am 10. September 1996 ausgestrahlten Fernsehdiskussion zu gesundheitsfördernden Maßnahmen, «kann etwas verändern...» – er bezog sich auf das Individuum, auf dessen biographisch-lebensweltliche Sozialbezüge. In der Tat ist es so, daß mehr im Einflußbereich des Betroffenen liegt, als dieser zunächst annimmt, so auch im Umgang mit Stress-Situationen. Der einzelne muß zunehmend sein Selbsthilfepotential aktivieren. Dies gilt zunächst dort, wo er ganz unmittelbar betroffen ist: bezüglich der eigenen Physis und Psyche; denn die Illusion der allumfassenden Wirksamkeit des medizinischen Apparates in einer Umwelt, die sich hinsichtlich der biologischen Anlagen des Menschen massiv zerstörerisch auswirkt, trägt nicht länger.

Im Zeitalter von Computer und Cyberspace werden die Ereignisse für den einzelnen immer unüberschaubarer. Immer komplexer werdende Zusammenhänge stellen nicht nur am Arbeitsplatz die biologischen Vorgaben des Menschen auf die Probe. Eine Stress-Situation jagt die andere, das heißt, der einzelne sieht sich immer öfter der Herausforderung Stress gegenüber – der «Aufforderung zum Kampf». Denn Stress-Situationen sind zunächst nichts weiter als eine «Aufforderung zum Kampf» (oder zur Flucht), in jedem Fall eine Herausforderung für den Organismus. Abhängig von der Bewertung, kann eine Situation (oder ein Ereignis) für den Betroffenen Anforderungen mit sich bringen, die seine Anpassungsfähigkeit übersteigen. Um in diesem Fall die negativen Auswirkungen abzufedern, sollte es das Ziel des einzelnen sein, die Distanz zur jeweiligen Situation zu wahren und zu einer objektiven Beurteilung zu gelangen.

In der modernen Gesellschaft ist Leistungsvermögen eine wesentliche Voraussetzung des Überlebens. Die Demonstration von

Leistungsstärke basiert zwangsläufig auch auf der erfolgreichen Auseinandersetzung mit Stress-Situationen. Voraussetzungen für Leistung sind aber Gesundheit und Wohlbefinden. Um ein bestimmtes Leistungsniveau über einen längeren Zeitraum halten zu können, muß der Betroffene deshalb versuchen, das Aufkommen von Stress zu vermeiden beziehungsweise Stress so zu handhaben, daß die jeweilige Situation ohne negative Auswirkungen auf sein Wohlbefinden bleibt. Von entscheidender Bedeutung für das Individuum ist dabei das Gefühl der Kontrolle über das, was geschieht. Deshalb ist es grundsätzlich sinnvoll, sich die Zusammenhänge von Ursache und Wirkung, das heißt den Ablauf des Stressprozesses einschließlich der Stressbewältigung, zu verdeutlichen. Dazu gehören nicht nur die Einsicht in stressauslösende Gegebenheiten und das Ergreifen von Maßnahmen, mit denen sich potentielle Stressursachen ausschalten lassen. Vielmehr geht es darum, alle Faktoren, die am Stressprozeß beteiligt sind, darauf abzuklopfen, ob sie sich beeinflussen beziehungsweise verändern lassen im Sinne einer langfristigen Stressprophylaxe sowie Stressbewältigung. Denn nur über das Wissen kann sich konstruktives Handeln einstellen.

Wenn die Möglichkeiten der Stressvermeidung einmal erkannt sind, ist es relativ einfach, bestimmte Vorbeugungsmaßnahmen zu treffen, insbesondere im Hinblick auf problemorientiertes Bewältigungsverhalten, vor allem aber auch im Zusammenhang mit «KörperManagement». Doch ist es schwer, das «InnerManagement» zu beeinflussen, denn dies setzt Veränderungen im kognitiv-emotionalen Bereich voraus, das heißt im Bereich der Wahrnehmung und der Gefühle. Da aber noch viel zu wenig darüber bekannt ist, wie psychischer Stress und Emotionen zusammenhängen, ist es für den Betroffenen äußerst schwierig, Emotionen zu verändern. Zudem besteht bei der Anwendung bestimmter Bewältigungsstrategien die Gefahr des Verdrängens, was zusätzlichen psychischen Stress verursachen kann. Daher sollten für den Betroffenen in jedem Fall auch mentale Methoden angeboten werden.

Tips zur Stressbewältigung – wie sie nicht nur in Ratgebern, sondern mittlerweile auch in der Regenbogenpresse, in Männer- und Frauenzeitschriften usw. täglich veröffentlicht werden – basieren auf einer außerordentlich vereinfachten Auffassung der zugrundeliegenden Problematik und haben deshalb häufig nur eine lindernde Funktion. Sie können momentane Erleichterung bringen, tragen aber nur wenig zur Verhaltensänderung beziehungsweise zur Entwicklung eines langfristig tragfähigen Bewältigungsverhaltens bei. Nachhaltigen Schutz gegen Stress gewähren dagegen individuelle Strategien. Mit ihrer Hilfe können – auf der psychologischen Seite – Wahrnehmungsverzerrungen, auf deren Basis es zu negativen Emotionen kommt, erkannt und vermieden werden. Teilweise müssen von der Kindheit herrührende Konditionierungen aufgebrochen werden, um beispielsweise das Auftreten von Angst – ein Begleitsymptom von Stress – zu minimieren, insbesondere auch Erwartungsangst.

Reaktionen auf ein stressendes Umfeld wie vermehrter Alkoholgenuß, Nikotinkonsum, Bewegungsmangel (z.B. aus Zeitmangel), Junkfood, Mangel an sozialen Beziehungen (ebenfalls aus Zeitmangel), Existenzangst sind vollkommen normal, doch unvernünftig, weil sie letztlich stressverstärkend wirken. Eine allmähliche Veränderung hin zu einer gesunden Lebensweise dagegen reduziert Stress, wobei die Umstellung der Ernährung auf Vollwertkost oder primär Obst und Gemüse ein erster und wesentlicher Schritt sein kann! Eine ununterbrochene Lärmkulisse, mehrstündiges Fernsehen und andere Belastungen, die zwar teilweise als «Entspannung» deklariert werden, bringen dagegen keine Lösung.

In diesem Zusammenhang stellt sich auch die Frage, wie verhindert werden kann, daß Stress zum Lebensstil wird. Dabei geht es in erster Linie darum, allgemeine Widerstandsfaktoren aufzubauen und/oder zu stärken sowie angemessene Strategien im Umgang mit stressreichen Situationen zu finden, so daß er generell – und nicht nur «positiver Stress» – als eine echte Herausforderung für die Persönlichkeitsentwicklung erlebt wird.

Das Buch hat zum Ziel, wesentliche Aspekte des Stressprozesses zu verdeutlichen, und zwar hauptsächlich auf die alltäglichen Ärgernisse (Alltagsstress) beziehungsweise auf aus Rollenkonflikten resultierenden Stress bezogen. Darüber hinaus soll aufgezeigt werden, wo für den einzelnen Verhaltens- und Erlebensbereiche beziehungsweise Kognitionen, die Teil gewohnheitsmäßiger Denkmuster sind, optimierbar sind. Durch eine möglichst objektive Bewertung der jeweiligen Situation ist eine Senkung des Stressniveaus möglich. Selbst wenn es nicht gelingt, Alltagsstress als eine Herausforderung zu betrachten, gibt es Möglichkeiten, mit den daraus resultierenden Emotionen so umzugehen, daß sich dem Betroffenen Wege zu größerer Gelassenheit auftun. Dies erfordert jedoch unendlich viel Übung und Einsicht.

Die Ausführungen des vorliegenden Buches sind auf einen breiten Leserkreis zugeschnitten und als Handlungsanstoß für den privaten und beruflichen Bereich gedacht. Neben den bekannten Methoden der Progressiven Muskelrelaxation nach Jacobson und des Autogenen Trainings werden beispielsweise auch Methoden des mentalen Trainings vorgestellt, wobei der Meditation aus verhaltenspsychologischer Sicht eine Schlüsselfunktion zukommen kann, insbesondere im Hinblick auf anzustrebende Veränderungen im kognitiven Bereich. Es geht darum, in einer immer unmenschlicher werdenden Welt Gelassenheit beziehungsweise Distanz gerade zu destruktiven Kräften zu finden. Das Buch will einen über das Jahr 2000 hinausführenden Weg zeigen, den der einzelne auch gehen kann: einen Weg zu Wohlbefinden und Souveränität, um so den Herausforderungen der Zukunft – nicht nur Krisensituationen – adäquat begegnen zu können. Denn wenn Stress einerseits eine Bedrohung darstellen kann und andererseits eine Herausforderung, dann liegt der Akzent dieses Buches auf dem positiven Potential einer Stress-Situation: auf der Annahme der «Aufforderung zum Kampf» – mit dem Ziel, an dieser Herausforderung zu wachsen.

Schließlich gibt es auch Situationen, deren Stresspotential angenommen werden sollte. Zu bestimmten kritischen Lebensereignissen gehört Stress ganz einfach dazu und muß akzeptiert und durchlebt werden – so wie Negativerlebnisse generell zum Leben gehören.

Einführung in das Phänomen «Stress»

Stress ist keine «Zeitkrankheit», vielmehr eine Reaktion des Organismus auf Reizimpulse, wobei (nach herkömmlicher Auffassung) das innere Gleichgewicht (Homöostase) des Betroffenen gestört wird. Diese Reizimpulse basieren auf einer Reihe äußerer und innerer Voraussetzungen, die insgesamt als Stressoren bezeichnet werden. Stressoren verlangen vom Organismus in bestimmten Situationen einen hohen Grad an Anpassungsfähigkeit. Wenn die Anpassungsreaktion ausbleibt beziehungsweise versagt, geht die innere Balance verloren, «flow» bleibt aus, und es kommt zu mehr oder weniger schwerer Stress-Symptomatik beziehungsweise zu schädlichen Konsequenzen für den Betroffenen. Anforderungen können jedoch auch intern entstehen und einen intrapsychischen Konflikt auslösen mit einhergehender Stress-Symptomatik.

Ob Stress schädlich ist beziehungsweise ob er positiv oder negativ auf das Individum wirkt, hängt davon ab, wie der Betroffene die auslösende Situation aufnimmt und verarbeitet. Dies generell zu bestimmen ist bisher nicht möglich, zumal daran verschiedene, sich gegenseitig beeinflussende Variablen beteiligt sind. Die Bewertung einer Situation als Stress-Situation läßt sich dagegen teilweise vom Betroffenen beeinflussen. Vor allem dann, wenn er den Ablauf eines Stressprozesses kennt und – daran orientiert – sich individuelle Bewältigungsstrategien aneignet beziehungsweise ausprobiert.

Stress hält den Organismus in Schwung

Das Gefühl von Stress ist normal, solange sich der Betroffene der entsprechenden Situation anzupassen vermag und wenn er sie nicht – im Falle von sogenanntem negativem Stress (Distress) – bereits im Vorfeld zu vermeiden versucht hat. Bereits in den 50er Jahren stellte man fest, daß Leistungssteigerung, Kreativität ganz allgemein, ein gewisses Maß an Stress voraussetzt und daß die Stresstoleranz, die ohnehin von Mensch zu Mensch unterschiedlich ist, beim einzelnen variieren kann. Zudem ist Stress immer auch situationsbedingt.

Die Beurteilung von Stress nach den Kriterien «gut»/«positiv» oder «schlecht»/«negativ» ist mitunter schwierig. Beispiel: Pete Sampras auf dem Siegerpodest oder eine gerade in eine Top-Position aufgestiegene Führungskraft – in beiden Fällen haben Menschen ein angestrebtes Ziel erreicht. Beurteilt er die Situation vom Standpunkt des Erreichten, sieht der Außenstehende, daß das Ergebnis die Mühe lohnte. Aus psychologischer Sicht stellt sich die Situation anders dar. Um ans Ziel zu kommen, haben beide Individuen Zeiten erheblicher Quälerei durchlaufen: der Top-Tennisspieler hat viele Jahre intensiven Trainings hinter sich, der Topmanager hat womöglich über Jahre eine 60-Stunden-Woche auf Kosten des Familienlebens heruntergespult. Die Ehefrau ist vielleicht inzwischen Alkoholikerin und eines der Kinder heroinsüchtig. Die psychischen Spätfolgen von Dauerstress lassen sich nicht abschätzen, darüber hinaus sind körperliche Reaktionen auf Stress denkbar, zum Beispiel auf längere Sicht schädliche muskuläre Veränderungen beim Top-Tennisspieler, Herzinfarktrisiko, Bluthochdruck o. ä. beim Topmanager.

Stress ist eine Antwort des Organismus auf die an ihn gestellten Anforderungen: Kann man eine Aufgabe leicht erfüllen, wird man nicht über Stress klagen. Dagegen wird von Stress gesprochen, wenn die Erledigung einer Aufgabe Mühe macht, Probleme aufwirft und wenn sie von vornherein nur ungern angegangen wird.

Dem Emotions- und Stresstheoretiker Lazarus und seiner Arbeitsgruppe zufolge setzt Stress ein, wenn das Gleichgewicht zwischen den Anforderungen der Umwelt und den Ressourcen des Individuums bedroht ist, sobald sich also eine Diskrepanz zwischen Anforderungen und Möglichkeiten der Bewältigung abzeichnet.

Mangelnde Möglichkeiten oder Fähigkeiten bei der Ausführung einer Aufgabe oder bei der Handhabung einer Situation lassen sich unter Umständen beispielsweise durch Veränderung der Arbeitsbedingungen, Erwerb einer zusätzlichen Qualifikation, Delegierung einer Aufgabe o. ä. regeln, das heißt problemorientiert. Wenn die Beurteilung, das heißt die kognitive Bewertung einer Situation eine Bedrohung signalisiert, ohne daß der Betroffene Möglichkeiten sieht, die gegebenen Voraussetzungen zu verändern, ist es kaum möglich, sich den Auswirkungen der belastenden Situation zu entziehen. Wichtig ist dabei, daß die kognitive Bewertung, die auf subjektiver Wahrnehmung beruht, eine Variable im Stressprozess ist, also eine veränderliche Größe. Gerade wenn beispielsweise die Voraussetzungen keine termingerechte Ausführung einer Aufgabe zulassen (und der Betroffene daran auch im Vorfeld nichts ändern kann), sollte seine Stressreaktion minimiert sein. Denn eine Situation, an der nichts zu ändern ist, sollte nicht als Bedrohung eingeschätzt werden. Doch in der Praxis wird eine derartige Situation trotzdem als Bedrohung bewertet – es handelt sich also um «hausgemachten» (vermeidbaren) Stress. In diesem Fall fehlt dem Betroffenen die Distanz zum Geschehen. Der Betroffene sollte deshalb grundsätzlich seine Bewertung von Situationen prüfen.

Schließlich hält ein gewisses Maß an Stress den Organismus in Schwung. Jeder benötigt ein gewisses Maß an Anspannung, wenn das Leben nicht langweilig werden soll, ganz abgesehen von der biologischen Ausrüstung des Organismus, der auf den Umgang mit Stress-Situationen programmiert ist. Denn das Individuum ist in der Lage, negative Situationen zu durchleben, ohne Schaden zu erleiden, wenn sich das Ausmaß in «normalen» Grenzen hält.

Was ist eigentlich Stress?

In irgendeiner Weise hat jeder schon einmal Stress im Alltag erfahren. Jeder kennt Belastungen, durch die er sich über das normale Maß hinausgehend beansprucht fühlt. «Ich bin im Stress», «Ich bin überfordert», «Das ist ziemlich stressig» – diesen und ähnlichen Kommentaren begegnet man häufig. Angenehme Ereignisse lösen mitunter ebenso Stress aus wie unangenehme.

Kaum ein Fachausdruck ist je so in die Umgangssprache eingegangen wie das Wort «Stress». Kaum einer, der sich in unserer arbeitsteiligen Welt nicht «gestresst» fühlt. Fast jeder verbindet damit jedoch etwas anderes. Im allgemeinen Sprachgebrauch ist Stress vor allem ein Sammelbegriff für alle irgendwie belastenden Umstände. Die Stressreaktion als Antwort des Organismus auf unangenehme Reize ist – wie jede emotionale Reaktion – im Verhalten beobachtbar, im Erleben (als subjektiv empfundener Spannungszustand) mitteilbar und in physiologischen Variablen meßbar. Der psychologische Aspekt (die emotionale Reaktion) ist nicht meßbar, was die Wahl der Maßnahmen zur (emotionalen) Stressbewältigung erschwert. Der österreichisch-kanadische Mediziner Hans Selye (1907–1982) bezeichnete noch den auslösenden Reiz, also die Stressursache, mit dem Begriff Stress. Wenn jemand beispielsweise äußert, daß er gestresst ist, so zeigt dies, daß Stress als individuelle Reaktion auf eine bestimmte Situation erfahren wird. Ein Kommentar wie «Es ist alles so stressig» weist dagegen darauf hin, daß Stress als ein äußerer oder als ein innerer Reiz wahrgenommen wird und ein bestimmtes Gefühl verursacht.

Heute wird zwischen auslösenden Reizen (Stressoren) und Stressreaktionen unterschieden. Die vom Organismus erkannten Anforderungen der Umwelt an ihn werden als die sogenannten Stressoren bezeichnet, also alle eine Stressreaktion auslösenden Reize. Der Begriff Stress bezeichnet hauptsächlich den Zustand, in dem sich das Individuum befindet, wenn der Organismus eine Strategie sucht, um sich den gestellten Anforderungen anzupassen.

Stress-Situationen bergen eine Gefahr für den Betroffenen, wenn durch unangemessenes Verhalten Dauerstress entsteht, oder wenn eine einmalige Situation per se Dauerstress auslöst: etwa eine einschneidende Lebensveränderung. Gelingt es dem Individuum nicht, ein angemessenes Bewältigungsverhalten im Umgang mit Belastungen zu entwickeln, kann selbst Alltagsstress verheerende psychosomatische Konsequenzen haben. Und sie sind manchmal erst nach Jahren feststellbar.

Stressreaktionen sind abhängig von der Situation und von den individuellen Voraussetzungen. Beide Aspekte stehen in einem Wechselverhältnis, wobei zu den individuellen Voraussetzungen äußere und innere Fähigkeiten und Kapazitäten zählen und deren Aktivierung im Stressprozeß. Der eine vermag sich einer Stress-Situation ohne eine starke emotionale Reaktion anzupassen, dem anderen gelingt dies nicht. Da der Stressprozeß von ganz unterschiedlichen Faktoren abhängt, ist schwer einzuschätzen, wann eine Reaktion «normal» ist und wann nicht.

Stresskonzeptionen

Seit den 60er Jahren steht die prozeßhafte Auseinandersetzung von Individuum und Umwelt bei der Beurteilung des Stressgeschehens im Vordergrund. In der von Lazarus und Mitarbeitern entwickelten kognitiv-transaktionalen Stresstheorie werden beide Komponenten – Reiz und Reaktion – in wechselseitiger Beziehung gesehen. Darauf basiert die Definition von Stress als Prozeß beziehungsweise als Auseinandersetzung des Individuums mit bestimmten Anforderungen der Umgebung oder mit inneren Anforderungen, die seine Ressourcen beanspruchen oder übersteigen.

Da das Individuum durch seine Bewältigungsstrategien auf die Umwelt einwirkt, sind rückwirkend auf der Personenseite ebenfalls Veränderungen zu erwarten. Diese wechselseitige Beeinflussung von Individuum und Umwelt wird in der Psychologie als Transaktion verstanden. Schließlich bilden heute die transaktionalen Modellvorstellungen den Kern der Auseinandersetzung mit dem Phänomen Stress. Dabei stellen die individuellen, stressbezogenen Kognitionen einen wesentlichen Faktor dar.

Stress wird als negative Person-Umwelt-Beziehung gesehen oder als negative kognitive Bewertung (z. B. Angst, Ärger). Damit gehört Stress schließlich zu der Kategorie der Emotionen, denen auch positive Personen-Umwelt-Beziehungen und kognitive Bewertungen zuzuzählen (z. B. Freude, Liebe) sind.

Am Stressprozeß beteiligte Aspekte

- Kognitive Bewertungen («cognitive appraisals»): Damit überprüft das Individuum einzelne Situationen im Hinblick auf ihre Bedeutsamkeit für das eigene Verhalten beziehungsweise für das eigene Wohlbefinden.
- Bewältigung («coping»): Mit bestimmten Handlungen versucht das Individuum, stressrelevante Situationen zu bewältigen mit dem Ziel, das eigene Wohlbefinden aufrechtzuerhalten beziehungsweise wiederherzustellen.
- Gefühle («emotions»): Mit jeder Bewertung gehen entsprechende Gefühle/Emotionen einher; sie können aber auch als Folge des Erlebens einer stressrelevanten Situation angesehen werden.

Belastende Gefühle und einhergehende Symptome basieren schließlich auf der Bewertung entsprechender Situationen, wobei das Individuum eine Diskrepanz zwischen Erwartung und Wirklichkeit konstatiert und einen Erregungszustand erfährt. Wenn der Umgang mit stressrelevanten Situationen längerfristig erfolgreich sein soll, muß Stressbewältigung hier einsetzen, mit dem Ziel, das Individuum in die Lage zu versetzen, gelassen mit der Wahrnehmungsdiskrepanz umzugehen.

Bei der kognitiven Auseinandersetzung des Individuums mit

den Anforderungen der «Außenwelt» (und auch der «Innenwelt») bedingen sich Individuum und Umwelt wechselseitig. Dadurch kommt es ständig zu Veränderungen der beteiligten Faktoren (Person und Umwelt), und die Auslotung von Möglichkeiten zur Bewältigung wird zusätzlich erschwert. Entsprechend äußert Lazarus, daß es «faktisch keine prozeßorientierten Strategien zur Erfassung von Bewältigung oder Herausforderung gibt» (Lazarus & Launier, 1981).

Mögliche Reaktionen bei Stress

Reaktionen bei Stress werden von der Art des jeweiligen Stressors und den Möglichkeiten des Betroffenen bestimmt, den Anforderungen gerecht zu werden. Diese Aspekte beeinflussen sich gegenseitig und fließen in unterschiedlichem Umfang in den Stressprozeß ein. Als Produkt vielfacher physischer, psychischer, verhaltensbezogener sowie auch kultureller Merkmale in Kombination mit der jeweils eigenen Biographie, reagiert das Individuum auch ganz unterschiedlich.

Stressreaktionen manifestieren sich im körperlichen Bereich (physiologisch), im Verhalten (behavioral), im gefühlsmäßigen Bereich (emotional) und im geistig-erkenntnisbezogenen Bereich (kognitiv). Weil die beteiligten Aspekte meist unwägbar sind, ist die Reaktion im psychologischen Bereich oft nicht vorhersehbar. Emotionale Schwankungen können ganz extreme Verhaltensweisen hervorrufen – vom einfachen Wutausbruch bis hin zu exzessivem Alkoholkonsum. Entsprechend werden in der Literatur die Auswirkungen einer Stressbelastung in physiologische und psychische Veränderungen unterteilt, wobei eine exakte Trennung im Einzelfall mitunter schwierig ist.

Im Zentrum der physiologischen Stressreaktion steht die gesteigerte Alarmbereitschaft des Organismus angesichts einer Belastungssituation. Wenn sich der Organismus nicht an die jeweilige Anforderung anzupassen vermag, kann es zu Erschöpfung und zur Gesundheitsschädigung kommen.

In den Bereich der psychischen Reaktion gehören die verhaltensbezogenen, emotionalen und kognitiven Veränderungen.

Verhaltensbezogene Stressreaktionen können sich in einem gesteigerten Aktivitätsniveau äußern, in stereotypen Verhaltensweisen, in selbstdestruktiven Aktivitäten oder auch in einem gestörten sozialen Verhalten.

Emotionale Veränderungen zeigen sich häufig in Abwehrmechanismen wie Verleugnung oder Abwertung, in Furcht, in verstärkter Angst, in unkontrollierter Aggression, vor allem aber auch in den Extremformen von Stress, zum Beispiel Ausgebranntsein («burnout») oder Depressionen. Durch sich wiederholende Stressreaktionen kann die Wahrnehmung zusätzlich eingeschränkt werden und wird so selbst zum Stressor. Der Prozeß gewinnt Eigendynamik.

Symptome einer Stressreaktion

- *Im körperlichen Bereich:* Erröten, Müdigkeit, Brechreiz, Muskelzittern, Zucken, erhöhter Blutdruck, erhöhte Pulsfrequenz, nervöse Krämpfe, trockene Kehle oder trockener Mund, leichte Ermüdbarkeit, häufiger Harndrang, Schlafprobleme, Durst, Sehstörungen, Verdauungsprobleme, Muskelverspannungen im Hals-Nacken-Bereich, unspezifische Schmerzen, Übelkeit, Atemnot, Magendruck, Schwäche, Schwindelgefühl, vermehrte Schweißbildung, Schüttelfrost usw. Allergien
- *Im Verhalten:* Sozialer Rückzug, Stottern, nervöses Sprechen oder andere Probleme beim Sprechen, Gefühlsausbrüche, Mißtrauen, Ruhelosigkeit, Kontaktverlust, unsoziales Verhalten, Schreckhaftigkeit, Hektik, unkontrollierte Bewegungen, Weinen ohne Anlaß, hohes Lachen, Zähneknirschen, verstärkter Nikotinkonsum, Alkoholmißbrauch,

Medikamentenmißbrauch, Appetitlosigkeit oder Freßlust, Reizbarkeit, Unfallanfälligkeit, Auftreten von Abwehrmechanismen, Kommunikationsschwierigkeiten usw.

– *Im gefühlsmäßigen Bereich:* Ängstlichkeit, Verletzbarkeit, Irritierbarkeit, Pessimismus, Launenhaftigkeit, Schuldgefühle, Panikanfälle, Furcht, Unsicherheit, depressive Verstimmungen, unangemessene gefühlsmäßige Reaktionen, Besorgtsein, Überforderung, Unterforderung, Wutgefühl, Abwehrhaltung usw.
– *Im geistig-erkenntnisbezogenen Bereich:* geringes Selbstwertgefühl, geringe Selbstachtung, Angst, Fehler zu machen, Konzentrationsschwierigkeiten, leicht in Verlegenheit zu bringen, Zukunftsängste, vermehrtes Grübeln, Vergeßlichkeit, Verschiebung von Verantwortung auf andere, Verworrenheit, eingeschränkte Urteilsfähigkeit, Entscheidungsmangel, übertriebene oder mangelnde Aufmerksamkeit, übertriebene Wachsamkeit, mangelnde Problemlösungsfähigkeit, Denkblockaden, Verlust des Zeitgefühls, eingeschränktes Denkvermögen, Alpträume usw.

Diese Symptome müssen natürlich nicht in jedem Falle auf vermehrten Stress hindeuten, denn sie können ebenso andere Ursachen haben.

Grunderfahrung Stress – der Mensch am Ende des 20. Jahrhunderts

Stress ist eine Herausforderung an den Organismus, mit der Menschen über Jahrtausende biologisch erfolgreich umgehen konnten. Am Ende des 20. Jahrhunderts gelingt dies nicht mehr: Die Ressourcen des einzelnen sind weitgehend erschöpft, weil Coping (die Anpassungsleistung) in vielen Fällen zu einer kräfteverzehrenden

Daueraufgabe geworden ist. Das betrifft alle Schichten der Bevölkerung. Zur desolaten Lage des einzelnen tragen darüber hinaus die unklaren Zukunftsperspektiven bei. Die einzige Möglichkeit der Abwehr besteht darin, Distanz zu wahren. Der einzelne kann dies erlernen, indem er das Leben mit seinen Belastungen als Herausforderung anzunehmen lernt mit dem Ziel, die eigene Identität zu wahren oder wiederzufinden. Dazu gehört es, die veränderte innere Wirklichkeit, Selbstdeutungen und Identitäten zu begreifen. Das ist für viele gar nicht mehr möglich, denn die feste Bindung an Beruf und Arbeit schlechthin verliert mehr und mehr an Selbstverständlichkeit, so auch die religiöse Bindung oder die Bindung an Heimat und Familie. In der Moderne bildeten diese Pfeiler eine Basis für die alltägliche Lebensführung, für den Lebensrhythmus, worauf sich die Identität des einzelnen stützen konnte.

Der soziokulturelle Umbruch zu Ende des 20. Jahrhunderts markiert schließlich einen nachhaltigen Einschnitt: Die rasch voranschreitende funktionale Ausdifferenzierung des Gesellschaftssystems hat zwar eine Welt mit unendlich vielen Möglichkeiten hervorgebracht. Gleichzeitig wird aber der einzelne zunehmend an «seinen» Funktionsbereich gebunden: hier muß er anschließen, weiterkommen. Gelingt ihm das nicht, verliert er allen Halt. Denn die traditionellen Sphären individueller Verwirklichung (Familie, Verein, Dorfgemeinschaft usw.), falls noch vorhanden, bieten keine soziale Sicherheit, keine Anerkennung und individuelle Bestätigung mehr. Das kann der einzelne nur noch im Funktionalen finden – als funktionierendes Wesen, z. B. über den beruflichen Erfolg.

Inmitten der Fülle von Informationen, die auf den einzelnen tagtäglich einströmen, kommt der Mensch an seine biologischen Grenzen, denn das Zuviel ist nicht mehr verdaubar. Das ist Stress pur – das Nicht-mehr-bewältigen-Können von Informationen. Aber es gibt kaum ein Entweichen, denn die Verweigerung, die Konsequenzen des Nicht-mehr-mithalten-Wollens entpuppen sich früher oder später als Stressverstärker.

All dies suggeriert eine Neuerfindung des Menschen für das 20. Jahrhundert – ein Schwachsinn. Wer das propagiert, begreift nichts von dem, was der Mensch ist – er ist weder Hardware noch Software, noch auch Wetware. Das entsprechende Bewußtsein gilt es zu aktivieren, um einer als Bedrohung empfundenen Umwelt etwas entgegensetzen zu können.

Unsere Kultur ist getragen von einem stabilen Individuum mit persönlicher Tiefe. Dieses Individuum garantiert das Überleben in einer von Stressoren durchwirkten Zeit. Körperliche und mentale Fitness (wie es schon der Pfarrer Sebastian Kneipp vor ca. 150 Jahren propagierte) können zur Entwicklung eines starken Ichs ganz wesentlich beitragen. Es geht im vorliegenden Zusammenhang um die Stabilisierung des Inneren, des persönlichen Kerns und nicht um Fitness, die auch noch zur Verstärkung desaströser Umweltbedingungen eingesetzt wird. Nicht um die Oberflächenstruktur geht es, vielmehr um das Erkunden der eigenen Tiefe, zum Beispiel durch Schulung der Achtsamkeit und des Gewahrseins.

Daß früher nicht so häufig über Stress gesprochen wurde, hat auch mit der Lebensweise zu tun, wie sie sich nach dem Krieg herausgebildet hat, sowie mit den Anforderungen eines kapitalistischen Wirtschaftssystems. Für viele äußert sich der täglich durchlebte Stress einfach in der Frage, wozu das alles gut sei, der gesellschaftliche Rang, der Verdienst usw. Sie sind an einem Punkt angekommen, an dem Zweifel aufkommen, ob die Verteidigung dieses Lebens, angesichts der vielen gesellschaftlichen Probleme, eben auch aufgrund der vorgegebenen Leistungs- und Geschwindigkeitsnormen, noch vertretbar ist. Die Geschwindigkeit der Veränderungen nimmt zu, aber die Verarbeitung bleibt dieselbe. Denn «Gehirn» und «Herz» haben sich nicht weiterentwickelt. Die Muskulatur ist insgesamt etwas rigider geworden, doch der Druck hat zugenommen. Zeit zum «Verdauen» bleibt kaum noch. Kontinuierlicher Wandel und Komplexität haben zugenommen. Manche Menschen scheinen damit sehr gut fertig zu werden, mehr und mehr aber nicht.

Stressoren (Stressauslöser)

Gleichgültig, ob ein Angestellter unter dem Druck steht, sich mit neuester Netzwerktechnologie auseinanderzusetzen, oder ein Sportler zum Wettlauf um den Sieg antritt oder ein Ehemann hilflos zusehen muß, wie er seine Frau langsam an einen Nebenbuhler verliert, sie alle leiden unter Stress: zunächst ist da ein äußerer Stressor, der beim Betroffenen eine Reaktion bewirkt. Der Begriff Stress oder Stressauslöser benennt also den Reiz, der die Stressreaktion auslöst. So kann beispielsweise ein Gedanke oder ein Gefühl Stress verursachen und somit ein Stressor sein; unter anderen Umständen wiederum können entsprechende Emotionen aber auch die Reaktion auf einen äußeren Reiz sein. Die Reaktion wird aber erst zum inneren (psychischen) Stressor aufgrund der Bewertung des Betroffenen. Verliert jemand seine Ehefrau an einen anderen, kann der innere Stressor verletzter Stolz oder auch Kränkung sein und in der Folge einhergehen mit einer Beeinträchtigung des Selbstwertgefühls. Erst im letzteren Fall wird die Angelegenheit kritisch.

Eine Stressreaktion wird beispielsweise auch ausgelöst, wenn jemand in der U-Bahn attackiert wird oder wenn der Vorgesetzte einen Mitarbeiter demütigt, wenn vom Arbeitnehmer eine Arbeit verlangt wird, die dieser aufgrund mangelnder Information nicht wird ausführen können, oder wenn sich jemand Gedanken darüber macht, ob er überhaupt noch einmal eine Rente bekommen wird. Der entsprechende Mechanismus wird auch ausgelöst, wenn das Verhältnis von dem, was jemand erwartet beziehungsweise benötigt, und dem, was er bekommt, eine Diskrepanz aufweist. Das kann beispielsweise der Fall sein, wenn jemand ein Examen mit Auszeichnung bestanden hat und für den Rest des Lebens in der Bäckerei um die Ecke Brötchen verkaufen muß. Jeder braucht abhängig vom Background ein bestimmtes Maß an Verantwortung. Wenn dieses Maß stark reduziert ist, bedeutet dies für die meisten ebenfalls Stress, zum Beispiel für den 30jährigen arbeitslosen Physiker.

Stressrelevant sind heute aber auch Rollenkonflikte. Jeder ist immer vieles gleichzeitig, so kann eine Frau zum Beispiel Tochter, Schwester, Ehefrau, Geliebte, Mutter, Dokumentationsassistentin, Hausfrau usw. sein. Unter dieser Voraussetzung häufen sich die Konflikte mit einhergehendem Stress, nämlich durch den Versuch, mehrere Rollen gleichzeitig auszufüllen.

Gemeinsam ist den Stressoren, daß sich der Organismus ihnen anpassen muß, um Wohlbefinden aufrechterhalten beziehungsweise wiederherstellen zu können.

Grob lassen sich Stressoren klassifizieren nach kleinen alltäglichen Ärgernissen («daily hassles»), sogenannten Mikrostressoren, Stress durch kritische Lebensereignisse, sogenannte Makrostressoren, und nach chronischen Belastungen (Dauerstress, Lebensstress). Bei chronischen Belastungen dauert der Erregungszustand im Organismus an, ohne daß dem Betroffenen die Mobilisierung geeigneter Reserven zur erfolgreichen Abwehr des Stressors gelingt.

Stressoren werden auch nach der Zeitspanne, in der sie auftreten, beurteilt. Es gibt kurze Stress-Situationen, wie zum Beispiel das Warten auf ein Telefongespräch. Zu den langfristigen oder chronischen Stress-Situationen (Dauerbelastungen, Lebensstress) gehören Umweltereignisse, zum Beispiel Luftverpestung, oder auch Beziehungskonflikte, Arbeiten am Computer, Straßenlärm während des Schlafes. Auch können kritische Lebensereignisse, zum Beispiel Arbeitslosigkeit, Scheidung usw., die zunächst Stress im Sinne einer gravierenden Lebensveränderung sind, zu Dauerstress werden.

Wie der Organismus auf Stress reagiert

Stress ist ursprünglich ein Reaktionsmuster des Menschen zur Vorbereitung auf Kampf oder Flucht angesichts einer gefährlichen Situation. Entsprechend reagierten unsere Vorfahren vor Jahrtausenden auf Anforderungen und Gefahren entweder mit Kampf oder Flucht. Dieser Mechanismus ist dem Menschen seit Urzeiten einprogrammiert. Durch komplexe physiologische Abläufe – neurale Entladungen und die Freisetzung von Stresshormonen – werden die für «Kampf oder Flucht» nützlichen Funktionen vom Organismus auf Hochleistung gebracht.

Grundsätzlich dient diese unbewußt ablaufende Stressreaktion der besseren Bewältigung gefährlicher Situationen, das heißt der Situationen, in denen die individuelle Anpassungsfähigkeit an ihre Grenzen zu kommen droht. Der Stresszustand eines Individuums ist erkennbar an einem hohen Aktivierungsniveau sowie physiologischen und psychischen Begleitsymptomen. Solange eine Stress-Situation nur kurze Zeit dauert, sind die begleitenden physiologischen Abläufe für das Individuum unschädlich. In seiner negativen Ausprägung stört Stress die ausgewogene Grundstimmung, wobei es zu einer Zunahme der Anspannung oder zu einer Antriebsreduzierung kommt.

Es ist nicht die eine konkrete Gefahr, die Stressreaktionen mit einhergehender Angst verursacht, sondern vor allem das Drohen einer Gefahr: das Individuum fühlt sich bedroht. Dabei ist zu beobachten, daß der Betroffene die jeweilige Situation meistens als ungewiß beziehungsweise unkontrollierbar einschätzt: das Geräusch in der Nacht vor dem Fenster muß nicht zwangsläufig einen Einbrecher ankündigen. Etwas Neues, etwas Unbekanntes bedarf immer der Überprüfung, um ihm die Ungewißheit zu nehmen, wobei die Ungewißheit eine mögliche Bedrohung beinhalten kann.

Entsprechend reagiert der Organismus mit Aktivierung der Stresshormonachsen. Diese Reaktion wird zunächst durch die Aufmerksamkeit des Individuums beziehungsweise durch die Beurteilung der wahrgenommenen Situation ausgelöst, danach werden durch den Alarm des Organismus weitere Aufmerksamkeitszentren aktiviert. Erst wenn sich bestätigt, daß das Individuum einer Bedrohung ausgesetzt ist, kommt es zum vollen Einsatz der physiologischen Stressreaktion. Etwas Unbekanntes, etwas Neues wirkt auf den Organismus in jedem Fall als ein anregender Reiz und versetzt ihn in Handlungsbereitschaft. Die entsprechende Reaktion ist gesteigerte Aufmerksamkeit, wobei das Individuum seine Möglichkeiten überprüft, auf das Neue – auch im Sinne einer Herausforderung – zu reagieren.

Physiologische Stressreaktion

Auf eine äußere Bedrohung reagiert der Organismus mit der Auslösung der physiologischen Stressreaktion. Daran sind das zentrale Nervensystem (Gehirn und Rückenmark), das vegetative Nervensystem und das Hormonsystem beteiligt. Der Organismus hat eine gewisse Flexibilität entwickelt, wodurch der situationsgerechte Einsatz einer Vielzahl automatischer Mechanismen möglich wird. Allerdings gibt es keine einheitliche Stressreaktion, denn der Organismus reagiert nicht nur flexibel auf negative Umweltkonstellationen, teilweise vermag er sich auch anzupassen. Eine anders geartete Stressreaktion tritt beim Auftreten einer inneren Gefahr auf, so zum Beispiel, wenn der Organismus durch Krankheitserreger bedroht wird, die die normalen physiologischen Abläufe durcheinander zu bringen drohen. Ferner können auch innere und äußere Stressoren aufeinander wirken und eine entsprechende körperliche Reaktion auslösen.

Die Qualität der körperlichen Reaktion ist abhängig davon, ob eine Situation beispielsweise Trauer oder Freude auslöst. Das heißt, sie basiert auf der jeweiligen Bewertung durch den Betroffenen beziehungsweise auf der verursachten Emotion. Das Stresshormon Cortisol wird beispielsweise beim Anhalten der Alarmreaktion ausgeschüttet, wenn negative Konsequenzen zu erwarten sind. Bei sehr viel Freude und Erwartung («Das kann ich schaffen!» «Das kriege ich in den Griff.»), kommt es zu einer ganz anderen Reaktion, zur Adrenalinausschüttung. Bei positivem Stress klingt die Stressreaktion in der Regel ohne jede Intervention ab.

Überleben ist letztlich ohne die physiologische Stressreaktion nicht denkbar. Der Mensch braucht ein gewisses Maß an Stress zur eigenen Motivation, denn erst die entsprechende Reaktion ermöglicht es ihm, mit den wechselnden Umständen des Lebens zurechtzukommen.

Die körperliche Stressreaktion läßt sich am ehesten anhand der Kampf-oder-Flucht-Reaktion, das heißt anhand des zuerst von Selye 1956 beschriebenen Allgemeinen Adaptionssyndroms (AAS; General Adaption Syndrome [GAS]) und der Tätigkeit des vegetativen Nervensystems beziehungsweise durch die Beschreibung der Abläufe auf den Stresshormonachsen nachvollziehen. Anhand der entsprechenden Informationen kann der einzelne feststellen, ob er einer Stress-Situation ausgesetzt ist und wie er darauf reagiert. Daraufhin kann er eingreifen oder nicht. Hat er beispielsweise die Müdigkeit als Ausdruck von Stress erkannt, sollte er dem Körper eine Regenerationsphase gönnen, statt über Stunden weiterzuarbeiten.

Kampf-oder-Flucht-Reaktion

Im Falle einer Bedrohung reagiert der Betroffene reflexartig mit der Kampf-oder-Flucht-Reaktion («fight-or-flight-syndrome»): bedingt durch einen Adrenalinstoß weiten sich die Pupillen, der Puls beschleunigt sich usw. Die sogenannte Notfall-Reaktion ist die stärkste Reaktion des AAS. Als Folge der individuellen Bewertung einer Situation kann sie von nahezu jedem Stressor ausgelöst werden. Allein das Gefühl einer Bedrohung reicht zum Auslösen der Kampf-oder-Flucht-Reaktion, wobei die meisten Bedrohungen nur in der Einbildung des Individuums bestehen. In dieser Phase kommt es zu außerordentlich komplexen Reaktionen im Organismus und – abhängig vom Ausmaß der Reaktion – zur Ausschüttung bestimmter Stresshormone. Dadurch wird der Organismus zum Kampf oder zur Flucht mobilisiert. Die physiologischen Reaktionen beziehungsweise die Leistungsfähigkeit des Organismus verbessern sich, wodurch die Bewältigung von Gefahrensituationen möglich ist.

Die Notfall-Reaktion ist jedoch nicht nur in Gefahrensituationen nützlich, sondern auch bei weniger gefährlichen Herausforderungen wie sportlichem Wettkampf oder bei Zeitdruck. Problematisch ist, daß diese Reaktion auch (bedingt durch die Bewertung des Individuums) in Situationen auftritt, in denen sie weder erforderlich noch sinnvoll ist, so in Situationen von Alltagsstress (z. B. bei Streit, beim Stehen im Stau oder in einer Warteschlange bei McDonald's). In derartigen Situationen kann der Körper die angestaute Energie nicht «loswerden». Ist eine «Entladung» unmöglich, kann dies längerfristig gesundheitsschädlich sein.

Wenn es zu einem Extraschub an Energie kommt, werden damit die Voraussetzungen für eine motorische Aktion geschaffen, die in der heutigen Zeit in den meisten Fällen nicht möglich oder fehl am Platze ist, beispielsweise im zwischenmenschlichen Bereich. Doch gerade hier wird die Alarmreaktion durch Konflikte häufig ausgelöst und nicht wieder aufgehoben. Symptomatisch hierfür sind Verspannungen im Hals-Schulter-Bereich, aber auch in Gesicht, Kiefer und Stirn, innere Unruhe usw. In diesen Fällen löst der geringste Druck bereits den Wunsch nach Flucht aus, ein geringfügiger Anlaß wird zum Auslöser von Wut, Ungeduld usw. – eben weil der Organismus in erhöhter Alarmbereitschaft verharrt. In diesen Fällen muß der Betroffene eigenverantwortlich den sich schädlich auswirkenden Automatismus zu durchbrechen versuchen.

Der Drei-Stufen-Mechanismus

Das Bündel unspezifischer Mechanismen, das fast jeder Stressor bei andauernder Wirkung verursacht, verläuft in drei Stadien:

- Alarmreaktion (Anforderungsphase)
- Widerstands- oder Resistenzphase (Leistungsphase)
- Erschöpfungsphase (Ermüdungsphase)

Die Alarmreaktion bewirkt die Mobilisierung der verfügbaren physischen und psychischen Energien zur Abwehr einer Bedrohung/Schädigung: der Organismus wird in Alarmbereitschaft versetzt.

Widerstands- oder Resistenzphase: Der Organismus leistet gegenüber dem Stressor aktiv Widerstand; es kommt zu physiologischen Reaktionen (z. B. Mobilisierung von Abwehrkräften gegen Infektionen).

Die Erschöpfungsphase setzt ein, wenn die Widerstandskraft erschöpft ist beziehungsweise zusammenbricht, ohne daß der Stressor beseitigt werden konnte. Das Stadium der Erschöpfung kann den totalen Zusammenbruch des Organismus einleiten.

Bei psychischem Stress entspricht das Erschöpfungsstadium dem Zustand vollkommenen Ausgebranntseins («burnout»). Der Betroffene fühlt, daß er einfach nicht mehr weiterkann. Warnzeichen (z. B. anhaltender Kopfschmerz, Schlafstörungen, Nervosität) signalisieren, daß der Organismus in der Stress-Situation zu unterliegen droht. Deshalb ist es außerordentlich wichtig, die entsprechenden Körpersignale zu erkennen und darauf zu reagieren, um schwerwiegenden gesundheitlichen Folgen entgegenzuwirken. Denn problematisch wird es, wenn der Organismus zu lange unter Kampf- und Fluchtstimulation steht, wenn nach einer gewissen Zeit die Kräfte verbraucht sind und ein Erschöpfungszustand eintritt.

Im übrigen ist nicht die Stressreaktion selbst das Problem, sondern ihre Unangemessenheit: Im Zeitalter von Computer und Cyberspace leben wir nicht mehr in der Umwelt, für die wir biologisch programmiert sind, denn nur selten ist es möglich, auf Gefahrensituationen mit dem unmittelbaren Einsatz körperlicher Energien – mit Kampf oder Flucht – zu reagieren.

Stresshormon-Achsen

Wenn das vegetative Nervensystem die Stressreaktion auslöst, wird im Gehirn parallel ein System zur Sicherstellung der Leistungsfähigkeit aufgebaut. In enger Verbindung zu den Gedanken des Betroffenen («Ich schaffe das, ich muß mich sehr anstrengen.») und den sich daraus ergebenden Emotionen (z. B. Tatendrang) werden Stoffe von der Hirnanhangdrüse freigesetzt, die die Nebenniere und die Nebennierenrinde zur Produktion vor allem der Stresshormone Adrenalin, Noradrenalin und Cortisol anregt. Dies sind die Botenstoffe, die den Sympathikus unterstützen.

Beim Auftreten von Stressreaktionen beziehungsweise bei Anhalten der Alarmreaktion arbeiten entweder Sympathikus oder Parasympathikus zu intensiv und zu lange. Der Betroffene ist für die jeweiligen Anforderungen überaktiviert (verspannt, unkonzentriert, gereizt, unruhig, nervös) oder unteraktiviert (erschöpft, unmotiviert, lustlos, ängstlich). Die permanente Stimulierung des sympathischen Nervensystems kann langfristig zu erheblichen Störungen (z. B. erhöhter Blutdruck, Herzrhythmusstörungen, Verdauungsbeschwerden, chronischen Kopfschmerzen, Rückenschmerzen, Schlafstörungen) führen. Diese Beschwerden wirken selbst noch stressverstärkend.

Das Zusammenspiel zwischen Sympathikus und Parasympathikus ist einer Wippe vergleichbar: Überwiegt der Sympathikus, arbeitet der Parasympathikus weniger. Erst wenn der Sympathikus signalisiert bekommen hat, seine anregende Tätigkeit einzustellen, werden die einzelnen Organe vermehrt durch den Parasympathikus stimuliert. Dieser befiehlt Herz und Kreislauf, ihre Produktion herunterzuschrauben, und der Atmung, sich zu beruhigen. Das parasympathische System dominiert die Erholungsphasen

(Auffüllen der Energie-Speicher durch Nahrungsaufnahme, Entspannung u.a.). Durch die sich abwechselnden Aktivitäten von Sympathikus und Parasympathikus werden die Voraussetzungen dafür geschaffen, daß der Organismus auf stärkere Beanspruchung angemessen reagieren kann, ohne Schaden zu erleiden.

Im Limbischen System wird durch die Stimulierung des vegetativen Nervensystems die massive Entladung von Nervensignalen ausgelöst, die ihrerseits die Funktionen der Organe und Organsysteme anregen. Dabei kontrolliert der Hypothalamus die Gewebeflüssigkeit und die Organfunktionen des Herzens (Pulsfrequenz), der Gefäße (Blutdruck) und des Atmungsapparates (Atemfrequenz). Er steuert Körpertemperatur und Blutzuckerkonzentration, und er steuert das Abwehr-Flucht-Verhalten. Er wird von den Zentren der Emotionen beeinflußt.

Sobald eine Information als «Stress» bewertet wird, geht ein Impuls an das vegetative Nervensystem. Wird der Ruhezustand des Organismus (jemand hält seinen Mittagsschlaf) gestört – eine Baumaschine startet auf der Straße o. ä.) –, setzt automatisch die Kontroll- beziehungsweise die Steuerungsfunktion des vegetativen Nervensystems ein: dem Zwischenhirn wird «Alarm» beziehungsweise «Gefahr» signalisiert. Abwehrmaßnahmen werden eingeleitet: es kommt zur vermehrten Adrenalinausschüttung in den Blutkreislauf (Adrenalin wirkt als Reizmittel auf die Funktionen des Sympathikus), einhergehend mit der sofortigen Veränderung verschiedener physiologischer Prozesse.

In der Stressforschung werden die einzelnen Abläufe im Modell der beiden «Stresshormon-Achsen» erklärt. Dabei ist die Sympathikus-Nebennierenmark-Achse dem aktiven Stress (z. B. stärkere Durchblutung als Reaktion) und der Hypothalamus-Hypophysen-Nebennierenrinden-Achse dem passiven Stress (z. B. vermehrte Cortisol-Ausschüttung bei körperlicher Anstrengung oder zum Schutz gegen Kälte) zugeordnet.

Individueller Verlauf von Stressreaktionen

Das Muster der physiologischen Stressreaktion ist immer gleich, doch ist der Verlauf individuell unterschiedlich. Zu den Auswirkungen von Stress tragen, so wird in der psychosomatischen Forschung vermutet, verschiedene Faktoren wie genetische Anlage, erlerntes Verhalten, Coping-Strategien und anderes bei. Die Stressreaktion ist jedoch nicht nur personenspezifisch, sondern hängt auch von der jeweiligen Situation sowie von der Art des wahrgenommenen Stressors ab. Verursacht eine Stress-Situation zum Beispiel Ärger (mit dem Verhalten Kampf/Anstrengung), verläuft die Stressreaktion anders als bei Furcht (mit dem Verhalten Flucht/Anstrengung) beziehungsweise beim Gefühl von Hilflosigkeit.

Verinnerlichung der Stressreaktion

Wenn sich das Individuum bedroht fühlt, setzt der erste Impuls der körperlichen Stressreaktion ein: Erhöhung des Blutdrucks, Anspannung der Muskulatur, erhöhte Pulsfrequenz usw. Die einhergehenden Gefühle versucht das Individuum in der Regel zu unterdrücken. Alle Energien werden dazu verwendet, Ruhe zu bewahren. Der Betroffene verbirgt seine Erregung häufig nicht nur vor eventuell am Geschehen Beteiligten, sondern auch vor sich selbst. Um dies zu erreichen, muß er die Erregung verinnerlichen. Die Gründe, warum Erregung verborgen werden «muß», bleiben in der Regel unentdeckt. Dagegen kommt es, was Kabat-Zinn (1995) sehr anschaulich beschreibt, zu einer Implosion von Energien, die der Organismus eigentlich für Flucht oder Kampf mobilisiert hat. Die aktivierten Körperfunktionen würden sich von selbst wieder auf den Normalzustand einpendeln, käme es denn tatsächlich zur Flucht oder zum Kampf.

Bei Verlagerung der Stressreaktion nach innen wird keine Energie freigesetzt, das heißt, die physische Entladung mit nachfolgender Regeneration des Organismus entfällt. Stresshormone verbleiben im Körper, wo sie zusammen mit den erregten Gedanken und entstandenen Emotionen nachhaltig schädigende Auswirkungen haben können. Wird die Verinnerlichung von Stressreaktionen zur Gewohnheit, ist das Ergebnis ein permanenter Zustand physiologischer und psychologischer Übererregung. Dazu gehören beispielsweise starke Muskelanspannung und Emotionen, insbesondere Angst, Nervosität und Wut. Es entsteht Dauerstress.

Stress und die Entstehung von Krankheiten

So wirken Stressoren

Die mögliche Beteiligung von Stressoren an der Entstehung von Krankheiten wird in der Forschung anhand der drei folgenden Aspekte diskutiert. Das bedeutet, daß es im Einzelfall nicht zwangsläufig zu einer Gesundheitsschädigung kommen muß:

- Chronisch gewordene Erregung oder langdauernder schwerer Stress angesichts von Bedrohung können auf die Dauer zu physiologischen Ausfällen beziehungsweise zu Krankheiten führen.
- Stressoren können auch in den Fällen zur Entstehung von Krankheiten führen, in denen die Anpassungsfähigkeit des Organismus eingeschränkt und dadurch selbst Ursache für die Entstehung von Krankheiten ist.
- Durch häufige Adaptationsprozesse kann der Energievorrat des Organismus erschöpft werden. Die damit einhergehende Schädigung einzelner Organsysteme kann ebenfalls zur Entstehung von Krankheiten führen.

Der Art und Weise, wie Betroffene mit Belastungssituationen umgehen, ist für ihre seelische und körperlicheGesundheit wichtiger als Umfang und Häufigkeit derartiger Situationen.

Stressspezifische körperliche Störungen

Gelingt dem Betroffenen die Anpassungsleistung in einer Stress-Situation nicht (mehr) oder wird er erneut gefordert ohne vorgeschaltete Erholungsphase, schaltet der Organismus auf Daueralarm. Es kann zur Erschöpfung der Widerstandskraft kommen – mit der Gefahr körperlicher Störungen. Ob die Bedrohung tatsächlich vorhanden ist oder ob eine Situation nur als bedrohlich eingeschätzt wird, ist dabei ohne Belang.

Zu dieser Art Störungen zählen Gesundheitsschädigungen wie chronische Überreizung, Bluthochdruck, Schlafstörungen, Spannungskopfschmerzen, chronische Rückenschmerzen, Ängste, funktionelle Störungen im Herz-Kreislauf-System oder im Magen-Darm-Trakt.

Die jeweilige Besonderheit der körperlichen Störung läßt sich nicht definitiv erklären. Die Verknüpfung einer bestimmten Stress-Situation mit einer ganz bestimmten körperlichen Reaktion läßt sich im Einzelfall auch nicht belegen. Einen Hinweis auf die Verknüpfung liefern jedoch gängige Redensarten wie z. B. «Es verschlägt mir den Atem.» «Das liegt einem schwer im Magen.» Sie zeigen den Zusammenhang zwischen Emotionen, Situation und Reaktion des Organismus.

Psychosomatische Störungen – die symbolische Sprache des Körpers

Entsprechend der Bewertung einer Situation reagiert der einzelne unterschiedlich auf Stressoren. Bei Aggressionen, in Konkurrenzsituationen, bei Antipathien u. ä. spielt der Sympathikus mit. Auf den Parasympathikus deutet das Bedürfnis, sich zurückzuziehen, der Wunsch nach Umsorgung u. ä. Wenn in Alarmsituationen die Reaktion gehemmt wird – ein Abzocker kann nicht niedergestreckt werden –, kann dies zur Verinnerlichung der Stressreaktion mit einhergehendem Krankheitsrisiko beziehungsweise psychosomatischen Störungen führen. Das fehlende Ausleben von Aggressionen beziehungsweise feindseliger Erregung wird von Fachleuten im Zusammenhang mit Erkrankungen wie Migräne, Arthritis, Bluthochdruck u. a. gesehen. Dagegen wird der Organismus beim Nichtausleben hilfesuchender Strebungen in einen Spannungszustand versetzt, der wahrscheinlich mit der Entstehung von Colitis, Magengeschwüren, Verstopfung u. ä. zu tun hat.

Stress und Krankheitsrisiko – ein ungelöstes Problem?

Auch wenn man immer wieder liest, daß Stress zu allen möglichen Erkrankungen führen kann, wobei sehr häufig Herzinfarkt und Tumorerkrankungen aufgeführt werden, ist das Problem für den einzelnen damit nicht geklärt. Denn letztlich ist der Zusammenhang von Stress, vor allem von psychischem Stress, und organischen Krankheiten unerforscht (Schwarzer, ²1996). Wenn es auch schwierig ist, die Stressabhängigkeit bestimmter Krankheiten ausreichend zu beweisen, gibt es keine Zweifel daran, daß Stress beziehungsweise Stressbewältigung im Gesundheitsverhalten bedeutsam ist. Für den einzelnen heißt das letztlich, daß nahezu alles in seiner Umgebung der Gesundheit abträglich ist (z. B. vergiftete Nahrungsmittel, gepanschte Weine, elektromagnetische Felder beim PC, Abgase).

Im einzelnen ist das von einer Stress-Situation ausgehende Risiko ohnehin grundsätzlich abhängig:
- von Art, Dauer und Häufigkeit der jeweiligen Stress-Situation;
- von der individuellen Bewertung (nach Lazarus und Mitarbeitern als Bedrohung, Schaden/Verlust oder Herausforderung);
- von den individuellen Ressourcen zur Bewältigung;
- von den Bedürfnissen des Individuums nach Stimulation beziehungsweise nach Ruhe.

Alltagsstress dauert in der Regel nur kurze Zeit. Nachdem die Stress-Situation vorbei ist, kann man sich entspannen und dann eine neue Aufgabe in Angriff nehmen. In diesem Fall wird es kaum zu negativen Auswirkungen kommen. Problematisch kann es werden, wenn sich derartige Situationen häufen, denn dann werden sie zur langanhaltenden Belastung. Dem Organismus bleibt keine Möglichkeit der angemessenen Anpassung. Tatsächlich sind die vielen kleinen Ärgernisse im Alltag mindestens so gefährlich wie kritische Lebensereignisse oder Lebenskatastrophen. Ebenfalls gefährlich sind Situationen, denen man nicht ausweichen kann, beispielsweise die längere Autofahrt zum Arbeitsplatz in der Rush-hour, aber auch chronische Stress-Situationen, wie sie durch gleichbleibende Stressoren zu befürchten sind, beispielsweise in einer Ehe, die nur auf dem Papier besteht. Lebenskrise oderAlltagsstress – Stress in jeder Form kann schließlich das Immunsystem schwächen und gesundheitsgefährdend sein, doch die Betonung liegt immer auf «kann». Denn vielen gelingt es, trotz vieler Stress-Situationen zu leben, ohne Schaden zu erleiden.

Das psychische Stressgeschehen

Der einzelne reagiert nicht nur mit unterschiedlichen körperlichen Reaktionsmustern auf Stressoren, auch ein und dieselbe Situation kann verschieden starke Reaktionen hervorrufen oder auch keine Reaktion. Schließlich ist festzuhalten, daß es sich – wenn von Stress die Rede ist – in der Regel um psychischen Stress handelt, unabhängig davon, ob der Auslöser ein psychischer Stressor (z. B. ein Test bei einer Bewerbung) oder ein physischer (z. B. Hautreizungen durch Verbrennung, Infektionen, Vergiftungen, Klima, Strahlen) ist. Selbst Eingriffe in das Körpergeschehen (z. B. Verletzungen) werden von einer psychischen Reaktion begleitet, denn die Psyche moduliert stets das, was im Körper vorgeht.

Zu den Faktoren, die das psychische Stressgeschehen beeinflussen, gehört nicht nur die Bedeutung, die dem Stressereignis beigemessen wird, sondern auch die individuelle psychische Veranlagung. Vielfach existiert Stress nur in der Vorstellung, das heißt, eine Bedrohung von außen liegt gar nicht vor. In diesen Fällen sollte der Betroffene zunächst die Aufmerksamkeit auf seine ungenaue Sicht der Dinge lenken und versuchen wahrzunehmen, was tatsächlich geschieht. Häufig verlieren dann die belastenden Dinge plötzlich ihre Gefährlichkeit, sie treten weniger diffus ins Bewußtsein oder fallen ganz weg. Der Betroffene kann seine Selbstsicherheit zurückgewinnen, wenn die Balance zwischen physischer und psychischer Erfahrung wiederhergestellt ist. Die psychische Stressreaktion wird abgeschwächt.

Reaktionsebenen

Im Gegensatz zur automatisch ablaufenden physiologischen Stressreaktion steht die psychische Stressreaktion in engem Zusammenhang mit erlernten Verhaltensmustern. Symptome von psychischem Stress können sich – wie erwähnt – im Verhalten (behaviorale Ebene), auf der emotionalen Ebene und im kognitiven Bereich, also in der Beurteilung von Situationen, äußern.

Verhalten

Zu den behavioralen Stressreaktionen gehört das von Außenstehenden beobachtbare Verhalten einer betroffenen Person angesichts einer belastenden Situation. Dieses Verhalten ist davon abhängig, wie stark die jeweilige Bedrohung empfunden wird, wobei auch die Dauer eine Rolle spielt. Es werden folgende Ausprägungen unterschieden.

Leichter Stress kann sich auf das Eßverhalten (z. B. schnelles Hinunterschlingen) auswirken oder das Aggressionspotential des Betroffenen steigern. Diese milde Form von Stress erhöht aber auch die Wachsamkeit des Organismus gegenüber möglichen Bedrohungen. Häufig kommt es zu einer Leistungssteigerung und durch gezielt eingeholte Informationen zur Verbesserung von Coping-Mechanismen.

Andauernder unbewältigter Stress kommt zustande, wenn mehrere Stressoren gleichzeitig und über einen längeren Zeitraum wirken. Der beteiligte einzelne Stressor ist in der Regel kontrollierbar und kann ohne negative Folgen vom Individuum aufgefangen werden. Das geballte Auftreten von Stressoren führt dagegen längerfristig zu mangelhafter Anpassung an bestehende Anforderungen. Die Folgeerscheinungen sind beeinträchtigtes Leistungsvermögen, mangelnde Konzentration, Ungeduld, Reizbarkeit u. ä.

Mäßiger Stress läßt sich beispielsweise daran erkennen, daß bestimmte typische Verhaltensweisen nicht mehr eingehalten werden. So ist auf negative Erfahrung häufig vermehrte Eßlust als Reaktion zu beobachten. Manche Menschen laufen im Kreis herum oder reagieren sich durch stereotypes Wippen eines Beines ab. Dadurch versuchen sie, ein hohes Stimulationsniveau zu senken. Auch kann sich die Sensibilität gegenüber der Umwelt verringern.

Schwerer Stress hemmt das normale Verhalten und führt mitunter zur Erstarrung, das heißt, der Betroffene zeigt überhaupt keine Emotionen mehr. Erstarrung beziehungsweise Unbeweglichkeit ist in diesen Fällen häufig eine Abwehrreaktion beziehungsweise eine Schutzfunktion. Dies ist beispielsweise beim Auftreten einer schweren Erkrankung zu beobachten: Betroffene erstarren angesichts einer fatalen Diagnose.

Emotionen

Emotionale (wie auch kognitive) Reaktionen auf eine Stress-Situation sind als «inneres Geschehen» für den Außenstehenden nicht direkt sichtbar. Eine positive Reaktion, etwa dann, wenn das Individuum die entsprechende Situation beziehungsweise den jeweiligen Stressor als Herausforderung einstuft, kann einfach freudige Erwartung sein. Wird ein Stressor jedoch als negativ im Sinne einer Bedrohung oder eines Schadens/Verlustes bewertet, stellen sich emotionale Reaktionen wie Wut, Angst, Reizbarkeit ein. Auch lassen sich Gefühle von innerer Unruhe, Nervosität und Getriebensein sowie von Unzufriedenheit und Ärger und vor allem auch Gefühle von Hilflosigkeit als Symptome einer emotionalen Stressreaktion deuten. Diese unangenehmen Reaktionen versucht man in der Regel dadurch zu bewältigen, daß verstärkte Ressourcen zur Bewältigung mobilisiert werden. So werden die Auswirkungen zumindest reduziert. Gerade bei kritischen Lebensereignissen ist dies sehr schwierig, denn häufig haben derartige Stressreaktionen längerfristig eine Depression zur Folge. Die depressive Reaktion tritt oft auch dann auf, wenn mehrere stressreiche Situationen zusammentreffen und wenn die Stresstoleranz des Betroffenen etwa durch ein vorangegangenes Trauma (z. B. eine schwere Krankheit) ohnehin reduziert ist. Viele Menschen kennen diese Reaktion, die in ihrer milden Form als «depressive Verstimmung» bezeichnet wird.

In den Bereich der emotionalen Reaktionen gehört aber auch die gefühlsmäßige Abstumpfung. Traumatisierte Menschen, sei es durch Katastrophen (z. B. Unfälle), schwere chirurgische Eingriffe o. ä., kennen dieses Gefühl, sich fremd unter Mitmenschen zu fühlen, nicht weinen zu können usw. Vielfach hat die emotionale Abstumpfung auch eine psychische Schutzfunktion. In der Fachliteratur wird in diesem Zusammenhang vom «posttraumatischen Stress-Syndrom» gesprochen, dessen emotionale Symptomatik nach mehreren Monaten zurückgehen. In manchen Fällen kann dieses Syndrom auch chronisch werden, dann ist die Hilfe eines Spezialisten notwendig.

Kognitionen

Die Beurteilung einer Situation als bedrohlich kann sich je nach Intensität auch nachteilig auf die kognitive Leistung auswirken: die Konzentration läßt nach, und die Ablenkbarkeit nimmt zu, Täuschungen und Denkstörungen mehren sich.

Die Stress-Situation absorbiert die Aufmerksamkeit: der Gestresste muß sich in hohem Maße auf diese Situation und ihre Bewältigung konzentrieren. Ferner wird das Gedächtnis beeinträchtigt, denn Aufmerksamkeit steht jedem nur begrenzt zur Verfügung, einhergehend mit Symptomen wie Blackout oder Denkblockaden. Auch leiden in Stress-Situationen häufig die Urteilsbildung, die Entscheidungsfähigkeit u. a. Betroffene sind teilweise nicht in der Lage, Probleme in angemessener Weise zu lösen. Jeder kennt die entsprechenden Situationen. Man hat beispielsweise einen Streit wegen der Beantwortung eines Briefes, man ist zu müde, um die Sache mit entsprechender Gelassenheit anzugehen, es kommt vielleicht zu einer Auseinandersetzung mit den ebenfalls Beteiligten. Der Streit eskaliert, die Stresstoleranz wird womöglich überschritten usw. Wenn man am folgenden Morgen den Brief schließlich beantwortet, stellen sich die Dinge sehr einfach dar, und man kann die Sache gelassen erledigen. Beim Nachdenken über die Reaktion am Vorabend und den fehlenden Durchblick wird unter Umständen deutlich, daß man durch die vorangegangenen Tagesereignisse einfach ermüdet (oder gestresst) und in den intellektuellen Fähigkeiten eingeschränkt war.

Behaviorale, emotionale und kognitive Stressreaktionen laufen in gegenseitiger Abhängigkeit ab. Teilweise können sie sich auch wechselseitig mit den körperlichen Reaktionen beeinflussen. Eine Stressreaktion kann die andere verstärken (oder auch abschwächen) und vice versa. Entsprechende Rückkoppelungsprozesse können einen «Circulus vitiosus» verursachen. Auf eine Abschwächung zielen beispielsweise auch bestimmte Entspannungstechniken und körperliche Aktivität: Dabei wird durch das körperliche Sichabreagieren auch eine emotional-kognitive Beruhigung eingeleitet. Und umgekehrt beeinflußt das emotional entlastende Gespräch mit dem Partner, einer Freundin oder einem Freund oder mit dem Lebensberater (Psychologen) die körperliche Erregung beziehungsweise (chronische) Anspannung.

Angst

Der Begriff Angst wird zur Beschreibung eines unangenehmen Zustandes benutzt, der sich in subjektivem Spannungsgefühl, in Verunsicherung oder Beunruhigung äußern kann und der das vegetative Nervensystem ankurbelt. Der emotionale Angstzustand wird in Situationen hervorgerufen, die der Betroffene als bedrohlich ansieht. Angst kann aber auch ein verhältnismäßig stabiles Persönlichkeitsmerkmal sein. Entsprechend unterscheiden sich Menschen durch einen unterschiedlichen Grad von Ängstlichkeit oder Angstbereitschaft.

Die Begriffe Angst und Furcht werden häufig synonym verwendet. Doch Furcht ist die emotionale Reaktion auf eine objektive

Gefahr, wobei ihr Grad dem der Bedrohlichkeit der Situation entspricht. Auf Furcht reagiert der Betroffene mit Flucht- oder Vermeidungsverhalten. Angst dagegen ist eine emotionale Reaktion ohne Bezugspunkt, also ohne objektivierbaren auslösenden Reiz.

Angst und Furcht

Geht man von *einem* Oberbegriff «Angst» aus, so sind verschiedene Angstkategorien zu unterscheiden:

– Furcht ist ein adäquates Angstgefühl, eine situationsangemessene Flucht- oder Vermeidungsreaktion bei tatsächlicher Gefahr (Realangst).
– Im Gefühl der Angst ist ausschlaggebend, wie eine erwartete Bedrohung bewertet wird. Körperliche Verspannungen sind oft angstgetönt.
– Verlustängste vor Trennungen oder wesentlichen Veränderungen, vor unbekannten live-events, treten klassischerweise auf.

Schließlich ist die Angstreaktion im vorliegenden Zusammenhang mehr als ein Gefühl, denn in einer Stress-Situation ist sie Ausdruck eines Zusammenspiels psychischer und physiologischer Reaktionen. Sie äußert sich ganz unterschiedlich, weil sie auf einer Mischung biologischer und kognitiver Prozesse basiert. Zugrunde liegt die Stressreaktion des Organismus, der auf Hochtouren läuft. Jeder, der im Winter am Abend beim Nachhausefahren von Eisregen überrascht wird, kennt die typische Angstreaktion. Dazu gehören mehrere Komponenten: die Gefühlskomponente (Angsterleben, Wahrnehmen einer Gefahr), die physische Komponente (Beschleunigung der Pulsfrequenz, Feuchtwerden der Hände, Schweißausbruch u. a.) und eine «Ausdruckskomponente» (automatische Muskelreaktionen, Zusammenbeißen der Zähne). Gemeinsam bilden diese Komponenten das Phänomen, das als Angst oder Furcht eine Stressreaktion begleitet beziehungsweise selbst emotional-kognitive Stressreaktion ist. Die sich als Angst vor einer Prüfung äußernde Aktivierung des Organismus kann sich individuell unterschiedlich in Herzklopfen, Blässe, Stocken der Atmung, Harn-/Stuhldrang, muskulärer Verspannung und anderen vegetativen Symptomen, also körperlich äußern. Der eine reagiert eher mit einer Variante, der andere zeigt unterschiedliche Kombinationen.

Angst lähmt in gewisser Weise den Wahrnehmungs- und Gedankenstrom. Angst dringt sowohl in physische als auch psychische Bereiche ein, und sie kann in Form von Unruhe Schlaf vertreiben und die Gedanken von anstehenden Aufgaben ablenken.

Angst kann zur Gewohnheit werden, das heißt zu einem Leben in ständiger Besorgnis, und Angst macht unproduktiv. Die betroffene Person konzentriert sich auf Bedrohungen, die in der Zukunft liegen: «Und wenn ich keine Arbeit finde?» – «Und wenn ich das Programm nicht begreife?» – «Und wenn er nicht kommt?» Dies sind die dafür typischen begleitenden Aussagen oder Gedanken. Man verschwendet damit Energie an Situationen, die womöglich nie eintreten werden.

Angst ist also ein akuter emotionaler Zustand, hervorgerufen durch die Wahrnehmung einer Gefahr, die durch einen äußeren (externen) oder inneren (internen) Stressor ausgelöst wird. Bewertungen spielen eine große Rolle, und es kommt zu Verarbeitungsstrategien, Vermeidungsverhalten oder psychischer Abwehr. In diesem Sinne ist der Angstzustand eine komplexe Abfolge und ein Ineinandergreifen verschiedener Verhaltensmustern. Ziel der kognitiven oder behavioralen Reaktionen ist es, den Erregungszustand abzuschwächen oder aufzulösen. Zunächst werden die angstauslösenden Umstände identifiziert und Verarbeitungsstrategien ausprobiert. Dazu gehört auch die Flucht vor der reizauslösenden Situation. Ist dies nicht möglich, wird das Individuum versuchen, die angstauslösende Situation beispielsweise durch Verdrängung oder Verleugnung zu beeinflussen.

Aggressivität und Aggression

Aggressivität ist eine mögliche Reaktionsweise auf vermutete oder auch reale Bedrohungen der eigenen Person beziehungsweise zentraler Interessen. Spannungssituationen sind sehr häufig von Aggressivität begleitet. Dabei sind akute emotionale Zustände, das heißt Affekte wie Ärger, Wut und Zorn, von Aggressivität als Wesensmerkmal einer Person zu unterscheiden, denn sie sind offensichtlich als Reaktion auf bestimmte Reize hin einzustufen. Ein gewisses aggressives Potential wird im Stressgeschehen als Alarmbereitschaft aktiviert. Die gereizte Betroffenheit wird in diesen Fällen häufig durch Nichtgelingen, Störungen, Behinderungen oder Bedrohungen des eigenen Verhaltens hervorgerufen. Gerät sie außer Kontrolle, wird sie zur Wut und zielt auf Verletzung und Zerstörung des Aggressionsobjektes. Jeder kennt diese Affekte, wenngleich sich die meisten ihrer nicht bewußt sind. Hinter der Wut können sich Gefühle der Hilflosigkeit, Unsicherheit, Enttäuschung und Furcht verbergen. Gleichzeitig bringt sie die betroffene Person dazu, unangenehme Situationen zu ändern. Kann Wut nicht konstruktiv aufgelöst werden, bleibt das Gefühl von Hilflosigkeit und Ohnmacht zurück.

Entsprechende Affekte können sowohl nach außen als auch nach innen beziehungsweise gegen die eigene Person gerichtet sein. Ist ein offen ausgeführter Kampf (eine Auseinandersetzung) nicht möglich, werden intensive Wutgefühle häufig in übertriebenem aggressivem Verhalten zum Ausdruck gebracht, das sich im Gesichtsausdruck, in der Motorik usw. bemerkbar machen kann: Die Gesichtsmuskulatur ist angespannt, die Kaumuskulatur zuckt, senkrechte Furchen bilden sich zwischen den Augenbrauen, die Gesichtsfarbe wechselt zwischen Rötung und Blässe, die Pupillen verengen sich. Auch in der Körperhaltung, im Sozialverhalten usw. zeigt sich die Wut. Verbal kommt es zu gehäufter massiver Kritik. Bezeichnend ist aber auch, wenn die Faust (in der Hosentasche oder auf dem Rücken) geballt oder ein Gegenstand (z. B.

Streichholzschachtel oder Büroklammer) bearbeitet wird. Der aggressionsgeladene Mensch beugt den Körper häufig leicht nach vorne, wobei er den Kopf etwas einzieht. Die Körpermuskulatur ist im ganzen angespannt. Insgesamt versucht sich das vom Organismus mobilisierte Kraftpotential zu entladen, meist auch nur in Wutausbrüchen, Fluchen oder Türenschlagen (Linneweh, [3]1996).

Aggression wird als körperliches oder verbales Handeln mit dem Ziel, zu verletzen oder zu zerstören, in der Regel negativ bewertet. In ihrer extremen Form, als Gewalt mit einhergehendem Kontrollverlust, ist sie sozial tatsächlich nicht akzeptabel. Als Reaktion im Stressprozeß ist sie jedoch letztlich eine gesunde Reaktion im Hinblick auf Spannungsreduktion. Denn eine erhöhte Adrenalinausschüttung läßt sich am ehesten durch körperliche Aktivität abbauen, doch kann die Reaktion auch durch aggressives Verhalten umgeleitet werden. Da Aggressivität als Stressor beziehungsweise als Konfliktpotential eingesetzt wird, ist es natürlich grundsätzlich richtig, dieses Verhalten in gewisser Weise abzulehnen. Wenn Aggressivität bis zu einem gewissen Grade aber als etwas Normales in einer Spannungssituation anzusehen ist, wird sie auch akzeptabel. Nicht ausgelebter Ärger und verdrängte Aggressivität können sich in bestimmten psychosomatischen Erkrankungen niederschlagen. Diese Erkrankungen sind denn auch besonders häufig bei «aggressionsgehemmten» beziehungsweise «überangepaßten» Menschen zu finden. Ist Aggression jedoch das Resultat einer unangemessenen Informationsverarbeitung, so sollte als Konsequenz für den längerfristigen Umgang mit ihr das Verhalten überdacht werden mit dem Ziel, alternative Handlungsstrategien aufzubauen. Anstatt «alles runterzuschlucken» ist der spontan ausgeführte Streit mit dem Partner oder Kollegen angemessener.

Abwehrmechanismen

Abwehrmechanismen sind psychische Strategien, die zur Abwehr von Belastungssituationen beziehungsweise Konflikten im Alltag eingesetzt werden. Krankhafte Abwehrmechanismen kommen nicht nur in bedrohlichen, unangenehmen Situationen und Erlebnissen zum Einsatz, sondern auch in bezug auf Gedanken und Handlungen, um negative Auswirkungen zu vermeiden. Durch die Vermeidung werden diese Vorgänge in den Bereich des Unbewußten abgedrängt. Dabei ist sich die betroffene Person der verdrängten Vorstellungen nicht mehr bewußt, die mit den verdrängten Inhalten verbundenen Gefühle bleiben jedoch weiterhin präsent. Im Zusammenhang mit dem Erleben von Stress-Situationen sind die folgenden Abwehrmechanismen von Bedeutung:

Verdrängung

Die Verdrängung ist ein grundlegender Abwehrmechanismus. Vorstellungen oder Gedanken, auch Triebwünsche, die nicht befriedigt werden können, werden aus dem Bewußtsein ins Unbewußte verdrängt. Diese verdrängten Impulse kommen in Träumen, Fehlleistungen oder auch Krankheitssymptomen wieder an die Oberfläche, sie verlieren also durch die Verdrängung nicht ihre Energie. Durch die Verdrängung verschwindet lediglich der Konflikt für die bewußten Bereiche des Individuums, in belastenden Situationen beeinflußt er weiter das Verhalten.

Rationalisierung

Dabei wird das eigene Verhalten logisch erklärt und damit vor sich selbst und anderen gerechtfertigt. Weil die eigentliche Ursache dem Bewußtsein unangenehm ist, bleibt sie unzugänglich. Häufig erklären beispielsweise Drogenabhängige ihre Sucht damit, daß sie gegen die bürgerliche Gesellschaft protestieren wollen. Die eigentliche Ursache der Sucht ist jedoch eine andere, mit der sie sich nicht auseinanderzusetzen vermögen.

Verleugnung

Mit der Verleugnung weigert sich das Individuum, objektive Sinneseindrücke wahrzunehmen. Auf diese Weise werden auch bestimmte unangenehme Gefühle (z. B. Unsicherheit, Minderwertigkeit) vor dem eigenen Ich und der Umwelt geleugnet. Dieser Mechanismus setzt häufig ein, um mit Angst besser fertig zu werden.

Vermeidung

In der Lernpsychologie versteht man hierunter das Meiden negativer (z. B. angstauslösender) Reize. Wer Angst in Fahrstühlen entwickelt, meidet Fahrstühle, um sich nicht dem entsprechenden Stress auszusetzen.

Trotz besseren Wissens sind viele Menschen risikofreudig und haben dafür typische Abwehrmechanismen entwickelt. Das heißt, sie reagieren «unlogisch» angesichts der Wahrnehmung bestimmter Risiken, die ihnen beispielsweise bei Stress, aber auch beim Rauchen, bei Übergewicht usw., durchaus bekannt sind. Sie wehren offenkundige Wahrnehmungen ab oder verharmlosen gesundheitsschädliches Verhalten und neutralisieren damit selbstgesetzte Verhaltensstandards und selbstkritische Reaktionen.

Selbstwert, Ärger und Verletzbarkeit

Wenn sich jemand seinen Ängsten stellt und (erfolgreich) tut, wovor er sich fürchtet, stellt sich bei ihm ein positives Gefühl dadurch ein, daß er etwas erreicht hat. Sein Selbstwertgefühl bekommt Auftrieb. Bleibt die betroffene Person dagegen in ihrer Angst oder ihrem Ärger gefangen, hat dies umgekehrt Auswirkungen auf das Selbstwertgefühl. Aus dieser Beobachtung läßt sich ableiten, daß gerade Personen mit niedrigem Selbstwertgefühl anfällig für psychische Stressreaktionen sind.

Beispiel: Jemand fordert wiederholt vergeblich einen Versicherungsagenten auf, die Police für einen abgeschlossenen Vertrag zu übersenden und reagiert dann mit folgenden Worten: «Die reagieren einfach nicht, die nehmen mich nicht ernst, das verletzt mich einfach, das ärgert mich...» Diese Reaktion kann auf einem niedrigen Selbstwertgefühl beruhen. Die Person ist verletzt, sie reagiert mit Ärger – sie fühlt sich indirekt durch die Lage der Dinge bedroht. Die Stressreaktion wird verstärkt durch die Unfähigkeit, die Situation unter Kontrolle zu bringen (denn die Versicherung reagiert einfach nicht auf die ergangenen Aufforderungen). Selbstwerthohe würden sich durch den schlechten Service des Dienstleisters wahrscheinlich in ihrem Selbstwert nicht berührt fühlen. Ist das Selbstwertgefühl instabil, würde ebenfalls verstärkter Ärger auftreten.

Anhand des Beispiels wird Verletzbarkeit (Vulnerabilität) bei Selbstwertschwachen deutlich, zusammen mit Hilflosigkeit, die aus den fehlgeschlagenen Versuchen resultiert, die Situation in den Griff zu bekommen. Darüber hinaus zeigt sich, daß das Selbstwertgefühl die Basis aller Handlungen beziehungsweise Reaktionen auf externe oder interne Stressoren ist.

Grundsätzlich wird argumentiert, daß ein niedriges Selbstwertgefühl für Angriffe verletzbar macht und deshalb die Ärgerereignisse erhöht. Ärger und Aggression werden in dieser Überlegung als eine defensive Bewältigungsstrategie verstanden, mit der ein niedriger Selbstwert bei Angriff, das heißt in Stress-Situationen, geschützt werden soll. Gegenteilige Hypothesen behaupten, daß gerade Menschen mit hohem Selbstwertgefühl auf Angriffe mit mehr Ärger reagieren, denn sie neigen dazu, Angriffe als ungerechtfertigt zu interpretieren («Ich war nicht informiert.» «Darüber lagen mir keine Unterlagen vor.»). Deshalb differenziert man zwischen Höhe und Stabilität des Selbstwertgefühls (Laux & Weber, 1993).

Das Selbstbewußtsein ist grundsätzlich abhängig vom Urteil des einzelnen über sich selbst, doch kann es durch die Urteile anderer Menschen oder durch die Umwelt geschwächt oder auch gestärkt werden. Die tatsächlich erbrachten Leistungen sind dabei irrelevant. Ein schwaches Selbstbewußtsein hat mit Leistungserwartungen zu tun, die über die erreichten Leistungen hinausgehen. Dies gilt auch für selbstauferlegten Stress, beispielsweise Perfektionismus, Eifersucht oder mangelndes Selbstvertrauen. Doch haben erfolgreiche Menschen nicht zwangsläufig ein großes Selbstbewußtsein, vielmehr erreichen sie häufig ihre Ziele durch Verhaltensstrategien, die sie aufgrund eines schwachen Selbstbewußtseins entwickelt haben.

Selbstwert und Selbstbewußtsein

Selbst*wert* betrifft die Gedanken und Vorstellungen, die jemand über sich hat und auf denen sein Verhalten beruht. Handlungen, Entscheidungen, Verhaltensmuster usw. basieren auf dem jeweiligen Selbstwert der betroffenen Person. Das Selbst ist quasi das Zentrum, das alle übrigen Teile führt, reguliert und koordiniert. Es ist der Teil des Menschen, der in sich selbst unverändert bleibt.

Selbst*bewußtsein* ist gleichzeitig auch der Maßstab dafür, inwieweit sich der einzelne mit dem, was er ist, identifizieren kann.

Selbstwertverletzungen gelten seit jeher als Auslöser für Ärger und Aggression, sie gehören also zur Stressreaktion. Dabei ist Ärger auch eine Folge der Wahrnehmung, daß andere soziale Regeln und Normen verletzen, woraus die betroffene Person einen Angriff auf ihre Persönlichkeit ableitet. Dabei wird das Ziel, sich möglichst gut zu präsentieren, womöglich blockiert. Es gibt zahllose Varianten von Selbstwertangriffen (Vorhaltungen, Kritik, Beleidigungen, Schmähungen, Kränkungen usw.). Hinter dem Stöhnen darüber, daß andere «nerven» (also «stressen»), steht häufig auch Ärger über grenzverletzende Einmischungen.

Ein «gesundes» Selbstbewußtsein bedeutet, Unvollkommenheit im eigenen Verhalten zu akzeptieren. Ein schwaches Selbstbewußtsein beziehungsweise ein geringes Selbstwertgefühl läßt sich unter anderem ablesen an wiederholten negativen Bemerkungen über sich selbst: «Ich werde es wieder nicht schaffen.» – «Ich mache es nicht richtig.» – «Nie schaffe ich es.» Derartige Kommentare basieren auf der Furcht zu versagen. Viele Menschen glauben auch, sie müßten es allen recht machen oder sie seien anderen grundsätzlich unterlegen und nehmen Kritik stets persönlich. Dadurch vermittelt sich anderen häufig von Anfang an ein negatives Selbstbild.

Das Selbstwertgefühl hat direkten Einfluß auf das Wohlbefinden. Eine positive Einstellung gegenüber der eigenen Person, das heißt eine situationsübergreifende positive Selbstbewertung wird deshalb auch häufig als eine «personale Ressource» der Stressbewältigung eingestuft.

Der Zusammenhang zwischen Kognitionen und Selbstwert ist nicht genau beschreibbar. Zumindest gibt es Untersuchungen zur Aggression, wogegen Untersuchungen zum Zusammenhang zwischen Aggression/Angst/Ärger und Selbstwert weitgehend fehlen. Anweisungen darüber, wie man das Selbstwertgefühl steigern könnte, sind deshalb bei Erfolg quasi immer Zufallstreffer. Problematisch ist, daß gerade Selbstwertschwache in der Regel zu schwach sind, ihren Selbstwert aus eigener Kraft zu stärken.

Krisen und Krankheit

Bedeutsam sind in diesem Zusammenhang Ereignisse, die zu einem psychischen Schock führen, also plötzlich hereinbrechende Ereignisse oder Krisen, die den Organismus zur Notfallreaktion zwingen. Dabei werden ungeheure Energien und Kräfte mobilisiert, so auch das Immunsystem, um den Zusammenbruch des Organismus zu verhindern. Diesen Ausnahmezustand kann der

Organismus nur begrenzte Zeit aufrechterhalten. Deshalb muß der Betroffene Voraussetzungen schaffen, den in Aufruhr geratenen Organismus, insbesondere die Psyche, wieder in seinen normalen Fluß zu bringen. Der psychische Schock kann zum Beispiel durch Hilfe aus dem sozialen Netz oder aber durch die Intervention eines Therapeuten besser aufgefangen werden. Geschieht nichts dergleichen, reagieren Betroffene anfangs häufig mit unspezifischen Beschwerden, wie z. B. Bauchschmerzen ohne physiologisches Korrelat, Kopfschmerzen oder Müdigkeit.

In derartigen Fällen werden Tumorerkrankungen, die vielleicht erst Jahre nach einem psychischen Schock auftreten, oft damit in Zusammenhang gebracht. Daß das Wachstum von Tumoren ganz unterschiedlich verlaufen kann, wird dabei meistens ignoriert. Vielleicht ist es tatsächlich so, daß eine psychische Krise die Zellentgleisung als Voraussetzung für die Tumorbildung fördert, sicher bedarf es aber weiterer Auslöser (z. B. Umweltgifte, Radioaktivität, genetische Disposition). Schließlich hat dabei das sehr differenzierte Immunsystem beziehungsweise die Immunabwehr eine Funktion, die nicht bis ins letzte Detail beschrieben werden kann.

Auch kann psychischer Schock (als Stressfaktor) durch die Mitteilung der Diagnose einer schweren Erkrankung verursacht werden. Der Telegrammbote als Todesbote – wie viele Menschen müssen dies erleben, ohne daß ihre psychische Veranlagung in die Beurteilung der Krankheitsentstehung einbezogen wird. Die Abwehr wird in diesen Fällen reduziert, und damit verstärkt sich unter Umständen eine bereits bestehende Immunstörung. Eine reduzierte Immunabwehr ist darüber hinaus bei älteren Menschen zu konstatieren, und damit ist vielleicht auch ihre Anfälligkeit für bestimmte Erkrankungen zu erklären: Das Immunsystem beginnt mit ca. 30 Jahren zu altern, was sich in falschen oder unvollständigen Abwehrreaktionen äußern kann. Kuno (1995) erwähnt eine parallel dazu verlaufende Kurve der Tumorerkrankungen.

Absolut unheilvoll auf das Wohlbefinden wirkt sich das zwangsläufige Verharren in scheinbar ausweglosen Situationen aus. Offenbar kommt es in diesen Fällen zur Aktivierung entsprechend programmierter Gene. Das Immunsystem erhält von der Hirnanhangdrüse die Mitteilung über das Ausweglose beziehungsweise das Depressive einer Situation. Das hat zur Folge, daß die Fähigkeit des Immunsystems, Tumorzellen zu erkennen und zu zerstören, verringert wird (Kuno, 1995).

Im Körper tobt 24 Stunden am Tag eine immerwährende Abwehrschlacht gegen winzige Angreifer, Millionen kleinster Mikroorganismen, Bakterien, Pilze, Viren oder Parasiten, die überall lauern und eine ständige Bedrohung darstellen. Doch schützt das Immunsystem in der Regel den Organismus. Die Leibwache Immunsystem ist unvorstellbar komplex organisiert und für den Laien kaum verständlich. Wegen dieser Komplexität ist es aber auch nahezu unmöglich, einen Ansatzpunkt zur Stärkung dieses Systems zu finden. Entsprechende Versuche sind immer nur Versuche – so wie dies im Zusammenhang mit Maßnahmen der Stressbewältigung ganz ähnlich der Fall ist. Doch ist darauf hinzuweisen, daß im Zusammenhang mit der Beurteilung von Spontanheilungen in Untersuchungen auf die Tatsache hingewiesen wird, daß das Immunsystem und damit gleichzeitig die Selbstheilungskräfte offensichtlich lernfähig sind.

Schließlich ist das Ursache-Wirkung-Gefüge insbesondere bei der Ausbildung eines Tumors sehr komplex. Im Körper werden permanent entartete Zellen erzeugt. Die Entartung von Körperzellen basiert auf Veränderungen (Mutationen) von Genen, die für das Zellwachstum und für die Zellregulation zuständig sind. Kopierfehler bei der Genverdoppelung, aggressive Chemikalien und Strahlung sind häufig Ursachen für Mutationen. Daß schließlich nur (!) bei jedem dritten Menschen in der Folge ein Tumor auftritt, hängt von den körpereigenen Abwehrmechanismen ab. Spezielle Enzyme forcieren in den Zellen die Kopiergenauigkeit bei der Verdoppelung der Gene. Reparatursysteme, von denen einige auch auslösbar sind, erkennen und reparieren Genveränderungen. Antioxidantien (z. B. die E-Vitamine) eliminieren sogenannte Radikale, das heißt aggressive Chemikalien oder Produkte ionisierender Strahlung. Entartete Zellen werden vom Immunsystem erkannt, angegriffen und eliminiert, in manchen Fällen wird ein schneller Zelltod ausgelöst (Dwyer, 1994).

Vor diesem Hintergrund läßt sich die Ursache einer Erkankung, insbesondere aber auch der Anteil an psychischem Stress bei der Ausbildung eines Tumors, nicht eindeutig festlegen (vgl. auch Kerekjarto, Kuchler & Schulz, [3]1996). Im Sinne einer Beeinflussung des einhergehenden Risikos allerdings lassen sich Umweltfaktoren wie Kanzerogene in Lebensmitteln oder ionisierende Strahlung ausmachen, aber auch genetische Disposition, allgemeiner Gesundheitszustand, Lebensalter oder Status des Immunsystems. Im einzelnen werden die genannten Faktoren – sowohl teilweise in der Forschungsliteratur als auch in der Laienpresse – aber immer wieder mit dem allgegenwärtigen Phänomen Stress und der individuellen Stressbewältigung in Verbindung gebracht werden.

Wie Emotionen entstehen

Wertvorstellungen beziehungsweise Bewertungsmaßstäbe verfestigen sich im Laufe des Lebens. Sie werden unbewußt angewendet – wie auch bestimmte Verhaltensmuster – und von Kindheit an erlernt. Darin liegt eine Chance im Hinblick auf die Bewertung stressrelevanter Situationen, denn wenn Verhalten erlernbar ist, so ist es auch wieder verlernbar. Wertvorstellungen wie Erwerbssinn, Demokratie, Bildung, Technik, Wissenschaft u. a. gelten ganz einfach als «gut» und werden von denjenigen, die sie Kindern einpauken, nicht in Frage gestellt. Gerade durch die Verinnerlichung derartiger Wertvorstellungen lösen viele Situationen erst Stress aus. Denn Betroffene orientieren sich bei der kognitiven Bewertung an Wertvorstellungen, die sie erworben haben, bevor sie überhaupt denken gelernt haben.

Ein bestimmter Gefühlszustand kann allein durch kognitive Faktoren, also durch Bewertungen ausgelöst werden. Dabei trennt das Gehirn zwischen Gefühl und Kognitionen, aber diese Bereiche beeinflussen sich auch gegenseitig. Denn das Gehirn empfängt Informationen über körperliche Zustände, und gleichzeitig ist es auch die Instanz, die diese Zustände kontrolliert und steuert, die also auch Emotionen verändern kann.

Emotionen und Kognitionen

Die Erfahrung von Emotionen setzt sich zusammen aus einer *somatischen* Komponente, durch die die Energie und die einfache Gefühlsqualität für Emotionen bereitgestellt wird, und einer *kognitiven* Komponente, durch die die Emotion ihre spezifische

Charakterisierung erhält. Im Zusammenhang mit der somatischen Komponente werden in der Regel das vegetative Nervensystem, das Limbische System und das neuromuskuläre motorische System genannt. Das vegetative Nervensystem hebt das allgemeine Erregungsniveau, durch die Stimulation des Limbischen Systems werden Affekte wie Angst ausgelöst, und schließlich kontrolliert das neuromuskuläre motorische System die Haltung, den Gesichtsausdruck und einzelne Handlungen des Organismus. Dabei sind insbesondere die Entsprechungen zwischen emotionalen Zuständen und dem Gesichtsausdruck (Mimik, Gestik, Stimme), sowie die (Körper-)Sprache bedeutsam. Denn beide können Ausdruck einer Emotion sein. Sie können diese Emotion aber auch auslösen. Das Den-Kopf-hängen-Lassen oder das Ein-sauertöpfisches-Gesicht-Machen gehen häufig einher mit Unlustverhalten, Depression u. ä. Andererseits bewirkt ein bewußtes Den-Kopf-hoch-Halten insgesamt ein positives Gefühl.

Gefühle selbst – wie Verhalten – gelten als antrainiert, also gelernt. Das heißt, daß im Zusammenhang von Gefühlen und Erwartungen allein die Vorstellung einer bestimmten Situation die unterschiedlichsten Emotionen hervorrufen kann. Wenn sich beispielsweise ein Ressortleiter das bevorstehende Gespräch mit seinem Vorgesetzten über eine Gehaltserhöhung vorstellt, kann dies bereits Emotionen auf der Basis körperlicher Veränderungen, einhergehend mit dem Gefühl von Angst, Wut, Enttäuschung usw., hervorrufen und auch Vorstellungen von Minderwertigkeit oder Abhängigkeit. Wenn allein die Vorstellung eine derartige Reaktion hervorrufen kann, wird der Betroffene in der aktuellen Situation kaum anders reagieren.

Die Erregung des Organismus kann jedoch auch ohne äußeren Reiz eintreten, also durch einen inneren Reiz herbeigeführt werden. Beim Grübeln über eine unangenehme Sache, beim Nachdenken über ein schwerwiegendes Problem, beim Sich-Erinnern an eine persönliche Niederlage – in diesen und ähnlichen Fällen wird das vegetative Nervensystem ebenfalls aktiviert.

Eine «Kognition» ist ein Gedanke oder eine visuelle Vorstellung, deren sich das Individuum jedoch nur dann bewußt wird, wenn es die Aufmerksamkeit gezielt darauf richtet. Kognitionen sind zum Beispiel «sich als Versager fühlen», «es allen recht machen wollen», «alles gleich erledigen müssen», «immer nur Negatives erwarten», «alle als Feinde erleben», «sich nichts zutrauen», «sich nicht als liebenswert einschätzen». Vielfach werden Kognitionen auch als automatische Gedanken bezeichnet im Sinne eines individuellen Denkmusters. Bezeichnend ist, daß sie wie ein Reflex auftreten und dann häufig der Situation unangemessen.

Da Kognitionen automatisch und gewohnheitsmäßig und für das Individuum auch glaubhaft sind, wird ihre Gültigkeit vom einzelnen nur selten überprüft. Genauer betrachtet, äußern sich Kognitionen in den sogenannten Selbstverbalisierungen des einzelnen – das sind ausschließlich im Gedächtnis stattfindende Selbstgespräche. Durch diese Selbstgespräche werden beispielsweise Handlungen strukturiert. Es gibt aber auch Selbstverbalisierungen, die auf irrationalen Überzeugungen basieren, zum Beispiel Gedanken wie «Ich muß immer die erste sein» oder «Mein Mann muß mir immer helfen». Irrational sind diese Selbstverbalisierungen, weil sie in Wirklichkeit nur zu Mißerfolgen führen können: Man kann nicht immer die erste sein, «mein Mann» kann mir unmöglich immer helfen usw. Ganz ähnlich verhält es sich mit negativen Erwartungen und Bewertungen einer Situation.

Wenn Emotionen (und Stress) das Resultat von Kognitionen sind, heißt das, daß sie auf die Bewertung der Umweltbezüge zurückgehen. Entsprechend führt Lazarus (1978) in seinem transaktionalen Stressmodell die Beziehungen zwischen Person und Umwelt auf die verschiedenen Formen der Wahrnehmung und Bewertung (Bedrohung, Schaden/Verlust oder Herausforderung) zurück.

Häufig wird durch die wahrgenommene Situation eine früher erlebte – und gespeicherte – emotionelle Struktur wiederbelebt, die der Betroffene dann neuerlich erfährt. Beispielsweise kann der Anblick eines bestimmten Menschen eine negative Emotion auslösen, deren kognitive Bewertung mit der Emotion Eifersucht gekoppelt ist. Bei der erneuten Begegnung mit diesem Menschen wird die vorgeformte Struktur «Eifersucht» als Emotion herbeigeführt.

Wenn sich das Individuum diese Zusammenhänge bewußt macht, kann es bestimmte Kognitionen wieder verlernen, denn es sind innere Sätze, verinnerlichte Normensysteme und Werturteile, die Emotionen bestimmen.

Sich selbst verwirklichende Annahmen

Durch die Analyse kognitiver Bewertungen kann das subjektive Erleben erfaßt werden – ist eine Gefühlsbewegung eher angenehm, störend, überwältigend? Im Extremfall bedeutet dies – im Sinne einer sich selbst verwirklichenden Annahme («self-fulfilling prophecy») –, daß ein Ereignis, das a priori als hundertprozentige Überforderung bewertet wird (ohne daß der Geforderte die Anforderungen der Situation objektiv abgeklopft hat), mit Sicherheit die Bewältigungskompetenz des Betroffenen übersteigen wird.

Beispiel: Manche Mitarbeiter betreten ängstlich das Vorzimmer, wenn sie von ihrem Chef völlig unerwartet zu einem Gespräch gebeten werden. Die Situation wird bereits im Vorfeld als Bedrohung eingestuft, und der Betroffene durchlebt eine Stress-Situation und reagiert entsprechend. Die Erwartung, er habe irgend etwas «falsch» gemacht und werde deshalb zum Gespräch gebeten, kann bei dem Betroffenen eine gedankliche Vorwegnahme einer negativen Beurteilung durch den Chef provozieren. Dies kann von einer Herabsetzung des Selbstwertgefühls begleitet sein. In der Folge erlebt der Betroffene die Situation als Bedrohung seines Selbstwertgefühls.

Wenn jemand glaubt, daß ein bestimmtes Ereignis stressreich sein wird, dann wird derjenige wahrscheinlich auch in der jeweiligen Situation entsprechenden Stress erleben. Denn indem ein Individuum die Folgen voraussagt, führt es sie herbei. Das gilt sowohl im Positiven als auch im Negativen, wenngleich es auch abhängig von der jeweiligen Intensität der Vorstellung ist. Eine Überzeugung kann dadurch zu einer «self-fulfilling prophecy» werden, daß derjenige, der an sie glaubt, in jenen Umständen, die er durch seinen Grundsatz zu vermeiden hoffte, gefangen ist. Denn wenn der Mensch an etwas glaubt, wird er so handeln und fühlen, als ob es wahr sei, unabhängig davon, ob es stimmt oder nicht.

Subjektive Wahrnehmung und Bewertungen

Für die grundsätzliche Verbesserung des Coping-Verhaltens ist es wichtig, daß der Betroffene seine Art, in bestimmten Situationen zu reagieren, kennt und versucht, sie gegebenenfalls durch gezielte Maßnahmen zu verändern. Dabei ist die Wahrnehmung das Bindeglied zwischen Situation und Individuum. Der Betroffene muß also versuchen, die Außenwelt möglichst unverstellt wahrzunehmen.

Trifft das Individuum ein unerwarteter Reiz, so wendet es seine Aufmerksamkeit der Reizquelle zu. Zur gerichteten, intensiven Wahrnehmung gehört Aufmerksamkeit. Aufmerksamkeit bedeutet gleichzeitig auch die Kontrolle eines inneren und äußeren Reizes. Ist der Reiz neu und unerwartet, kommt es zu einer Orientierungsreaktion, das heißt zu einer Sensibilisierung der Motorik und der Sensorik im Sinne einer Empfindlichkeitssteigerung innerhalb verschiedener Sinneskanäle. Zu den zentralen Prozessen der Aufmerksamkeit gehören die im Zentralnervensystem ablaufenden Prozesse Bewertung, Auswahl (Selektion) und Verarbeitung. Deshalb ist die Bewertung zwangsläufig von der sie ergänzenden Auswahl begleitet. Bei der selektiven Aufmerksamkeit wird entsprechend der Bedeutung des jeweiligen Stimulus eine Auswahl aus der Reizmannigfaltigkeit vorgenommen (Delhees, 1994).

Aufmerksamkeit (bzw. Wahrnehmung) zieht Bewertungen nach sich (sowie Handlungen und Gefühle). Entsprechend unterliegt jede an das Zentralnervensystem weitergeleitete Information einer Bewertung: der Gesprächspartner spricht laut, die Luft im Flugzeug ist stickig, der Lärm ist unerträglich, der Kollege ist ätzend, die Situation ist konfliktträchtig usw. Abhängig von der Bewertung ist die Information beziehungsweise eine Situation für das Individuum bedeutungslos oder nicht. Beurteilt eine Person etwas als bedrohlich, birgt die Situation für sie Stress. Unbedeutende Informationen bleiben ohne Wirkung.

Bezogen auf die Fähigkeiten beziehungsweise Kapazitäten des Individuums, mit Stress und Belastungen umzugehen, spricht man von «adaptiven Ressourcen» (Anpassungsmöglichkeiten), wobei die Einschätzung des Betroffenen anders ausfallen kann als die eines Außenstehenden, denn Wahrnehmung ist subjektiv – wenngleich objektivierbar.

Eine betroffene Person kann mehreren Stressoren gleichzeitig ausgesetzt sein, doch werden sie selektiv wahrgenommen. Die als stressreich eingestuften Reize sind schließlich Ausgangspunkt der jeweiligen Stressbewältigung.

Bewertungsprozesse

Wie erlebt man eine Stress-Situation?

Es werden zwei charakteristische Bewertungsprozesse unterschieden:

- Die Bewertung einer potentiellen oder aktuellen Stress-Situation als schädigend oder bedrohlich.
- Die Bewertung beziehungsweise Abschätzung der Reaktionsmöglichkeiten, um mit der jeweiligen Stress-Situation – als einer Schädigung oder Bedrohung – umzugehen.

Zur Einschätzung eines Ereignisses als Bedrohung kann es kommen:

– wenn das Individuum einen Kontrollverlust befürchtet, das heißt, wenn der Umgang mit der jeweiligen Situation die dem Individuum zur Verfügung stehenden Ressourcen übersteigt;
– wenn eine zeitliche und/oder räumliche Nähe zu dem Ereignis besteht;
– wenn die Situation für das Individuum unberechenbar beziehungsweise nicht eindeutig bestimmbar ist.

Entscheidend beeinflußt werden die Bewertungsprozesse durch individuelle Persönlichkeitsmerkmale und die situativen Voraussetzungen. Abhängig von der Bewertung als Herausforderung oder als Bedrohung/Schaden stellt sich eine entsprechende Stressreaktion ein. Die Graphik «Subjektive Wahrnehmung und Bewertung von Stress und Belastungen» (s. S. 64) veranschaulicht die Kategorien der transaktionalen Stresskonzeption vom Lazerus und Mitarbeitern.

Kognitive Bewertung

Die Bewertung einer Situation hat in der Ausbildung spezifischer Verhaltensmuster und in der Entwicklung von Emotionen eine Funktion. Denn erst durch die subjektive Bewertung des Betroffenen werden objektive Reize zu Stressoren beziehungsweise zu Auslösern von Stress. Sie führen beim Individuum zu einem Spannungsgefühl, zum Beispiel freudiger Erwartung, oder aber auch – bei einer Bedrohung – beispielsweise zu Aggressionen oder aggressivem Verhalten. Unter diesen Bedingungen wird das Verhältnis des Individuums zur Umwelt und auch zu den jeweiligen Bezugspersonen beeinträchtigt, belastet oder gestört.

Psychischer Stress beruht demzufolge auf der Bewertung eines Betroffenen, daß die jeweilige Person-Umwelt-Beziehung herausfordernd, bedrohlich oder schädigend sei. Ist eine Situation durch ihre Bewertung als Stressor identifiziert, kann der Betroffene abschätzen:

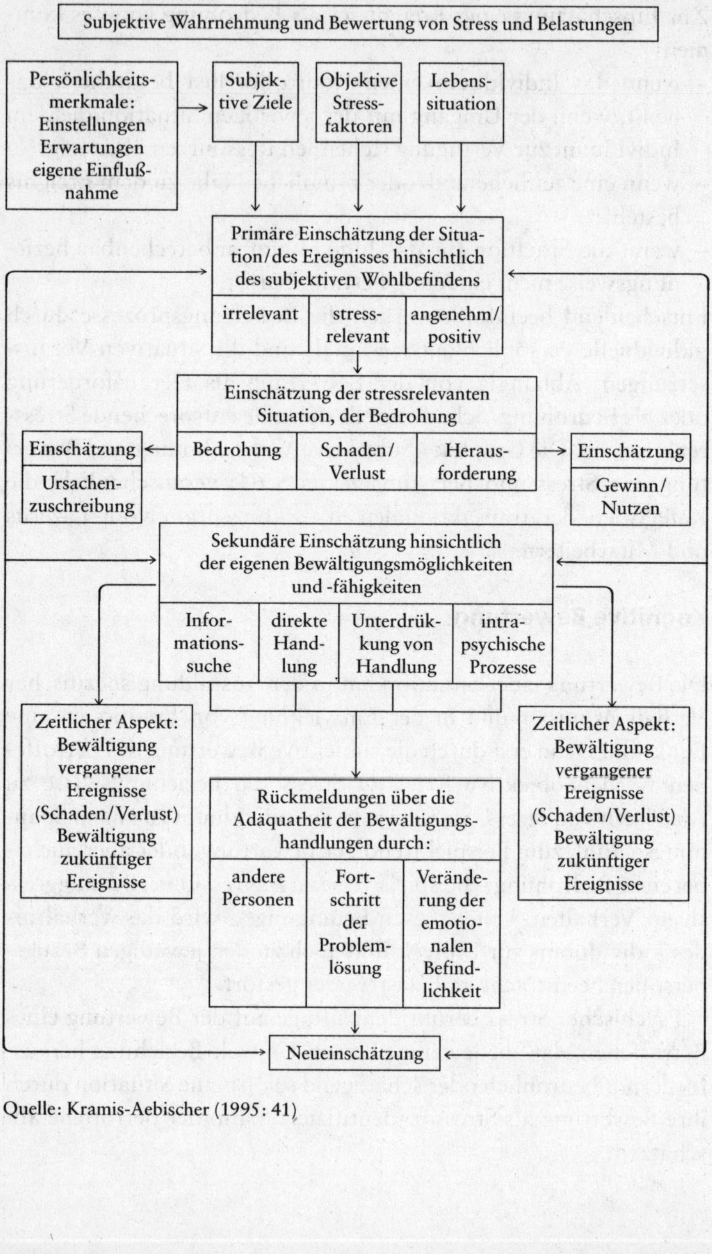

Quelle: Kramis-Aebischer (1995: 41)

– welche Anforderungen er zur Bewältigung erfüllen muß;
– welche Ressourcen ihm dafür zur Verfügung stehen;
– welche Bewältigungsstrategien erfolgversprechend sind.

Die Bewertung der meisten Stressoren ist nicht nur von verschiedenen Variablen abhängig, sondern auch von dem Verhältnis, in dem die jeweilige Situation zu den Zielen des Betroffenen steht.

Die positive Reaktion auf einen Stressor, wenn dieser im Sinne von «Eustress» als Herausforderung aufgenommen wird, wirkt stimulierend auf die Persönlichkeit, und der erfolgreiche Umgang damit steigert das Selbstbewußtsein. In den meisten Fällen, selbst bei kritischen Lebensereignissen, könnte die Bewertung auch positiv ausfallen, vor allem wenn die nötige Objektivität gewährleistet ist. Viele Menschen sind erst durch ein tragisches Ereignis zu persönlichem Wachstum gekommen mit einhergehender Gelassenheit.

«Primäre» Bewertung und «sekundäre» Bewertung

Es werden zwei Phasen der kognitiven Bewertung unterschieden: die primäre Bewertung («primary appraisal») und die sekundäre Bewertung («secondary appraisal»). Die primäre Bewertung einer Situation erfolgt im Hinblick auf das eigene Wohlbefinden. Zunächst werden Fragen gestellt wie: «Was passiert?», «Kann ich damit umgehen?», «Ist das zuviel für mich?» Wenn eine Situation als «stressreich» bewertet wird, dann beurteilt der Betroffene daraufhin deren mögliche Wirkung sowie bereits aufgetretene Schäden oder auch die zu ergreifenden Maßnahmen, um die Auswirkungen möglichst gering zu halten. Er wird ferner feststellen, ob die Situation insgesamt eine Bedrohung darstellt.

Sobald sich der Betroffene entschieden hat, es müsse gehandelt werden, tritt er in die sekundäre Bewertung ein. Dies ist also der Fall, wenn die Situation die Anpassungsmöglichkeiten des Betroffenen übersteigt. In dieser zweiten Bewertungsphase beurteilt er die bei ihm vorhandenen Ressourcen und leitet die notwendigen Handlungen ein; der adaptive Prozeß beginnt. Die kognitiven Bewertungen dienen der kontinuierlichen Prüfung der Gegebenheiten im Hinblick auf das Wohlbefinden. Handlungen/Maßnahmen («coping») dienen dagegen der Aufrechterhaltung oder Wiedererlangung des Wohlbefindens. Gefühle werden als Begleiterscheinung der Wahrnehmung beziehungsweise der Bewertung erlebt (Kramis-Aebischer, 1995). Bleibt das Resultat bei den Bemühungen zur Stressbewältigung aus, kommt es zu einer erneuten Bewertung und zur Anwendung neuer Bewältigungsstrategien. Bei chronischem Stress ist davon auszugehen, daß es dem Betroffenen aufgrund der verfügbaren Ressourcen nicht gelingt, geeignete Bewältigungsstrategien zu finden.

In seiner ersten Einschätzung entscheidet der Betroffene, ob eine Situation für ihn irrelevant (neutral) («O.K.. Das schaffe ich.»), positiv («Super! Ich werde es diesmal schaffen.» = Herausforderung) oder als stressreich (negativ) zu bewerten ist. Der Einschätzung «stressreich» werden Schaden/Verlust («Immer passiert mir das!») oder Bedrohung («Hoffentlich klappt das! Ich muß genau aufpassen.») oder Herausforderung («Endlich mal was anderes!») zugeordnet. Schaden/Verlust bezieht sich auf bereits eingetretene Ereignisse (z. B. Verletzungen, Verlust einer nahestehenden Person, Einschränkung des Selbstwertgefühls durch eine Blamage). Bedrohung kann sich auf gleiche oder ähnliche Ereignisse beziehen, doch schließt die Bedrohung ein, daß das jeweilige Ereignis noch nicht eingetreten, doch gedanklich vorwegnehmbar ist. Dagegen bezieht sich Herausforderung auf Situationen, die die Chance bieten, eine Anforderung zu bewältigen bei gleichzeitigem Erfolg, Gewinn o. ä.

Bedrohung ist die Einschätzung, mit der Stress heute am ehesten verbunden wird. Sie signalisiert die mögliche Konfrontation mit einer Anforderung, die die Mobilisierung der eigenen Ressourcen erfordert. Häufig werden damit negative Konsequenzen für die persönliche Zielsetzung beziehungsweise -erreichung verbunden. Daß die Einschätzung einer Situation als Bedrohung bei genauerer

Betrachtung häufig falsch ist und auf korrekturbedürftigen Denkmustern beruht, ist den Betroffenen im Augenblick der Konfrontation mit der jeweiligen Situation nicht klar.

Neubewertungen

Die primäre und sekundäre Bewertung einer Situation kann resultieren in direkten oder angedeuteten Aktionen, in einer Neubewertung oder – beim Ausbleiben von Aktionen – in intensiven (negativen) Emotionen. Die Prozesse der primären und sekundären Bewertung sind voneinander abhängig. Sie können sich zeitlich überlappen oder auch wechselseitig beeinflussen. Durch Neubewertungen wird die ursprüngliche Einschätzung der Situation und der eigenen Person geändert; sie stellen Neufassungen der kognitiven Bewertung dar und treten dann auf, wenn neue Informationen über die beteiligten Faktoren vorliegen. Denn Neubewertungen kommen durch die Rückmeldung über den Erfolg von Bewältigungshandlungen zustande. Dies signalisiert einen Feedback-Prozeß: das Individuum reagiert auf die Umwelt, die Umwelt reagiert auf das Individuum, das Individuum nimmt sie wahr und bewertet sie. Auf der veränderten Bewertung des Person-Umwelt-Bezugs beruhen auch neue emotionale Reaktionen.

Unbewußte Bewertungen

Die Handlungen des Individuums entsprechen fast nie seiner unmittelbaren Wahrnehmung der Umwelt, sondern eher den Vorstellungen, die es von dieser Umwelt hat. Diese Überzeugungen bilden den Kontext von Handlungen, der Wahrnehmung und der Vorstellungen von der Realität. Sie bilden die Schichten der Voreingenommenheit. Diese Voreingenommenheit liegt in der Natur des Menschen.

Menschen bewerten Situationen, die über die eigenen Wertvorstellungen hinausgehen, auch aufgrund eigener komplexer Überzeugungssysteme, als stresshaft und bringen sich damit in Schwierigkeiten. Beispielsweise müssen sich aktivierende Ereignisse nicht zwangsläufig in bestimmten psychischen, das heißt emotionalen und den verhaltensbezogenen Konsequenzen niederschlagen. Das betroffene Individuum führt das Stresserleben jedoch fälschlicherweise ausschließlich auf das jeweils aktivierende Ereignis zurück. Deshalb ist es für besonders stressanfällige Menschen wichtig, zu erkennen und ihre Bewertungen zu prüfen.

Der Tendenz, Situationen a priori zu bewerten, kann man durch konstruktive zielgerichtete Aktivitäten entgegenwirken. Das setzt freilich voraus, daß man seine Gedanken, Wünsche und Gefühle untersucht. Falls der Betroffene ohne Hilfe keinen Erfolg hat, kann ein Psychologe mit der Anwendung spezifischer kognitiver Techniken eingreifen und so die Veränderung einleiten.

In Normalfall erkennt der Betroffene, wenn er versucht, sich selbst gegenüber ehrlich zu sein, ohne professionelle Hilfe sehr schnell, nach welchen Regeln er die Realität organisiert beziehungsweise wie er ihr begegnet. Stellt er fest, daß er aus vielen möglichen Interpretationen immer die «negativste» auswählt, ist bereits ein wichtiger Schritt zu grundsätzlich «neuen» kognitiven Bewertungen getan. Zu beachten ist auch, daß «ein Denk- oder Verhaltensmuster ohne Kenntnis von Ursache und Verlauf der früheren Lernprozesse verändert werden kann» (Beck, ^{4}1994).

Kognitive Verzerrungen

Beck (^{4}1994) zählt einige kognitive Verzerrungen auf, die aber nicht nur im Zusammenhang mit depressiven Patienten zu sehen sind. Beispielsweise ist die «Verallgemeinerung» eine solche kognitive Verzerrung. Sie beruht auf der Annahme des Individuums, daß etwas, was in einer Situation zutrifft, auch in ähnlichen Fällen stimmen müsse. Verallgemeinernde Annahmen («Übergeneralisierungen») lassen sich wie auch «self-fulfilling prophecies» aufbrechen und modifizieren. Das ermöglicht es dem Betroffenen, bestimmte, mit einer negativen Erfahrung verbundene Situationen stressfrei oder wenigstens unbelasteter zu erleben. Zunächst muß der Betroffene seine automatischen Gedanken und übertriebenen Überzeugungen jedoch erkennen und dann allmählich sein Denken umstrukturieren.

Beispiele für Grundannahmen, die kognitive Verzerrungen bewirken, und Vorschläge, wie sie verändert werden können (adaptiert von Beck, [4]1994):

Kognitiver Irrtum	Grundannahme	Intervention
Übergeneralisierung	Wenn es in einem Fall stimmt, trifft es in jedem halbwegs ähnlichen Fall zu.	Aufdecken der mangelhaften Logik. Suche nach Kriterien, welche Fälle «ähnlich» sind bzw. in welchem Grad.
Selektive Abstraktion*	Die einzigen Ereignisse, die zählen, sind Mißerfolge, Entbehrungen etc. Man soll sich an Irrtümern, Schwächen etc. messen.	Man lasse den Patienten Buch führen, um die von ihm vergessenen Erfolge identifizieren zu können.
Annehmen einer zeitlichen Kausalität (Vorhersagen ohne ausreichende Evidenz)	Wenn es in der Vergangenheit zutraf, wird es immer zutreffen.	Aufdecken der mangelhaften Logik. Benennung von Faktoren, die das Ergebnis ungeachtet früherer Ereignisse

		beeinflussen könnten.
«Katastrophieren»	Denke immer an das Schlimmste. Es wird dir wahrscheinlich passieren.	Kalkulierung realistischer Wahrscheinlichkeiten. Konzentration auf Hinweise, daß nicht das Schlimmste eingetreten ist.

* Anmerkung: Bei der Begriffserklärung wählt Beck ([4]1994) aus.

Diesen Beispielen lassen sich noch weitere hinzufügen:
Positives ignorieren – nicht nur neutrale, selbst positive Erfahrungen werden zu negativen gemacht. Ein Kompliment wird beispielsweise abgewertet durch den Hinweis, es sei nur aus Freundlichkeit gemacht worden.
Emotionsgeladenes Denken – Emotionen werden mit Fakten gleichgesetzt. So wird beispielsweise das Gefühl von Unzulänglichkeit gleichgesetzt mit der Annahme, man sei ein wertloser Mensch.
Sollte-Aussagen – derartige Aussagen sind demotivierend. Besser ist es zu sagen: «Ich will…»

Arbeitsbedingter Stress

Der Mensch verbringt einen großen Teil seiner Lebenszeit am Arbeitsplatz, weshalb dort auch das individuelle Realitätskonzept und die persönliche Identität entscheidend ausgebildet werden. Die Bedeutung der Arbeit ist Stuhr (1996) zufolge die wichtigste Quelle der Freude: der berufliche Erfolg rangiert mit 47 % und der Beruf selbst mit 46 % als Quelle der Freude vor dem «Ehepartner» mit 35 % und «Konsum» mit 11 %. Permanenter Stress am Arbeitsplatz, der vor allem auch die Masse der Menschen im mittleren Alter und unteren Einkommensbereich trifft, stellt deshalb eine Bedrohung für das Wohlbefinden dar.

Belastungen in der Arbeitswelt und ihre Auswirkungen

Allgemeine Ursachen von Stress am Arbeitsplatz sind:

– Organisatorische Probleme
– Unregelmäßige Arbeitszeiten
– Niedriger Status, fehlende Beförderungsaussichten, schlechte Bezahlung
– Unnötige Arbeitsabläufe
– Unsicherheit (z. B. durch häufiges Wechseln der Unternehmensstrategie, durch mangelnden Informationsfluß).

Ferner lassen sich die folgenden arbeitsbedingten Stressoren anführen (adaptiert von Stuhr, 1996):

Im Hinblick auf die Struktur der Tätigkeit

– Zeitstruktur (z. B. Schichtarbeit)
– Sich wiederholende Teilarbeit

- Daueraufmerksamkeit bei Reizarmut (Vigilanz) (z. B. bei monotonen Tätigkeiten)
- Vorhersagbarkeit des Arbeitsablaufes
- Handlungsspielraum
- Körperbeanspruchung, Körperhaltung
- Grad der Verantwortlichkeit
- Maschinenbestimmtheit
- Arbeitsinhalt

Im Hinblick auf die Arbeitsbedingungen

- Umwelteinflüsse (Lärm, Staub, Hitze, Gas, Vibration, Strahlung, Nikotinkonsum, Platzmangel)
- Umgang mit Vorgesetzten, Mitarbeitern, Kollegen (Führungsstil und Hierarchie, Konkurrenz, Rollenkonflikte)
- Unsicherheit des Arbeitsplatzes und Arbeitsplatzverlust
- Betriebspolitik (Sozialleistungen, Mitbestimmung u. ä.)
- Entlohnung
- Arbeitsweg (Pendler, Zeitaufwand)

Weitere Ursachen von arbeitsbedingtem Stress können sein:

- Zeitmangel, so daß eine Arbeit nicht zur eigenen Zufriedenheit erledigt werden kann
- Fehlen klarer Arbeitsbeschreibungen oder Handlungsanweisungen
- Mangelnder Informationsfluß
- Schlechte Ausrüstung des Arbeitsplatzes
- Mangel an Anerkennung oder Belohnung
- Unfähigkeit oder Mangel an Möglichkeiten, Beschwerden zu äußern
- Zu großer Verantwortungsbereich im Verhältnis zur eingeschränkten Autorität oder Entscheidungsbefugnis
- Mangelnde Kooperationsbereitschaft
- Mangel an Kontrolle über einzelne Arbeitsabläufe
- Bestehende Vorurteile und Borniertheit hinsichtlich Alter, Geschlecht, Rasse, ethnischer Herkunft oder Religion
- Sorgen im Hinblick auf die eigene Verantwortung für Untergebene

- Unterforderung
- Gewohnheitsmäßige Überstunden
- Unüberschaubares Aufgabengebiet
- Mangelndes Feedback
- Schlechtes Arbeitsklima, zum Beispiel fehlende Absprachen zwischen Mitarbeitern und/oder Kollegen
- Fehlende Zuweisung von Kompetenzen
- Arbeitsüberlastung durch Personalabbau

Belastungen, die sich primär auf schlechtes Selbstmanagement zurückführen lassen, sind zum Beispiel:
- Schlechte Ernährungsgewohnheiten
- Unausgeglichene Arbeitsgewohnheiten (z. B. durch Dienstreisen)
- Mangelnde Bewegung (z. B. durch sitzende Tätigkeiten)
- Schlafstörungen
- Fehlende Balance zwischen Arbeitszeit und Freizeit

Obwohl die Existenz dieser und anderer Stressoren statistisch nachweisbar ist, ist es problematisch, sie in Beziehung zur psychischen Gesundheit zu setzen mit dem Ziel, sie erfolgreich in den Griff zu bekommen. Denn das hieße, die Stressoren zu klassifizieren, wobei die Anforderungen an die Betroffenen genauer bestimmt werden müßten, deren Leistungsniveau, die Beziehung zwischen beiden und die jeweilige Besonderheit des (möglicherweise) daraus folgenden Ungleichgewichts. Neben den subjektiv wahrgenommenen Belastungen am Arbeitsplatz müßten ferner familiäre Belastungen sowie Persönlichkeits- und Verhaltensmerkmale als Belastungsfaktoren einbezogen werden.

Ferner ist es unmöglich, mit Sicherheit einer bestimmten arbeitsbedingten Belastung auch eine bestimmte Erkrankung zuzuordnen. In diesem Zusammenhang ist abermals auf die verschiedenen Variablen hinzuweisen, die den Stressprozeß und entsprechende Auswirkungen verändern, sowie auf die aufeinander bezogene Wechselbeziehung verschiedener Stressoren. So verursacht beispielsweise die sitzende Tätigkeit zwar Verspannungen, kritisch wird die Situation am Arbeitsplatz jedoch erst, wenn beispielsweise wegen einer Veränderung in der Abteilungsstruktur ein Autoritätsverlust dazukommt. Auch lassen die Ergebnisse einschlägiger Untersuchungen, beispielsweise zur Auswirkung von psychischem Stress auf das Immunsystem, keine Verallgemeinerung zu, obwohl ein Zusammenhang wohl nicht anzuzweifeln ist.

Häufige psychische Reaktionen im Zusammenhang mit arbeitsbedingten Stressoren

- Abwehrhaltung
- Kommunikationsschwierigkeiten
- Konzentrationsverlust
- Vermehrt auftretende Konfliktsituationen
- Kontaktschwierigkeiten
- Isolation
- Nervosität und Hektik
- Entscheidungsangst / Fehlentscheidungen
- Mangelnde Orientierung bei Urteilsbildungen
- Veränderungen in der Leistungsfähigkeit (Leistungsabfall, Leistungsschwankung, Leistungsminderung)

Treten die genannten Symptome geballt als Zustand genereller Gereiztheit auf, kann dies auf die psychische Erschöpfung des Betroffenen deuten. In diesen Zusammenhang gehört auch die häufige Abwesenheit vom Arbeitsplatz: Man nimmt Urlaub oder wird krank, sooft man eine unangenehme Aufgabe zu erledigen hat oder wenn eine Auseinandersetzung mit einem bestimmten Vorgesetzten droht. Auch der vermehrte Konsum von Alkohol als Beruhigungs- oder auch als Anregungsmittel ist symptomatisch.

Gängige Aussagen zu Belastungen am Arbeitsplatz machen deutlich, daß beim Auftreten von psychischem Stress vor allem Arbeit unter Zeitdruck und das Ausmaß der Eigenverantwortlichkeit beziehungsweise die Entscheidungsbefugnis eine Rolle spielen. Entsprechend verursachen Tätigkeiten, die Entscheidungsfreiheit zulassen oder sogar fordern, weniger psychischen Stress. Auch beeinflussen berufliche Tätigkeiten, die aus sich wiederholenden Einzelschritten bestehen und deren Tempo von Maschinen vorgegeben wird, das Stressniveau in besonderem Maße; entsprechende Arbeiten (z. B. am Montageband oder beim Umgang mit Frachtgut) sind monoton, verlangen aber dennoch einen hohen Aufmerksamkeitsgrad. Auswirkungen auf das Stressniveau hat ferner der Führungsstil von Vorgesetzten und auch deren Persönlichkeitsstil. Beispielsweise ist ein Chef, der penetrant Wert auf unwichtige Details legt, für die Mitarbeiter stressrelevant, vor allem dann, wenn sich der dadurch verursachte Zeitaufwand auf Produktivität und Effizienz auswirkt. Kollegialität und ganz allgemein soziale Unterstützung können die Auswirkungen eines stressreichen Arbeitsumfeldes abschwächen.

Eine typische arbeitsbedingte Stress-Situation

Herr M., 38 Jahre, verheiratet und Vater von drei Kindern, arbeitet am Fließband in einem großen Unternehmen. Seine Arbeitsumgebung ist gut. Der von der Montage der Fahrzeuge erzeugte Lärm ist in der letzten Zeit auf ein akzeptables Niveau reduziert worden. Temperatur, Belüftung, Luftfeuchtigkeit und Beleuchtung entsprechen der Norm. Die Arbeitshaltung beziehungsweise die Arbeitsgriffe wurden so angeglichen, daß sein Körper weder unnötig belastet noch unnatürlichen Bewegungen ausgesetzt ist. Herr M. hat keine Probleme, seine Arbeit fehlerfrei auszuführen. Insgesamt hat er keine Klagen vorzubringen.

Trotz dieser positiven Fakten fühlt sich Herr M. nicht besonders gut. Vielmehr ist er oft in einer gedämpften Stimmung. Er raucht dann häufiger eine Zigarette, trinkt mehrere Flaschen Bier am Abend, und er ißt in letzter Zeit mehr als früher, so daß er einige Kilo zugenommen hat. Meistens hat er Einschlafprobleme, grübelt dann über Kleinigkeiten nach. Morgens geht er unausgeschlafen und schlecht gelaunt zur Arbeit. Seine Frau ist sehr besorgt, denn ihr Mann klagt vermehrt über Kopfschmerzen, Verdauungsbeschwerden, Mutlosigkeit.

Wenn man in diesem Fallbeispiel für das Beschwerdebild Ursachen am Arbeitsplatz sucht, könnte man unter Umständen folgendes feststellen:

Der Arbeitgeber von Herrn M. hatte vor einiger Zeit Absatzeinbrüche. Darauf wurden quer durch alle Ebenen des Unternehmens Arbeitsplätze abgebaut. Im Rahmen der verstärkten Einführung der «lean production» vor einigen Jahren wurden die Arbeitnehmer mit Programmen gedrillt, so daß noch mehr aus ihrer Arbeitsleistung herausgeholt werden konnte, falls notwendig auch durch Überstunden. Hinsichtlich ihrer Monotonie blieb die Arbeit selbst im großen und ganzen die gleiche. Mit den geschilderten Maßnahmen änderte sich aber auch das Verhältnis der Kollegen untereinander. Entlassungen verursachten Feindseligkeit, Mißtrauen, mangelnde Kollegialität. Konkurrenz- und Leistungsdruck beeinflussen mehr und mehr das Miteinander im Unternehmen.

Herr M. ist also in der Situation, hohe Anforderungen in quantitativer Hinsicht erfüllen zu müssen, denn er hat viel zu tun, bei vergleichsweise geringen Anforderungen in qualitativer Hinsicht, denn seine Arbeit ist einfach. Hinzu kommt, daß er hinsichtlich seiner Arbeit über keinen Entscheidungsspielraum verfügt, denn was wie zu tun ist, entscheiden andere. Außerdem fehlt seitens der Kollegen der soziale Rückhalt. Die Kombination dieser Faktoren bedeutet für Herrn M. Stress mit dem einhergehenden Risiko physischer und psychischer Auswirkung auf seine Gesundheit.

Dieses Beispiel (in Anlehnung an Kompier & Levi, 1995) ist repräsentativ für Arbeitnehmer auf allen Ebenen, eine Alltagssituation also.

Sozialer Rückhalt in der Familie

Vor allem auch sozialer Rückhalt kann die Auswirkungen von arbeitsbedingtem Stress verändern. Entsprechende Belastungen werden in der Familie jedoch unterschiedlich wirksam, wie dies beispielsweise die Nacht- und Schichtarbeit zeigt. Die spezifische Stressreaktion basiert auf der Beeinflussung des Zeitbewußtseins, durch Eingriffe in die Regelprozesse der Homöostase sowie auf der Einschränkung sozialer Kontakte beziehungsweise des familiären Zusammenlebens. Typische Beschwerden der im Schichtdienst Tätigen sind: Schlafstörungen, Verdauungsstörungen, Herz-Kreislauf-Störungen. Sie gehen einher mit Folgeerscheinungen (z.B. Konzentrationsprobleme bei Schlafdefizit), die sich als Stressoren verselbständigen können. Das familiäre Zusammenleben wird zum Beispiel eingeschränkt durch (adaptiert von Stuhr, 1996):

- Verringerung gemeinsamer Aktivitäten, was zur Entfremdung führt
- Verhaltenseinschränkungen der Familienmitglieder
- Mangelnde Teilnahme am kulturellen Leben, was zur Gefahr der Isolation wird.

Jeder der genannten Aspekte kann als zusätzlicher Stressor wirken.

Für psychischen Stress durch Arbeitslosigkeit sind dagegen andere Faktoren verantwortlich. Dabei wird die subjektive Bewertung der Situation durch die individuelle Stabilität und die vorhandenen Reserven beeinflußt, vor allem auch durch den sozialen und finanziellen Rückhalt.

Wenn die Auswirkungen von arbeitsbedingtem Stress auch die Familienmitglieder tangieren, dann ist damit gleichzeitig eine der wichtigsten Möglichkeiten der Stressvorbeugung beziehungsweise -verringerung eingeschränkt, nämlich der soziale Rückhalt. Denn die soziale Unterstützung, die der Betroffene erhält, wird wesentlich von dessen Verhalten und damit auch von seinen Arbeitsbedingungen bestimmt.

Leistungsfähigkeit und Leistungsanforderungen

Zwischen individueller psychischer und physischer Leistungsfähigkeit besteht ein großer Unterschied. Die physische Leistungsfähigkeit läßt sich anhand von Atemfrequenz, Atemvolumen, Zusammensetzung der ausgeatmeten Stoffe sowie der Kreislaufreaktionen und anderer physiologischer Vorgänge messen.

Zu den grundsätzlichen Voraussetzungen psychischer Leistungsfähigkeit gehören:

– die ungehinderte Informationsaufnahme;
– die Möglichkeiten der kognitiven Verarbeitung;
– die entsprechende Informationsabgabe.

Diese Abläufe sind am Arbeitsplatz mit physischer Leistung verknüpft. Hinzu kommen Umweltfaktoren, Konzentrationsbereitschaft, körperlicher Zustand, Motivation u. ä. Hierauf basiert das Arbeitsverhalten, das für die Arbeitsphysiologie bedeutsam ist hinsichtlich der Belastbarkeit des Individuums beziehungsweise der Stresstoleranz, der Leistungsfähigkeit und der Arbeitsanforderungen. Das Arbeitsverhalten per se zielt auf gesellschaftliche Anerkennung und Entlohnung. Bleiben diese aus, ist dies ein zusätzlicher externer Stressor.

Hohe Leistungsanforderungen sind häufig mit monotonen Kontrollarbeiten, langandauerndem Beobachten von Bildschirmen o. ä. verbunden. Zeichen von Stress sind dabei:

– Abnahme der Wahrnehmungsleistung
– Abnahme der Konzentrationsleistung
– Abnahme der Arbeitsleistung
– Qualitative und quantitative Schwankungen der Leistung
– Koordinationsstörungen.

Stress stellt sich in diesen Fällen als Folge von Arbeitsbelastung unter Reizarmut ein. Die Leistungsfähigkeit ist dadurch eingeschränkt.

Angst vor einer geforderten Leistung

Stress ist in der Arbeitswelt auch psychosozial, nämlich die Angst vor einer geforderten Leistung (Leistungsängstlichkeit) beziehungsweise vor dem Versagen. Dies könnte dann auch Autoritätsverlust und materiellen Verlust nach sich ziehen. Dahinter kann sich aber auch Angst vor Sicherheitsverlust und Entfremdung verbergen. Leistungsängstlichkeit wird in Situationen aktiviert, die als bedrohlich bewertet werden. Dabei steht die potentielle Selbstwertbedrohung im Zentrum des Erlebens. Häufig wird auch eine Minderung des sozialen Prestiges befürchtet, weil bestimmte Normen nicht erfüllt werden können.

Das Leben generell Leistungsängstlicher in einer leistungsorientierten Gesellschaft heißt für Betroffene Stress pur. Denn in der Arbeitswelt ist Leistungsangst ein Handicap und muß zusätzlich zu arbeitsbedingten Stressoren verarbeitet werden. In Leistungssituationen ist die Aufmerksamkeit besonders ängstlicher Menschen mehr auf das Selbst gerichtet, wogegen die Konzentration in der Regel auf anstehende Aufgaben fixiert ist. Einher geht die entsprechende kognitive Voreingenommenheit Leistungsängstlicher. Wenn eine Leistung eingefordert wird, denken Leistungsängstliche zunächst an einen möglichen Mißerfolg und nehmen eine damit verbundene Selbstabwertung gedanklich vorweg; sie glauben, für ihr Versagen selbst verantwortlich zu sein.

Leistungsängstliche können sich helfen, wenn sie sich die typische Bewertung stressrelevanter Situationen bewußt machen. Sie interpretieren beispielsweise die in einer stressrelevanten Situation auftretende Erregung als ängstliche Erregtheit, wohingegen «Niedrigängstliche» körperliche Erregung als produktive Energie bewerten und diese entsprechend einsetzen können. Das heißt, ein Ansatz zur Entschärfung der Voraussetzungen liegt – wie in vielen anderen Fällen – in der Veränderung der kognitiven Bewertung.

Typ-A-Verhaltensmuster

Das Risikoverhalten nach dem Typ A bezieht sich auf den Zusammenhang von bestimmten Verhaltensweisen (z. B. Bewegungsmangel, hoher Genußmittelkonsum, Tendenz zur Leistungsüberforderung, extreme Leistungsorientierung, Ehrgeiz, Erfolgsorientierung, Ruhelosigkeit) und koronaren Herzerkrankungen. Die Hypothese zum Typ-A-Verhalten ist selbst in der Laienpresse überaus verbreitet: Stress und Typ A sind die unumstößlichen Risikofaktoren für viele Erkrankungen! Es gibt jedoch Personen mit dem entgegengesetzten B-Typ-Profil, die auch einen Herzinfarkt erleiden können (Stuhr, 1996).

Typ-A-Verhaltensmechanismen

- Leistungsverhalten
  Kennzeichen: Disziplin, Effizienz, Verantwortung, Aggressivität, Dominanz, Rivalität
- Neigung zu extremer Verausgabung/Überforderung
  Folgen: Verspannung, Überlastung, Zeitdruck, Ungeduld
- Erhöhte Reizbarkeit und Gereiztheit
  Begleitsymptome: Tendenz zu Angst und Depression
- Psychophysisches Risikoverhalten
  Kennzeichen: unregelmäßige Ernährung, Neigung zu extremem Verhalten, zum Beispiel Bewegungsmangel im Wechsel mit sportlichen Hochleistungen, unkontrollierter Genußmittelkonsum, Schlafdefizit

Personen des A-Typs arbeiten näher an ihrer Leistungsgrenze als Personen des B-Typs, sie unterdrücken Symptome von Erschöpfung, um eine «noch bessere» Leistung zu erzielen. Das eigene Leistungsstreben ist konkurrenzorientiert, wobei Zeitdruck und Ungeduld geknüpft sind an feindselige Reaktionen bei Störungen beziehungsweise Unterbrechungen bei der Arbeit. In Extremfällen behalten A-Typen auch in der Freizeit das für sie typische Verhalten bei, denn Entspannung, Muße oder Faulenzen ist für sie Zeitverschwendung, Nichtstun ist – in ihrem Denken – nicht vereinbar mit dem Streben nach Anerkennung und Erfolg. Hinsichtlich von Coping-Strategien liegt aber gerade im Verhalten in der Freizeit – hier im Nicht-loslassen-Können – der Kernpunkt des Risikos des Typ-A-Verhaltens. Denn gerade durch die Einsicht, daß man durch sinnvolle Nutzung der Freizeit, wozu auch Nichtstun oder entspannende Maßnahmen gehören, die Arbeitskraft erhalten und den Bedürfnissen nach Leistungsstreben nachkommen kann, fehlt dem A-Typ.

Empirische Überprüfungen zeigen, daß «reine» Typen die Seltenheit sind. Für Myrtek (1993) ist die Typ-A-Hypothese ein Paradebeispiel für vorschnell übernommene Konzepte und deren Anwendung. Insbesondere im Zusammenhang mit Stressbewältigung sollte beachtet werden, daß weder die Typ-A- noch die dazugehörige Stresshypothese die wissenschaftliche Bedeutung haben, die man diesen Hypothesen bei der Prävention und Rehabilitation häufig einräumt.

«Zeitgemäßer» Stress durch Computer?

Zweifelsohne wirft der Einsatz der Computer-Technik auch die Frage nach den damit einhergehenden Stressbedingungen auf. Durch den beschleunigten technologischen Wandel wird der Qualifizierungsdruck derart verstärkt, daß die psychischen und physischen Voraussetzungen bei weitem nicht mehr ausreichen. Greif (1991) nennt einige Stress-Situationen, die speziell als Folge des Einsatzes von Computer-Technik zu werten sind:

- Störung des Arbeitsflusses durch Handlungsunterbrechung infolge von Wartezeiten am Computer. Durch den Einsatz neue-

ster Software-Systeme ist die parallele Bearbeitung von Aufgaben möglich. Folge sind Belastungen durch die Erledigung von Mehrfachaufgaben und Handlungsunterbrechungen durch Informationen von Mitarbeitern u. ä. über die Fertigstellung früher begonnener Aufgaben, Fehlermeldungen usw.
– Überforderung von Fachleuten durch CAD-Programme für die Industrie oder multifunktionale Büro-Software. Hohe technische Leistungsfähigkeit basiert auf für den Anwender zu komplizierter Technologie.
– Computer-Systeme und spezielle Programme ermöglichen durch die Eingabe von Zeitwerten eine lückenlose Überwachung der Aufgabenbearbeitung. Auf diese Weise werden auch Problemsituationen kontrolliert, in denen der Anwender versucht, System- oder Bedienungsfehler zu beheben.
– Die für den Einsatz von Computer-Technik typischen Einzelarbeitsplätze fördern die Vereinzelung und verhindern den sozialen Kontakt am Arbeitsplatz.

Schließlich ist in diesem Zusammenhang die Veränderung der Gegenstände der Wahrnehmung anzusprechen, die aufgrund der Visualisierung von Information durch den Computer gegeben sind und die anders sind als die der mündlichen oder schriftlichen Mitteilung. In welcher Form die Stresstoleranz durch diese Veränderung beeinflußt wird, läßt sich noch gar nicht absehen. Immerhin ist von einer Künstlichkeit der Informationssphäre auszugehen, was auch die Grundbefindlichkeit des Individuums in bezug auf Wahrnehmung ändert. Inwieweit die natürliche Wahrnehmung durch das Künstliche bedroht wird (denn hinter der Benutzeroberfläche befindet sich virtuell und materiell eine künstliche Informationssphäre) und in welcher Form sich dies auf die kognitivistische Verhaltensweise des Menschen beziehungsweise auf die Person-Umwelt-Interaktion auswirkt, müßte noch bestimmt werden.

Erschöpfung psychischer Reserven

Als typische psychische Störungen im Zusammenhang mit arbeitsbedingtem Stress gelten vor allem depressive Störungen, Angstsyndrome und körperliche Funktionsstörungen psychischen Ursprungs sowie Selbstwertprobleme. Als eine weitere psychische Befindlichkeitsstörung ist «Gereiztheit/Überlastung» anzuführen. Dieser Zustand ist beinahe alltäglich, doch wenn er auftritt, sollten Betroffene versuchen, die Ursachen zu ergründen. Denn zugrunde liegt ein psychischer Erschöpfungszustand, den der Betroffene in alltäglichen Belastungspausen nicht mehr bewältigen kann. Das heißt, der Organismus kann innerhalb eines 24stündigen Zyklus von Arbeit und Freizeit die vorhandenen Funktions-, Befindens- und Leistungsbeeinträchtigungen nicht auf ein normales Niveau zurückbringen. Die Folge der ungenügenden Rückbildung einzelner physischer Aktivierungen ist die Herausbildung gewohnheitsmäßiger Veränderungen (Mohr, 1991).

Psychische Ressourcen sind Voraussetzungen bestimmter Kompetenzen (z. B. Konzentration), die für die fehlerfreie Bewältigung einer alltäglichen beruflichen Aufgabe unabdingbar sind. Sie bedürfen jedoch der Regeneration, da sie nicht unerschöpflich sind. Wenn der Zustand von Gereiztheit/Überlastung beziehungsweise die psychische Erschöpfung anhält, können die Auswirkungen fatal sein. Betroffene führen nur noch diejenigen Handlungen aus, die wenig psychische Kraft kosten: statt Konzentration – Nichtbeachtung, statt Initiative – Reaktion u. ä. Je stärker der Erschöpfungszustand ist, desto weniger Aufgaben werden erledigt, Fehler häufen sich usw. Familienmitglieder ziehen sich vom ständig gereizten Vater zurück, oder sie reagieren aggressiv, was eine zusätzliche Belastung für den Betroffenen bedeutet.

Zum Abbau von Stressoren in der Arbeitswelt

Es ist ganz offensichtlich, daß Betroffene wenig Einfluß auf Stressoren in der Arbeitswelt haben. Arbeitsmediziner diskutieren entsprechende Möglichkeiten der Gesundheitsförderung am Arbeitsplatz. Daß Gesundheitsförderung am Arbeitsplatz jedoch in mittleren und kleinen Betrieben keine Rolle spielt, wissen die meisten Arbeitnehmer. Entscheidend für den Abbau entsprechender Stressoren ist nach Mohr (1990) der Aufbau von personalen und situativen Ressourcen und die Schaffung persönlichkeitsfördernder Bedingungen. Institutionen leisten umfangreiche Hilfestellung, so zum Beispiel auch die Europäische Stiftung zur Verbesserung der Lebens- und Arbeitsbedingungen. Entsprechende Informationen müßten jedoch von interessierten Unternehmen abgerufen und realisiert werden.

Eine betriebliche Maßnahme, mit der versucht wird, Stressoren abzubauen, ist die Einführung zentraler Schreibdienste. Dadurch konnte einer Untersuchung zufolge die Zahl der Anschläge pro Tag und Arbeitskraft wesentlich erhöht werden, Aufgabenkomplexität, Aufgabenvielfalt u. ä. wurden reduziert – Störungen der eigentlichen Tipparbeit weitgehend eliminiert (z. B. kein Telefonverkehr, keine Kundenbesuche). Dem steht gegenüber, daß Schreibkräfte mit 70 % reiner Schreibarbeit häufiger krank sind als die mit 40 %. Das heißt, die Veränderung eines Stressors – hier mit Reduzierung der Anforderungen verbunden – bewährt sich in der Regel nicht, vielmehr sind speziell auf eine Situation abgestimmte Interventionsprogramme effektiver.

Betriebliche Maßnahmen, die auf die Verbesserung personaler Ressourcen zielen, müssen ebenfalls gut überlegt sein. Dabei handelt es sich in der Regel um die Verbesserung des sozialen Miteinanders. Entsprechende Veränderungen «alter» Verhaltensweisen beziehungsweise das Training «neuer» Verhaltensweisen hat nur dann Sinn, wenn neu erworbene Kompetenzen auch effektiv sind. Wenn es sich beispielsweise um den zähen Informationsfluß handelt, wäre eine aktive Bewältigungsstrategie das Bestreben, bessere Absprachen zu treffen. Wenn ein derartiger Versuch zu keiner Verbesserung führt, fehlt die Basis für das erlernte Bewältigungsverhalten.

Da vor allem arbeitsbedingter Stress nicht nur Verhaltensänderungen vom Betroffenen erfordert, sondern auch den Abbau entsprechender Stressoren, und sich dies als äußerst aufwendig erweist, ist mehr denn je eigenverantwortliches Verhalten erforderlich.

Stressbewältigung – ein Schlüssel zur Gesundheit

Eine Reaktion wird erst zum Bewältigungsverhalten durch die Absicht des Individuums, mit internen und/oder externen Anforderungen umzugehen beziehungsweise Stress-Situationen erfolgreich zu meistern, zu tolerieren, abzuschwächen oder zu vermeiden. Meistens geht es darum, die Person-Umwelt-Beziehung wiederherzustellen. Dies kann durch Veränderung der betroffenen Person, der Umwelt oder der Wahrnehmung geschehen. Offene Handlungen zielen auf Veränderungen der Umweltbedingungen beziehungsweise auf den Umgang mit einem äußeren Stressor. Verdrängung, Verleugnung, positive Sinngebung, Hoffnung, Humor, Selbstmitleid, Selbstbeschuldigung, das heißt intrapsychische Handlungen, tragen zur Minimierung unangenehmer Emotionen bei.

Das Interesse am Erhalt von Gesundheit erfordert es zu erkennen, wie ein Stressprozeß abläuft und welche Maßnahmen zu ergreifen sind, um stressreiche Situationen zu bewältigen. Dabei stellt sich für Betroffene die Frage: Wie kann ich Stress vermeiden, oder wie kann ich mit Stress umgehen, damit ich gesund bleibe oder damit ich meine Gesundheit stärke oder wiedererlange? Eine eindeutige Antwort gibt es darauf freilich nicht – denn viel zu viele Variablen sind am Geschehen beteiligt!

Konzept Gesundheit

Theoretische Ansätze

Im biomedizinischen Modell von Krankheit und Gesundheit, das seit langem Einfluß auf gesundheitspolitische Konzepte in den westlichen Industriegesellschaften hat, werden als Verursacher von Krankheit Erreger (z. B. Keime, Viren, Gendefekte) und Risikofaktoren, aber auch Verhaltensweisen bestimmt. Psychologische Theorien der seelischen Gesundheit prägten zwar psychosoziale Aktivitäten in der Krankenversorgung, nicht aber die Konzepte der Gesundheitspolitik. Gesundheit wird diesen Modellen zufolge als Gleichgewicht der psychischen Kräfte, Fähigkeit zu Anpassungsleistungen an die Umwelt, Rollenerfüllung u. a. bestimmt. Im Zentrum sozialwissenschaftlicher Konzepte stehen dagegen Lebens- und Arbeitsbedingungen – Gesundheit erfüllt sich demzufolge in einem gesellschaftlichen Rahmen.

Das «salutogene Paradigma»

Salutogenese meint «Entstehung von Gesundheit», umgekehrt spricht man von Pathogenese als «Entstehung von Krankheit». Hinter dem Konzept der Salutogenese verbirgt sich die Auffassung, daß Gesundheit vom Organismus immer wieder neu und aktiv erworben und verteidigt werden muß. Denn Gesundheit ist nicht einfach die Abwesenheit von Krankheit, vielmehr ist Gesundheit «als gelungene Verteidigung der Integrität des Organismus» (Nagel, 1996) zu verstehen.

Das salutogene Paradigma, dessen Grundlage der amerikanisch-israelische Medizinsoziologe Aaron Antonovsky mit dem Salutogenese-Konzept geschaffen hat, bildet einen für die Stressbewältigung interessanten theoretischen Rahmen. Antonovsky (1979) fragt – anders als im Rahmen anderer psychosomatischer Modelle – nicht danach, wodurch Menschen krank werden oder warum jemand krank wird, vielmehr interessiert ihn, wie es jemandem gelingen kann, in einer krankmachenden Umwelt relativ gesund zu bleiben. Antonovsky zufolge befindet sich jedes Individuum zu einer gegebenen Zeit des Lebens in einem Kontinuum mit den Endpunkten «gesund» und «krank» («health ease/disease continuum» = HEDE-Kontinuum). Hundertprozentige Gesundheit gibt es demnach nicht. Für Antonovsky sind Gesundheit und Krankheit Teil der menschlichen Existenz, entsprechend ist das Ungleichgewicht ein Grundprinzip des Lebens, Leid ist dem Dasein inhärent, Krankheit und Tod werden als grundlegende Phänomene erkannt.

Das Konzept der Salutogenese ist deutlich abgegrenzt von der Auffassung, daß die Identifikation krankmachender Faktoren und deren Beseitigung automatisch Gesundheit zur Folge hat. Dabei wird die Tatsache übersehen, daß viele Menschen trotz andauernder Bedrohung ein hohes Gesundheitsniveau aufrechterhalten können; an diesem Punkte setzt Antonovskys Bestimmung von Widerstandsquellen («resistance resources») beziehungsweise schützender Faktoren im Coping-Prozeß an. Als zentrale Annahme kristallisiert sich der Kohärenzsinn/das Kohärenzgefühl («sense of coherence», SOC) heraus, ein Konzept, das demjenigen der «Ich-Stärke» beziehungsweise des Identitätsgefühls verwandt ist. Dabei handelt es sich um eine zuversichtliche Grundeinstellung, um eine konsequente vorbeugende Blickrichtung.

«Das neue Denken» in der Medizin

Im November 1986 wurde auf einer internationalen Konferenz zur Gesundheitsförderung der Weltgesundheitsorganisation (WHO) die «Ottawa-Charta» verabschiedet; sie gilt in der Medizin als Dokument des «neuen Denkens». Gesundheit steht dabei für ein «positives Konzept», das in gleicher Weise die Bedeutung sozialer und individueller Ressourcen betont wie auch die körperlichen Fähigkeiten. Gesundheit wird nicht als Abwesenheit von Krankheit definiert, vielmehr als Schnittpunkt aller persönlicher, sozialer und gesellschaftspolitischer Handlungsstränge, als umfassendes körperliches, seelisches und soziales Wohlbefinden. Gesundheit ist in diesem Verständnis nicht einfach das Gegenteil von

Krankheit. Gesundheit bezieht sich auf die Balance zwischen Anforderungen und persönlichen Ressourcen, wobei eine gleichzeitige Abhängigkeit von Sozialstrukturen besteht.

In diesem Rahmen läßt sich die Fähigkeit zur Stressbewältigung als Potential des individuellen Lebensentwurfs auffassen, wobei das Individuum primär auf der persönlichen Handlungsebene einzugreifen vermag, weniger dagegen auf der sozialen und gesellschaftspolitischen. Stressbewältigung ist denn auch stets ein Versuch des einzelnen, mit Hilfe bestimmter Handlungen in bestimmten Situationen Gesundheit zu schützen und zu erhalten: gesund zu bleiben beziehungsweise das Leben gesundheitsförderlich zu organisieren und dabei die Wechselwirkung körperlicher, psychischer, sozialer sowie umweltbezogener Aspekte und individueller Möglichkeiten zu berücksichtigen.

Systematische Stressbewältigung

Da das Kräftepotential individuell verschieden ist, geht es grundsätzlich darum, die eigenen Fähigkeiten und Gewohnheiten so zu ändern, daß Stress bewältigt werden kann, zum Beispiel durch besseres Zeitmanagement. Durch die Aneignung von Fähigkeiten, durch die Stärkung des Energiepotentials, durch Entspannen und Genießen lassen sich aber auch vorhandene schützende Faktoren aktivieren. Längerfristig läßt sich das Stressniveau auch durch eine gezielt veränderte Wahrnehmung senken. Beim einzelnen erfordert dies das Überdenken der Beziehung Person/Umwelt beziehungsweise eine grundsätzliche persönliche Neueinschätzung.

Häufig folgen der Einsicht, etwas gegen Stress tun zu müssen, keine Taten. Dabei ist zu bedenken, daß es in den meisten Fällen gerade primär um die individuelle Einstellung zu bestimmten Situationen geht. Die situativen Faktoren tatsächlich auszuschalten, ist in der Regel vollkommen sekundär. Der vielzitierte Stress am

Arbeitsplatz, die kleinen täglichen Ärgernisse, werden häufig auch dadurch verursacht, daß der Betroffene nicht ausgeruht zur Arbeit kommt, Beziehungsprobleme nicht zu lösen vermag, einfach überfordert ist, weil er sich zuviel zumutet, usw. Generell sollte sein Ziel sein, innere Stärke zu entwickeln, auf die er sich zurückziehen kann.

Ärgernisse genau formulieren

Um einen Überblick über die täglich auftretenden Stressoren zu bekommen, sollte man sich eine Liste der täglichen Ärgernisse machen. Verallgemeinerungen wie «Frau XYZ nervt mich durch ihre Anwesenheit» reichen nicht. Präzise wäre «Frau XYZ möchte nicht, daß ich lüfte», «Frau XYZ telefoniert ständig privat», «Frau XYZ kocht den ganzen Tag über Kaffee» usw. Forschen Sie jeweils genau nach (und schreiben Sie es auf), ob die Situation tatsächlich auf die Kollegin zurückzuführen ist. Die Klage, daß sie ständig privat telefoniert, kann auch auf einen inneren Stressor deuten («mich ruft nie jemand an, denn ich habe keine Freunde»). In diesem Falle weist ein äußerer Anlaß auf einen inneren Stressor, also auf etwas, was den Betroffenen stört, nämlich daß er kein soziales Netz, keine Freunde hat.

Bewältigungsstrategien

Bei den zentralen Bewältigungsfunktionen (z.B. Distanzierung, Selbstkontrolle, Vermeidung, Problemlösen, aggressive Konfrontation, Neuinterpretation) wird unterschieden zwischen problemzentrierten Bewältigungsreaktionen und emotionszentrierten Verhaltensweisen. Ferner wird auch unterschieden zwischen «instrumentellem Coping», wobei die Problemregulierung im Vordergrund steht, und «emotionsbezogenem palliativem Coping». Die Problemregulierung zielt auf Veränderung beziehungsweise Beeinflussung der Umwelt und des eigenen Verhaltens.

In der Literatur werden die Bewältigungsstrategien wie folgt skizziert:

Problemzentrierte Bewältigungsstrategien

Ziel: Veränderung des Stressors oder der Beziehung zu ihm durch direkte Handlungen und/oder problemlösende Aktivitäten. Zum Beispiel:

- Kampf (Zerstören, Entfernen oder Verringern der Bedrohung);
- Flucht (sich von der Bedrohung distanzieren)
- Suche nach Alternativen zu Kampf oder Flucht (verhandeln, Kompromisse schließen)
- Stress vorbeugen (etwas zur Steigerung der eigenen Resistenz unternehmen oder Intensität des antizipierten Stress herabsetzen).

Emotionszentrierte Bewältigungsstrategien

Ziel: Veränderung des Selbst durch «Aktivitäten», die zu einem besseren Befinden führen, den Stressor jedoch nicht beeinflussen. Zum Beispiel:

- Aktivitäten, die an den körperlichen Bedingungen ansetzen (Drogeneinnahme, Entspannung, Biofeedback)
- Aktivitäten, die an den kognitiven Bedingungen ansetzen (geplante Ablenkung, Phantasien, Gedanken über die eigene Person).

Dazu zählen aber auch unbewußte Prozesse, die die Realität verzerren und schließlich zu psychischem Stress führen können.

Wirksamkeit von Bewältigungsverhalten

Der Betroffene muß bestimmte Strategien ausprobieren und herausfinden, ob sie ihm helfen oder nicht. Generelle Aussagen zur Wirksamkeit lassen sich nicht machen. Sie läßt sich aber daran messen, ob es gelingt, die negativen Auswirkungen von Stress zu minimieren oder ganz zu verhindern. Hat sich eine Strategie im Einzelfall bewährt, kann sie erneut eingesetzt, verfeinert und weiterentwickelt werden.

Bei sehr hohem Stressniveau hilft jedoch mitunter die beste Strategie nichts. Beispielsweise kann womöglich über Monate angespannte Rückenmuskulatur kaum noch durch regelmäßige Atemtherapie + Muskelrelaxation + Schwimmen usw. «entspannt» werden, selbst wenn die auslösenden Stressoren identifiziert und ausgeschaltet werden. In diesen Fällen hilft häufig nur eine «Radikalkur», das heißt zum Beispiel sechs Wochen Urlaub in einer vollkommen neuen Umgebung oder vier Wochen Kur ohne Partner (der womöglich Verursacher des Muskelpanzers ist) mit anschließender «Lebensberatung» durch einen Psychologen.

Ist man wiederholt bestimmten negativen Reizen ausgesetzt, hängt der Umgang damit vom Resultat vorangegangener Bewältigungsversuche ab. Wenn es jemanden beispielsweise «stresst», mit einem neuen Gerät umzugehen, sinkt das Stressniveau, wenn der Betroffene sieht, daß die damit verbundenen Probleme bei wiederholter Benutzung nachlassen und er bessere Arbeitsergebnisse als zuvor erzielen kann. Bei anhaltender Belastung und wiederholten erfolglosen Bewältigungsversuchen bleiben einige der hormonellen und autonomen Reaktionen des Organismus erhalten, auch dann, wenn die Belastung wegfällt, zum Beispiel in Pausen.

Individuelles Bewältigungsverhalten

Die Auswahl von Bewältigungsstrategien hängt auch von den Ausgangsbedingungen ab. Die damit verbundenen Variablen lassen sich unterteilen:

– in den situativen Kontext (Umgebungsvariablen)
– in die konstitutionellen und biologischen Persönlichkeitsmerkmale sowie
– in die psychische Befindlichkeit (Personenvariablen).

Persönliche und situative Reserven entscheiden bei bestehenden Anforderungen schließlich über Verletzbarkeit beziehungsweise Stressanfälligkeit in belastenden Situationen. Je nach Bedarf werden die entsprechenden Reserven abgerufen und in unterschiedlicher Kombination eingesetzt. Eine Form der Bewältigung mag in einer Situation angemessen sein, in einer anderen Situation ist sie möglicherweise ungeeignet. Dasselbe Auswahlprinzip gilt auch für die zeitliche Zuordnung: zu einem bestimmten Zeitpunkt greift die eine Taktik möglicherweise besser als zu einem anderen.
Zu den personenbezogenen Variablen zählen:

– *Soziodemographische Merkmale*: Alter, Geschlecht, Bildungsgrad, berufliche Situation, Berufsbild (Kompetenzen, Professionalität), physiologische Merkmale (physische Gesundheit, konstitutionelle Anfälligkeit), Leistungsverhalten (leistungsstark/leistungsschwach), Erfahrung (erfahren/unerfahren), emotionales Verhalten (z. B. selbstbewußt/ängstlich) u. a.
– *Generelle Überzeugungen*: Selbstachtung, Selbstbild, Selbstkonzept, Gefühl der Selbstwirksamkeit, Kontrollüberzeugungen, Selbstwert, interpersonales Vertrauen u. a.
– *Werte*: Festgelegte Verhaltensweisen, Reaktionsstile, Verpflichtungen, Ziele (z. B. persönliches Lebensziel, Tagesziel) u. a.

Zu den Umgebungsvariablen gehören:

– *Anforderungen*: Drohender Arbeitsplatzverlust u. a.
– *Soziale und materielle Ressourcen*: Intaktes soziales Netz oder soziale Isolation, finanzieller Background u. a.

– *Generelle Einschränkungen:* Beengte Wohnverhältnisse, Arbeitslosigkeit u. a.;
– *Zeitliche Aspekte*: Aktuelle Belastung, zum Beispiel Konflikt mit einem Kollegen; zurückliegender Schaden, zum Beispiel Verlust eines Mitmenschen; bevorstehendes Ereignis, zum Beispiel Mutterschaft u. a.

Voraussetzungen für ein erfolgreiches Bewältigungsverhalten

– Problembewußtsein: Der Betroffene sollte erkennen, daß zwischen ihm und der Umwelt ein Problem besteht.
– Eigenverantwortlichkeit: Der Betroffene sollte, um seine Gesundheit zu schützen und Veränderungen zu bewirken, erkennen, daß eigenverantwortliches Handeln notwendig ist.
– Informiertheit/Einsicht: Der Betroffene sollte sich über die an einem Problem beteiligten Faktoren informieren, um zu klaren Einsichten zu gelangen.

Wesentlich für die Auswirkung eines potentiellen Stressereignisses ist vor allem auch die emotionale Belastbarkeit des Betroffenen. Manche Personen reagieren auf bestimmte Ereignisse nahezu neutral, wohingegen andere kaum damit umzugehen vermögen. Manche Menschen werden beispielsweise bereits nervös, wenn sie einen Brief vom Finanzamt im Postkasten finden, andere berührt das überhaupt nicht. Die individuellen Unterschiede im Persönlichkeitsprofil beziehen sich also sowohl auf die kognitive Bewertung als auch auf die Möglichkeiten, Kapazitäten und Fähigkeiten, die zur Stressbewältigung zur Verfügung stehen. Beispiel: Die Übernahme einer Klasse (Leistungskurs Deutsch) wegen Erkrankung einer Kollegin wird einer im Oberstufenbereich erfahrenen Lehrerin leichter fallen als einem Lehrer, der nur auf ein Jahr Unterrichtspraxis primär im Mittelstufenbereich zurückblicken kann. Die Lehrerin wird den Unterricht relativ entspannt durchführen, wohingegen der Lehrer die Klasse nach dem Unterricht wohl ziemlich erschöpft verlassen wird.

Ein Stressor wirkt schließlich nicht direkt und unabhängig von anderen Faktoren, vielmehr ist die Auswirkung eine Kombination sehr vielfältiger Faktoren. Nur wenn sie vom Betroffenen im einzelnen erkannt werden, kann er es verhindern, in eine ausweglose Lage zu geraten.

Ungesunde Anti-Stress-Mittel

Die meisten Menschen gehen mit Stress destruktiv um, das heißt sie zeigen ein «maladaptives» Verhalten. Dabei kann das entsprechende Verhalten dann selbst stressrelevant werden. Dies wird zum Beispiel offenkundig, wenn jemand durch exzessiven Alkoholkonsum oder Nikotinabusus versucht, Belastungen zu bewältigen, oder auch in Freßsucht oder Drogenkonsum einen «Rettungsanker» sieht. Entsprechende «Rettungsanker» sind letztlich längerfristig Stressverstärker, wobei Nikotin und Alkohol wohl die häufigsten sind.

Alkohol baut bei Nicht-Alkoholikern Ängste ab und schafft eine gelöste Stimmung. Alkohol wird gerade mit diesem Ziel auch konsumiert. Es gibt eine Reihe von anderen Mitteln, die eine Stressreaktion mildern, doch haben die meisten auf Dauer sogar eine stressverstärkende Wirkung. Dazu gehören Kaffee und Nikotin. Beide wirken stimulierend. Ähnlich wie Stressreize erhöhen sie Blutdruck und Pulsfrequenz und bewirken die Ausschüttung von Hormonen. Doch die gleichen chemischen Substanzen sind auch für die Verstärkung von Anspannung und Angst, das heißt von Stress verantwortlich. Wenn der Organismus sich schon in einer Alarmreaktion befindet, wird er durch Kaffee regelrecht aufgepeitscht und aufs äußerste angespannt.

Dagegen unterdrücken Alkohol und Beruhigungsmittel viele

der Funktionen des Organismus, die von Koffein und Nikotin angeregt werden, wodurch mit Stress einhergehende Angst gedämpft wird. Im ganzen kommt es zu einer Verlangsamung der Reaktionszeit. Alkoholkonsum oder Medikamenteneinnahme können längerfristig jedoch zu chronischer Depression führen und Angst verstärken.

Rauchen, so heißt es, ist etwas Ungesundes, weil 90 % aller Fälle von Lungenkrebs auf Raucher fallen. Zigaretten verursachen aber auch andere Krebsarten, und zwar dort, wo der Zigarettenrauch Kontakt mit der Schleimhaut hat. Raucher bekommen auch häufiger als Nichtraucher Magengeschwüre. Trotzdem ist der Verkauf von Zigaretten nicht unter Strafe gestellt, und die Menschen rauchen weiter. Der Griff zur Zigarette hilft im Augenblick, Ängste und Spannungen zu reduzieren, diese positive Begleiterscheinung ist nicht zu unterschätzen. Deshalb werden auch Menschen, die sich das Rauchen abgewöhnt haben, in Stress-Situationen rückfällig. Rauchen ist offenbar eine Bewältigungsreaktion, denn ohne das Rauchen fühlen sich viele Menschen den alltäglichen Anforderungen nicht gewachsen. Trotz der offensichtlich kurzfristig lindernden Wirkung, hat Rauchen eine dramatische Langzeitwirkung, denn Raucher leiden häufiger als Nichtraucher auch unter Bluthochdruck, koronaren Herzerkrankungen und Erkrankungen der Atemwege. Zudem steigert Rauchen die Anfälligkeit für Infektionen.

Die Gewöhnung an biologische Stressoren hin zur Sucht ist die größte Gefahr. Beispielsweise verstärken Nikotin und Alkohol die Wirkung von Endorphinen – der Süchtige versucht, die angenehmen Wirkungen eben durch den Konsum des Suchtmittels beizubehalten. Dagegen fürchtet er sich vor den unangenehmen Gefühlen, die eintreten, wenn er sie absetzt.

Ungeeignete Anti-Stress-Mittel
(adaptiert nach Stress-Bewältigung, 1988)

- Alkohol
  Sofortwirkung: bei ca. zwei Drinks täglich stellt sich eine angenehme Entspannung ein. Alkoholiker neigen dagegen zu Angstgefühl, Depressionen und Schlafstörungen.
  Langzeitfolgen: die Wirkung nimmt generell durch Gewohnheit allmählich ab. Bei Alkoholikern kommt es zu schweren Gesundheitsschädigungen (z.B. Leberschädigung), aber auch zu Schlafstörungen
- Schokolade
  Sofortwirkung: erhöhter Blutzuckerspiegel bewirkt Energieschub, danach Abschlaffen und Reizbarkeit.
  Langzeitfolgen: Karies, Gewichtzunahme
- Schlaftabletten
  Sofortwirkung: entspannende Wirkung, sie bewirken einen Schlafrhythmus, der dem des natürlichen Schlafs ähnlich ist.
  Langzeitfolgen: Schlafrhythmus gerät durcheinander, Leistungsabfall im Wachzustand, Lethargie
- Nikotin/Tabak
  Sofortwirkung: verstärkte Wachsamkeit, Reduzierung von Angst, Gefühl von Energie
  Langzeitfolgen: Schädigung des Kreislaufs und der Atemwege, Störung des Schlafrhythmus, Erhöhung von Infarktgefahr, Verfärbung der Zähne
- Beruhigungsmittel
  Sofortwirkung: Angstlösend, entspannend, Behebung von Schlafproblemen, Verlangsamung der Atmung und der Funktionen des vegetativen Nervensystems, höchste Gefahr bei gleichzeitigem Alkoholgenuß (= Suizidmittel)
  Langzeitfolgen: Lethargie, Schlafstörungen, Alpträume, Abhängigkeit, Erschöpfungszustände, Depressionen

Soziale Reserven

Bei Fragen zum sozialen Rückhalt wird zwischen der sozialen Integration und der erwarteten sowie der tatsächlich erhaltenen Unterstützung angesichts von Stress-Situationen unterschieden (Kramis-Aebischer, 1995). Soziale Integration ist Voraussetzung für die soziale Unterstützung. Diese umfaßt sowohl die erwartete als auch die geleistete soziale Unterstützung. Sie läßt sich am Austausch des Betroffenen und mindestens einer Person aus seinem Umfeld messen. Selbst wenn sich objektiv an der stressreichen Situation nichts ändert, kann die soziale Unterstützung die Belastung vermindern.

Bei der erwarteten und der erhaltenen Unterstützung läßt sich ferner nach emotionaler Unterstützung (z. B. Mitleid, Trost, Wärme, Zuneigung, Vertrauen, Nähe, Körperkontakt), instrumenteller Unterstützung (z. B. Problemlösungshilfe) und informationeller Unterstützung unterscheiden. Praktische Unterstützung kann sich beispielsweise durch die Übernahme von Arbeiten äußern (um Zeitdruck zu vermindern), indem Ratschläge erteilt und Informationen übermittelt werden oder auch in geistiger Hinsicht durch die Unterstützung politischer Ambitionen und Ziele.

Der Einfluß des sozialen Rückhalts auf die Stressbewältigung ist bisher wissenschaftlich nicht exakt erforscht. Offenbar ist weniger die Art oder die Dimension der Unterstützung ausschlaggebend, sondern vor allem deren Quelle, das heißt die Person, die den Betroffenen unterstützt.

Eine Umwelt, in der es leicht ist, zwanglos Kontakt mit anderen aufzunehmen, erzeugt weniger Stress als eine, die dafür keine Möglichkeiten schafft. Schließlich handelt es sich bei sozialem Rückhalt in jedem Fall um die mehr oder weniger starke liebevolle Zuwendung eines anderen Menschen oder mehrerer Menschen – ein Mittel, das dem Betroffenen in jeder negativ erfahrenen Situation Erleichterung verschafft. Doch wird es umgekehrt niemandem gelingen, ein soziales Netz mit dem Ziel aufzubauen, es gerade in Krisensituationen mobilisieren zu können. Ferner ist zu beachten, daß die erwartete Unterstützung auch von dem Vertrauen in die Zuwendung anderer abhängig ist.

Soziale Unterstützung kann sich auch negativ äußern, zum Beispiel durch zusätzliche Emotionalisierung einer Stress-Situation durch einen Partner. Zudem kann Überengagement eines Mitmenschen ein Stressverstärker sein. Häufig kommt es zum Eingriff in die Autonomie des Betroffenen, was sich längerfristig als Stressor äußern kann.

Individuelle Widerstandsquellen

Menschen mit einer verhältnismäßig hohen Stressresistenz verfügen über bestimmte stressimmunisierende Eigenschaften. Neben den positiv wirkenden zwischenmenschlichen Kontakten, dem sozialen Rückhalt, der positiven Einschätzung der individuellen Handlungswirksamkeit (Optimismus) werden im Zusammenhang mit Stressbewältigung beziehungsweise -resistenz sowie mit Gesundheitsverhalten vermehrt «Kohärenzgefühl» und «hardiness» (Kobasa, 1979) als generelle Widerstandsfaktoren der Betroffenen diskutiert, aber auch «Kontrollierfähigkeit» («Kontrollierbarkeit») als Gegensatz zu «Hilflosigkeit».

Kohärenzgefühl

Ausgehend vom Salutogenese-Konzept, interessierte Antonovsky die Frage, warum bestimmte Menschen selbst unter ungewöhnlich schweren Lebensbedingungen gesund bleiben. Seinen Untersuchungen zufolge reagiert der Organismus auf Stressoren mit einem Spannungszustand, der pathologische, neutrale oder gesundheitsfördernde Konsequenzen haben kann. Die Verfügbarkeit von Ressourcen («generalized resistance resources», GRRs) zum erfolgreichen Umgang mit Anspannung, also in Stress-Situationen, bestimmt, an welchem Punkt des HEDE-Kontinuums mit den Endpunkten «gesund» und «krank» sich der Betroffene befindet. Zu den GRRs zählt Antonovsky körperliche und biochemische Ressourcen (z. B. das körpereigene Immunsystem). Ferner gehören dazu Persönlichkeitsmerkmale (z. B. materielle Ressourcen wie finanzielle Mittel, Kleidung, aber auch Konstitution sowie Wissen und Intelligenz und Selbstbewußtsein). Hinzu kommen außerdem – neben dem sozialen Netz – Wertvorstellungen, Einstellungen, Flexibilität, Weitsichtigkeit u. ä., das heißt Merkmale, die die Effektivität von Bewältigungsstrategien stark beeinflussen, und natürlich internalisierte gesellschaftliche Normen.

Kern der GRRs ist das «Kohärenzgefühl». Damit wird der Umfang des Vertrauens benannt, das jemandem in unterschiedlicher Ausprägung zu eigen ist.

Kohärenzgefühl ist «eine globale Orientierung, die das Ausmaß ausdrückt, in dem jemand ein durchdringendes, überdauerndes und dennoch dynamisches Gefühl des Vertrauens hat, daß erstens die Anforderungen aus der internalen oder externalen Umwelt im Verlauf des Lebens strukturiert, vorhersagbar und erklärbar sind, und daß zweitens die Ressourcen verfügbar sind, die nötig sind, um den Anforderungen gerecht zu werden. Und drittens, daß diese Anforderungen Herausforderungen sind, die Investitionen und Engagement verdienen» Antonovsky (1993).

Die Grunddimensionen des Kohärenzgefühls sind:

Sinnhaftigkeit («sense of meaningfulness»):
Die Anforderungen der Umwelt müssen als emotional sinnvoll, als Herausforderung und nicht als Last betrachtet werden können. Entscheidend ist dabei das Element der Motivation – der Betroffene muß bewältigen wollen.

Verstehbarkeit («sense of comprehensibility»):
Damit ist das Ausmaß angesprochen, in dem innere und äußere Stimuli sinnvoll interpretierbar sind.

Machbarkeit («sense of manageability»):
Bewältigung setzt die Überzeugung voraus, daß angemessene Ressourcen zur Bewältigung von Anforderungen verfügbar sind.

Das Kohärenzgefühl ist die wichtigste Widerstandsquelle, die das Individuum davor schützt, im Kontinuum von Gesundheit und Krankheit zum Pol Krankheit abzugleiten. Das Konzept des Kohärenzgefühls umfaßt also emotionale, kognitive und instrumentelle Aspekte, die Stress-Situation sinnvoll, verstehbar und handhabbar machen. Zum Verständnis ist hervorzuheben, daß dem Konzept der Salutogenese zufolge die Unterscheidung zwischen «krank» und «gesund» eben nicht anhand verschiedener Krankheitsbilder geschieht. Das Klagen über anhaltende Rückenschmerzen bedeutet danach, daß der Betroffene etwas weiter vom Pol «gesund» entfernt ist als der, der nur über einen «blauen Fleck» klagt.

So wie sich das Salutogenese-Konzept gegenwärtig präsentiert, macht es lediglich deutlich, wie wenig der einzelne zur individuellen Stressbewältigung tun kann, wenn sein Kohärenzgefühl nur schwach ausgeprägt ist. Auf welcher Grundlage es sich ausbildet, ist noch unklar.

«Hardiness»

«Hardiness» (in der Übersetzung etwa «Zähigkeit», «Ausdauer», «Durchhaltevermögen») läßt sich anhand von drei Skalen der in einem amerikanischen Unternehmen von Kobasa (1979) durchgeführten Persönlichkeitstests ablesen:

- Kontrolle («control»), das heißt, der Betroffene glaubt, den Lauf der Dinge beeinflussen zu können; im Gegensatz zu Hilflosigkeit schließt diese Komponente auch Verantwortungsgefühl ein.
- Engagement («commitment»), das heißt also auch Identifikation mit dem eigenen Tun (im Gegensatz zu Entfremdung), was Vertrauen in die Wirksamkeit der eigenen Handlungen einschließt.
- Herausforderung («challenge»), das heißt, Veränderungen werden nicht als Bedrohung, sondern als Herausforderung erlebt, also auch als Chance für persönliches Wachstum.

Probanden mit diesen Eigenschaften gingen in der Regel mit Begeisterung an ihre Aufgaben heran und ließen sich auch durch Probleme nicht entmutigen. Sie hatten zudem das Gefühl, die Geschicke des Unternehmens mitbestimmen und sogar zu ihrem Vorteil beeinflussen zu können. Selten sahen sie sich als Opfer höherer Gewalt. Jedwede Veränderung wurde nicht als Bedrohung aufgefaßt, vielmehr als nützlich und anregend.

Personen mit geringer Widerstandskraft spüren demzufolge eher die allgemeine Entfremdung des Individuums in der modernen Welt. Sie fühlen sich sicherer, wenn ihr Leben ohne Schwankungen verläuft, denn Veränderungen werden eher als Bedrohung erlebt, der sie sich hilflos ausgesetzt fühlen. Sensibilität und Verletzbarkeit, Merkmale dieses Typus, sind in unserer modernen Welt keine Qualitätsmerkmale, denn sie verhindern unter Umständen das Überleben. Oder es bedarf einer ganz besonderen persönlichen Stärke, die wiederum auf dieser ganz besonderen Sensibilität und Verletzbarkeit gründet und sich als Gelassenheit manifestiert.

Der Aspekt «Kontrolle» ist sowohl im Hardiness- («control») aus auch im Kohärenz-Konzept («sense of manageability») enthalten. Das Ausmaß der Kontrolle, die eine «gestresste» Person über eine Situation hat, entscheidet darüber, in welchem Umfang langfristige Belastungen und in welchem Ausmaß psychosomatische Beschwerden oder psychische Störungen auftreten, was insbesondere im beruflichen Bereich relevant ist.

Stress als Herausforderung

Im Chinesischen gibt es einen Begriff, der beides bedeuten kann: «Krise» und «Chance». Ob sich das so Bezeichnete als «Krise» oder «Chance» auswirkt, hängt offenbar davon ab, in welchem Verhältnis sich das Individuum hierzu setzt. Entsprechend sind in einer potentiellen Stress-Situation denn auch «Bedrohung» und

«Herausforderung» angelegt. Da der einzelne am Einsetzen einer Stressreaktion entscheidenden Anteil hat, liegt darin eine Chance, aktiv mit Belastungen umzugehen.

Grundsätzlich sollte sich jeder Betroffene einmal darüber Gedanken machen, in welchem Verhältnis er sich zur Umwelt sieht und worauf sich das Bild, das er von der Umwelt «immer schon hat», gründet. Dies ist um so wichtiger in einer Zeit, in der die von Menschen geschaffene und auf sie zurückwirkende Umwelt in einer kaum noch kontrollierbaren Eigendynamik expandiert. Sozioökonomische Zusammenhänge entziehen sich mehr und mehr der Überschaubarkeit und können nicht mehr analysiert werden. Der einzelne vermag es kaum noch, unter diesen Gegebenheiten eine Verbindung herzustellen zwischen der Zeit und den Zuständen, in denen er existiert, und den immer wieder neuen Verhältnissen, in die er sich selbst durch seine Aktivitäten hineinkatapultiert. Angesichts dieser Entwicklung ist es für jeden wichtig, ein geistig-seelisches Gegengewicht zu immer komplexer, komplizierter und in ihrer Entwicklung unvorhersehbarer werdenden Zeitläuften zu schaffen. Dies kann im Streben nach innerer Klarheit bestehen, die die bewußte intellektuelle Distanz zu sich selbst und den Umständen zur Basis hat.

Einmal tief durchatmen ...
Medizinisch-psychologische Forschung und therapeutische Praxis bestätigen, daß die alltäglichen Belastungen nicht so sehr aus den jeweiligen Umständen erwachsen, sondern vielmehr aus der Art, wie der Betroffene reagiert. Die negative Wirkung von Stress kann daher vom einzelnen durchbrochen werden, wenn er versucht, die Situation aus einer gewissen Distanz zu bewerten.

In der Regel läßt sich jeder bei seiner Bewertung von eigenen Gedanken, Vorstellungen u. ä. leiten. Deshalb geht diese Beurteilung an dem So-sein der Dinge zwangsläufig vorbei, denn sie unterliegt der Subjektivität. Wahrnehmung ist letztlich immer subjektiv, das heißt, die Welt wird immer durch einen subjektiven Filter wahrgenommen. Die Dinge unverstellt sehen heißt, sie durch diesen subjektiven Filter hindurch in ihrem So-sein erfassen – gleichsam wertfrei. Innere Klarheit läßt die notwendige Distanz zu der jeweiligen Situation zu.

Dem transaktionalen Stressmodell zufolge kann eine Situation als Herausforderung bewertet werden, wenn sich die Umstände für den Betrachter positiv darstellen, denn sonst bedeutet das Resultat der Bewertung Bedrohung oder Schaden/Verlust. Die Auffassung einer Situation als Herausforderung basiert – idealerweise – darauf, daß man die Dinge eben nicht durch einen subjektiven Filter bewertet, sondern eben nur betrachtet und sie zu sich selbst in Beziehung setzt. Dann kann man mit ihnen in der einen oder anderen Form umgehen, sei es, sie erledigen, aus ihnen Genuß zu schöpfen, sich mit ihnen herumzuärgern usw. Diese Betrachtung setzt ein bestimmtes Bewußt-sein des Individuums von seiner Position in der Welt voraus, wie es etwa durch Vipassana geschult werden kann, wobei Klarblick das Ziel ist.

Eine entsprechende Schulung kann bewirken, daß der einzelne jeder potentiellen Stress-Situation im Sinne einer Herausforderung begegnet, indem er an ihr den Grad seiner Gelassenheit mißt und noch steigert. Daß selbst Menschen, die über den notwendigen Klarblick verfügen, auf bestimmte Situationen physiologisch und/oder psychisch reagieren, bleibt davon unbenommen, denn die Stressreaktion basiert auf einem lebensnotwendigen Mechanismus des Organismus. Außerdem können kognitive Bewertungen einer stressreichen Transaktion auch auf einer Ebene stattfinden, die sich der bewußten Wahrnehmung entzieht. Denn Reize können im Langzeitgedächtnis Vorgänge auslösen, die Erregungsvorgänge hervorrufen, ohne daß sich das Individuum dessen bewußt sein muß. Mit dem Ergebnis dieser unbewußt ablaufenden Vorgänge muß schließlich jedes Individuum rechnen. Notwendige Grundhaltung unter diesen Voraussetzungen ist die Überzeugung des einzelnen, daß er mit jeder Situation auch umzugehen vermag. In der tatsächlichen Belastungssituation sollte er dann den notwendigen Klarblick haben, denn nur so kann er die zugrundeliegenden Zusammenhänge unverstellt wahrnehmen und eine unangemessene emotionale Reaktion verhindern.

Konzentration auf ein Objekt

Aus den vorangegangenen Ausführungen läßt sich ableiten, daß sich das Bewußtsein, der «Geist» des Menschen verändern muß, um vor Stress-Situationen besser gefeit zu sein. Dies ist durch Schulung der Achtsamkeit und der Aufmerksamkeit möglich. Achtsamkeit heißt, auf «eine bestimmte Art und Weise aufmerksam zu sein» (Kabat-Zinn, 1995). Achtsamkeit oder Aufmerksamkeit bedeuten, jeden Augenblick bewußt zu erfassen:

«Es ist ein Bewußtseinszustand, der dadurch entwickelt wird, daß man seine Aufmerksamkeit vorsätzlich, also ganz bewußt, auf all jene Dinge richtet, über die man für gewöhnlich nicht nachdenkt. Diese Vorgehensweise beruht einmal auf der Fähigkeit, die Aufmerksamkeit schulen zu können, sowie zweitens der Fähigkeit zur Einsicht, und führt zur Entwicklung einer völlig neuen Art von ‹Kontrolle› über unsere Lebensumstände...» (Kabat-Zinn, 1995).

Kontrolle hat – wie gezeigt wurde – eine Schlüsselfunktion bei der Bewältigung belastender Situationen. Viele Dinge entziehen sich der Kontrolle, doch sind es auch wieder nicht so viele, wie häufig angenommen wird. Die Möglichkeit, Kontrolle auszuüben, hängt denn auch oft davon ab, wie die jeweilige Situation gesehen wird, welche innere Einstellung zu ihr besteht. Unter Kontrolle ist im engeren Sinne die Überwindung der Subjekt-Objekt-Spaltung durch Objektivierung zu verstehen, also durch die Auflösung des subjektiven Anteiles. Dies kann nur geschehen, wenn dafür «bessere» Bewußtseinszustände zugänglich sind.

Vipassana

Der Buddhismus bietet Möglichkeiten zur Veränderung des «Geistes» durch Meditation: die Geistes-Ruhe- und die Klarblick- oder Hellsehen-Meditation (Vipassana). Ziel der Ruhemeditation ist es, den «Geist» auf ein Objekt zu konzentrieren, zum Beispiel auf den Atem, ein Wort, einen Spruch, ein Bild. Der Blick geht dabei nach innen – Ohren und Augen sind geschlossen. Der «Geist» kann sich so auf das gewählte Objekt sammeln und es verinnerlichen. Durch die Unterdrückung jeder Art von Ablenkung kann der «Geist» eins mit dem einen Objekt werden. Dadurch läßt sich innere Ruhe erzielen.

Vipassana ist ein Meditationsweg, den Buddha in der Lehrrede über die Grundlagen der Achtsamkeit beschreibt. Vipassana ist keinen sehr strengen Regeln unterworfen (z. B. hinsichtlich der Körperhaltung); es findet auch in Deutschland in einzelnen (spirituell orientierten) Coping-Konzepten zum Umgang mit «Stressgeschädigten» immer mehr Beachtung sowohl in der Medizin als auch in der Psychologie. Diese Methode ist Teil einer ganzheitlich orientierten Ausrichtung, die sich nicht nur auf Teilaspekte wie den physiologischen oder den psychologischen Aspekt stützt. Ziel dieser Meditationsmethode ist der Klarblick: der Meditierende erzielt durch Übung die Fähigkeit, die Wirklichkeit so zu erkennen, wie sie ist. Indem er sie zu durchschauen lernt, macht er sich frei von den negativen Auswirkungen einer Situation. Indirekt wird dieses Ziel auch von kognitiv orientierten Stresstheoretikern angestrebt, wenn sie behaupten, die Auswirkungen einer Stress-Situation auf das Individuum ließen sich durch die Veränderung der Bewertung erzielen. Doch besteht ein prinzipieller Unterschied zur «buddhistischen» Theorie. Veränderung der Bewertung usw. ist der subjektive Weg: Man muß die Dinge nur anders sehen, dann sind sie anders. Dagegen funktioniert der «klare Blick» genau andersrum. Es gibt Objektivität (Klarheit). Das Individuum muß sich «entselbsten» (entäußern); es muß objektiv werden.

Wenn die Achtsamkeit des Meditierenden auf alle in ihm vorgehenden Gedanken, Gefühle, Absichten gerichtet ist, stören sie ihn nicht mehr. Sobald er beispielsweise ein Gefühl als störend empfindet, kann er dieses Gefühl zum Meditationsobjekt machen und es ohne jede Bewertung nur wahrnehmen. Dann verschwindet die Unruhe, die das Gefühl möglicherweise begleitet, ganz von selbst. Alles Störende oder Stressige weicht aus dem «Geist», wenn es einmal erkannt wird und wenn der Meditierende es nicht gestattet, sich davon absorbieren zu lassen. Es geht also um das Ausschalten subjektiven (ichbezogenen) Bewertens, was jedem Subjektivismus diametral entgegensteht, denn Wahrnehmung wird (gewöhnlich) mit «subjektive» assoziiert.

Durch die klare Betrachtung der «Objekte» gelingt es, Distanz zu schaffen. Daß Vipassana gerade auch in der Psychologie zunehmend Anhänger findet, liegt daran, daß bei dieser Methode alles, was im Meditierenden hochsteigt, zugelassen wird. Unerwünschte Gedanken oder Gefühle oder Willensäußerungen werden weder verdrängt noch werden sie unterdrückt. Dadurch können psychische Spannungen nicht verstärkt werden. Gleichzeitig stößt diese Methode auf Vorurteile. Das liegt daran, daß «Meditation» durch den inflationären Gebrauch des Begriffs in ihren Möglichkeiten gar nicht erkannt wird.

Wenn der Bus Verspätung hat ...

Vipassana ist als Alltagsübung geeignet, denn im Alltag läßt sich der Klarblick jederzeit praktizieren. Empfehlenswert ist es beispielsweise, etwa fünf- bis zehnmal täglich eine Minute unabhängig von Zeit oder Ort uneingeschränkt achtsam zu sein, innezuhalten und sich zu fragen: Was geht gerade in mir vor? Und auszuhalten, was aus dem Inneren aufsteigt, sich darin zu erkennen und wieder loszulassen.

In einer belastenden Situation schaut der Meditierende auf das, was geschieht, was ihn zu überfordern droht. Er beobachtet, was die jeweilige Situation bei ihm auslöst – ist es angemessen oder übertrieben? Welche Emotionen kommen in mir hoch? Werden Sie tatsächlich durch die Situation verursacht oder wird durch die Situation nur eine Emotion ausgelöst, die auf ein lange zurückliegendes Geschehen zurückgeht. Der in Achtsamkeit Geübte läßt die Dinge zunächst geschehen und bewertet nicht willkürlich oder aus Gewohnheit. Er vermag dann zu erkennen, daß vieles nur passiert durch eine allzu schnelle Zuordnung zu vorgegebenen Verhaltensmustern oder gewohnheitsmäßigen Bewertungen. Dadurch wird es unmöglich, die einer jeden Situation inhärente Herausforderung zu erkennen und das Bewußtsein durch neue Erfahrungen zu erweitern.

Wenn die Konzentration auf ein Objekt wiederholt nicht gelingt, sollte der Meditierende nicht über Ablenkungen enttäuscht sein. Das, was die Gedanken ablenkt, hat nichts mit dem Meditierenden zu tun. Jede Ablenkung oder Störung verschwindet, wenn sie nicht vom Bewußtsein des Meditierenden unterstützt wird, denn sie besteht ja nur durch die Aktivierung des Bewußtseins. In der Gelassenheit liegt die Stärke des Individuums! Schließlich ist es Ziel des Vipassana, diese Gelassenheit zu erreichen, sie zu kultivieren – Gelassenheit, die Spannung nicht zuläßt. Dies ist nicht gleichzusetzen mit mangelndem Engagement, Gleichgültigkeit, fehlender Initiative o. ä. Der gelassene Mensch läßt die Dinge geschehen (und läßt nicht mit sich geschehen) und greift dort ein, wo es ihm notwendig erscheint.

Achtsamkeit

Vipassana ist ein mehr kognitiv-zentrierter Weg, Achtsamkeit zu trainieren. In immer wiederkehrender Betrachtung werden alle Phänomene als Nicht-Ich betrachtet und gelassen. Das Einsinken in das Objekt bedeutet sowohl die Abwesenheit diskursiver Gedanken wie äußerer Sinnesreize. Es geht dabei schließlich darum, im Alltag achtsam zu sein, um vor allem negative Emotionen im Ansatz ihrer Entstehung zu erfassen. Bei der Konfrontation mit stressrelevanten Situationen ist dies nur möglich, wenn man eben achtsam ist, und die Gedanken nicht umherirren läßt.

Das Training der Achtsamkeit ist jedoch nicht nur eine Meditationspraxis mit positiven Auswirkungen auf das Wohlbefinden. Achtsamkeit ist bewußtes Leben, wodurch die eigentliche Natur des Individuums zum Vorschein kommen kann. Diese Meditationspraxis ist ein Weg, zu den inneren Ressourcen zu finden. Training der Achtsamkeit kann zu tiefer innerer Entspannung führen. Meditierende erfahren, daß sie Zugang zu bislang unbekannten Bereichen ihres Selbsts finden, der Quelle aller positiven Energie. Der Zugang ist jedem Individuum möglich, das Einüben der Achtsamkeit steht jedem offen. Dabei ist es unwesentlich, daß diese Schulung Herzstück der buddhistischen Meditation ist. Ihre ursprüngliche Bestimmung im Buddhismus war es, Leiden zu minimieren und Täuschungen zu beseitigen.

Achtsamkeit im Alltag

Das bedeutet beispielsweise, vom «Aktions-Modus» in den «So-sein-Modus» umzuschalten, also auch bewußt Zeit für sich selbst zu reservieren, Aufgaben mit weniger Hektik anzugehen. Dazu gehört auch, «innere Ruhe und Selbstakzeptanz zu üben, den Geist kontinuierlich zu beobachten, die Gedanken zu beobachten, ohne sich von ihnen beeinflussen und davontragen zu lassen, aber auch ohne sie festzuhalten» (Kabat-Zinn, 1995).

Ein Mangel an Achtsamkeit zeigt sich beispielsweise darin, daß wir essen, ohne zu schmecken oder zu kauen, wir laufen mit geöffneten Augen durch den Wald, ohne zu sehen, wir hören, ohne zu verstehen, häufig sprechen wir auch, ohne zu registrieren, was wir sagen. Alles läuft an der Oberfläche ab. Dieser Zustand ist denn auch dem Wohlbefinden abträglich, denn Nichtbewußtsein beeinträchtigt auch die Wahrnehmung der Signale und Botschaften des eigenen Körpers. Die Schulung des «Geistes» in der Achtsamkeit führt dazu, daß das Individuum in jedem Augenblick weiß, was es tut. Längerfristig wird ihm damit auch die Bedeutung des Augenblicks, eines jeden Augenblicks vermittelt.

Aufmerksamkeit

Die Erhöhung der Aufmerksamkeit und die Beobachtung des «Geistes» – dies tut der Meditierende – zeigen, daß unsere Gedanken häufiger in der Vergangenheit (in dem, was vorbei ist) und in der Zukunft (in dem, was noch nicht geschehen ist) als in der Gegenwart (in dem Augenblick, der uns ins Leben verfügt) verweilen. Dadurch geht der Blick für das, was im Augenblick tatsächlich geschieht, verloren, denn die Aufmerksamkeit ist nicht ausschließlich auf die Gegenwart gerichtet. Vielen Menschen ist dieser Zustand zu einer Gewohnheit geworden. Sie sind nicht im Hier und Jetzt in ihrem So-sein. Entsprechend *reagieren* sie nur in belastenden Situationen anstatt zu *agieren*.

Kleine Schritte

Wenn man spontan versucht, die Aufmerksamkeit auch nur eine Minute auf eine Sache gerichtet zu halten, bemerkt man, wie schwierig das ist. Wenn es einem schließlich gelingt, fünf Minuten den Atem zu beobachten, wird man sich danach bereits entspannter als zuvor fühlen.

Topmanager, die von einer anstrengenden Aktivität zur anderen eilen müssen, sind teilweise (wenngleich unter einem anderen Vorzeichen) Meister im Aufmerksam-sein – das ist einerseits ein Zeichen konzentrierten Arbeitens, andererseits können sie nur so von einer anstrengenden Situation in eine unter Umständen vollkommen anders gelagerte wechseln.

Problemorientiertes Handeln

Die Anforderung an das strategische Wissen wächst mit der Komplexität eines Problems. Strategisches Wissen wiederum wird vor allem durch die Beobachtung von Problemlösungsprozessen gewonnen. Dabei sind auch die aus dem Umgang mit stressrelevanten Situationen gewonnenen Erfahrungen verwertbar. Sind die vorhandenen intellektuellen Kapazitäten durch die Bewältigung der Stressreaktion selbst gebunden, bleibt für den (weiteren) Aufbau strategischen Wissens keine oder nur noch wenig Energie übrig.

Deshalb gilt es für den Alltag, zunächst einfache, dann auch komplexere Lösungsmuster nicht nur zu entwickeln, sondern auch zu automatisieren. Je mehr Einzelheiten des täglichen Lebens sich in eine mühelose automatische Tätigkeit überführen lassen, um so niedriger sind die Anforderungen an den einzelnen, die Stressrelevanz alltäglicher Situationen wird abgeschwächt.

Die Entscheidung, welche Bewältigungsstrategie wirklich effizient ist, wird von verschiedenen Faktoren bestimmt, zum Beispiel vom Zeitpunkt ihres Einsatzes, vom Vertrauen in die gewählte Strategie oder von den Möglichkeiten des Einsatzes anderer Strategien. Für den einen mag bei der Bewältigung einer Konfliktsituation beziehungsweise eines Problems die Verdrängung zum Ziel führen und ihn beruhigen. Der physische Zustand zeigt jedoch, daß dies zu keiner tatsächlichen Entspannung führt. Ein anderer entscheidet sich im gleichen Fall für eine problemorientierte Strategie, oder er reagiert – ganz intuitiv – mit Humor. Auch dies kann erfolgreich sein (bei gleichzeitigem Spannungsabbau).

Empfehlungen hinsichtlich problemorientierter Bewältigungsstrategien lassen sich im übrigen noch am ehesten verallgemeinern. Anders verhält es sich bei Empfehlungen zur Veränderung emotionszentrierter Verhaltensweisen. Sie zielen nämlich zusätzlich auf die Veränderung persönlichkeitsbezogener Merkmale

(z. B. Gewohnheiten, Überzeugungen, Vorstellungen, Ziele), wodurch ganz individuelle Voraussetzungen tangiert werden. «Wenn man einen lauten Nachbarn hat, kann man sich beschweren oder drohen, um das lästige Verhalten zu ändern, oder man kann versuchen, das Ärgernis durch eine Vielfalt anderer aggressiver Maßnahmen zu beseitigen. Andererseits kann man versuchen, sich selbst zu ändern, um die Situation zu verbessern, indem man sich bemüht, sich durch den Lärm nicht stören zu lassen, daran Gefallen findet oder sich beteiligt oder das Feld räumt» Lazarus & Launier (1981).

In jedem Falle sind beim Einsatz von Bewältigungsstrategien Angemessenheit und behutsames Abwägen angezeigt.

Den Arbeitsstil verbessern

Grundlage eines guten «Stressmanagements» ist ein gutes Selbstmanagement, welches sich auch durch einen guten Arbeitsstil, insbesondere aber auch durch gutes Zeitmanagement auszeichnet.

Grundregeln des Zeitmanagements

- Formulierung von Zielen
- Planung von Aktivitäten
- Schwerpunktbildung (Setzen von Prioritäten)
- Konsequente Realisierung von Zielen
- Zielkontrolle

Zunächst heißt Selbstmanagement, Ziele und Prioritäten setzen, und zwar realistische Ziele. Während der Realisation einzelner Zielvorgaben sollte man Erfolg oder Mißerfolg bei der Umsetzung ständig kontrollieren. Wenn der Weg zum Ziel in die Zielkontrolle einbezogen wird, lassen sich auch Mißerfolge strategisch nutzen (lernen aus Fehlern).

So kann man beim Lösen eines spezifischen Problems Lösungsstrategien entwickeln, mit deren Hilfe ein analoges Problem dann fast schon keines mehr ist.

Durch optimalen Zeiteinsatz lassen sich gesetzte Ziele am ehesten erreichen. Die Voraussetzungen dazu sind (adaptiert nach Mackenzie & Waldo, ³1992):

- Aktivitäten auf ein Ziel ausrichten
- Gedankliche Vorwegnahme des Wegs zum Ziel, Planung der einzelnen Etappen
- Entscheidung für das «richtige» Ziel und den jeweils adäquaten Weg zum Ziel, wenn es Alternativen geben sollte
- Konsequente Umsetzung von Vorsätzen
- Regelmäßige Kontrolle von Fortschritten und das Ziehen entsprechender Rückschlüsse auf die Zielformulierung, Planung und Prioritätensetzung.

Zur Verbesserung des Zeitmanagements gehören:

- Erkennen von Schwierigkeiten, die im Verhalten begründet sind: eingefahrene Gewohnheiten lassen sich nur schwer brechen.
- Ausprobieren neuer Verhaltensweisen zur Verwirklichung von guten Vorsätzen: schlechte Gewohnheiten lassen sich am ehesten brechen, wenn man sie durch bessere ersetzt.
- Konsequente Verfolgung neuer Gewohnheiten: schwache Initiativen laufen schnell ins Leere.
- Andere über bestimmte Vorhaben informieren: dadurch geht man eine Verpflichtung ein.

Formulierung von Zielen

Erst durch die Orientierung an Zielvorgaben werden Arbeitstechniken auch effektiv, weil die individuellen Kräfte auf den eigentlichen Schwerpunkt konzentriert werden können. Ohne ein festgelegtes Ziel läßt sich eine Tätigkeit nicht beurteilen, denn es fehlt das Bewertungskriterium, an dem der jeweilige Arbeitseinsatz gemessen werden kann.

Ziele lassen sich anhand der folgenden Kriterien überprüfen:

- Inhalt: Was soll erreicht werden (Zustand, Verhalten o. ä.)?
- Ausmaß: Was muß/kann erreicht werden (Minimum/Maximum)?
- Dauer: Wann soll das Ziel (der angestrebte Zustand, das angestrebte Verhalten u. ä.) erreicht werden?

Einzelne Ziele sollten immer im Zusammenspiel mit anderen Zielen gesehen werden. Denn vielfach entsteht Stress, weil sich gesetzte Ziele wechselseitig stark behindern.

Je deutlicher ein Ziel definiert ist, um so eher gelingt es, angemessene Handlungsstrategien zu entwickeln. Der Vorsatz etwa «Das mache ich bei Gelegenheit!» ist zu vage. Es fehlt die Maß- und Zeiteinheit. Eine «richtig» formulierte Zielsetzung könnte dagegen lauten: «Ich möchte ab kommenden Montag pro Tag mindestens 20 bis 30 Minuten auf dem Home Trainer trainieren.» Diese Zielformulierung enthält konkrete, überprüfbare und meßbare Angaben. Häufig sind Ziele oder der Zeitraum der Erfüllung unrealistisch. In manchen Fällen werden Ziele auch zu hoch beziehungsweise zu niedrig angesetzt.

Die Zielkontrolle umfaßt drei Stufen:

1. Erfassen des Ist-Zustandes: Was wurde bis zum Kontrollzeitpunkt erreicht?
2. Soll-Ist-Vergleich: Inwieweit wurde das angestrebte Ziel tatsächlich erreicht?
3. Einleiten korrektiver Maßnahmen bei festgestellten Abweichungen.

Planung von Aktivitäten

Durch präzise Planung werden die Voraussetzungen zum Erreichen von Zielen geschaffen; die Ausführung von Projekten und Aufgaben wird überschaubar. Ganz allgemein läßt sich durch Planung Zeit gewinnen. Planung bedeutet auch Organisation von Arbeit. Es wird festgelegt, *was wie* gemacht werden soll. Zeitplanung verschafft Transparenz, Pro und Kontra einer Sache lassen sich besser abwägen – insgesamt erarbeitet sich der Planer bessere Voraussetzungen für seine Vorhaben.

Planungsinhalte können beispielsweise sein:

- Ziele (private, berufliche)
- Kapazitäten (Einsatz von Ressourcen o. ä.)
- Aktivitäten (Einführung eines neuen Verfahrens o. ä.)
- Zeiträume (Tage, Wochen, Monate, Jahre)

Planen schränkt zwar die Flexibilität ein, doch überwiegen die Argumente für das Planen (adaptiert von Walter, 1994):

- Durch Planung können verschiedene Störfaktoren berücksichtigt werden, denn Planen heißt vorausdenken.
- Planen verschafft Überblick und verdeutlicht Zusammenhänge.
- Planen reduziert die Fehlerhäufigkeit.
- Unnütze Aktivitäten werden verhindert oder verringert.
- Planen ermöglicht Selbstkontrolle, denn Abweichungen bei der Realisierung eines Projektes werden früh erkannt – es kann gegengesteuert werden.
- Durch Planung läßt sich das Stresspotential reduzieren.

Anhand schriftlicher Planung beziehungsweise schriftlich fixierter Zeitpläne läßt sich die geleistete Arbeit kontrollieren und dokumentieren, denn Aufschreiben zwingt zu genauerem Nachdenken und Formulieren. Wenn der angesetzte Zeitbedarf zu knapp bemessen ist, kann dies zu unnötigem Zeitdruck führen.

Wenn man Zeitspannen zur Verwirklichung der einzelnen Ziele festlegt, erhält man einen Überblick für die günstige Rangfolge einzelner Aktivitäten und für die notwendige Zeiteinteilung.

Bewährte Planungszeiträume
- Mehrjahrespläne: langfristige Ziele (drei bis fünf Jahre oder mehr);
- Jahrespläne: mittelfristige Ziele (ein bis drei Jahre);
- Quartalspläne: kurzfristige Ziele (drei Monate bis ein Jahr);
- Monats- und Wochenpläne: laufende Ziele (eine Woche bis drei Monate).

Ein realistischer Tagesplan sollte grundsätzlich nur das enthalten, was der Betroffene an dem jeweiligen Tag erledigen will beziehungsweise muß – und auch erledigen kann.

Die Aktivitäten eines Tages lassen sich in der Regel nach der 60 : 40-Regel planen, wonach zehn Stunden des Tages folgendermaßen verteilt werden:
- ca. 60 Prozent geplante Aktivitäten;
- ca. 20 Prozent unerwartete Aktivitäten (Reservezeiten, nicht planbare Aktivitäten, Störgrößen);
- ca. 20 Prozent spontane Aktivitäten (zur Verfolgung sozialer, kreativer und kommunikativer Ziele).

Erfolgreiche Arbeits- und Zeitplantechnik basiert auf den folgenden Prinzipien (adaptiert von Seiwert, [15]1992, [5]1995):
- Abwechslung: Sorgen Sie für Abwechslung in Ihren Aktivitäten durch eine ausgleichende Planung zwischen lang- und kurzfristigen Projekten, zwischen Einzel- und Teamarbeit usw.
- Dokumentation: Dokumentieren und prüfen Sie Ihren Zeiteinsatz!
- Endtermin: Präzisieren Sie Zeitvorgaben und Endtermine für einzelne Tätigkeiten und Aufgaben und vermeiden Sie Verzögerungen und Aufschub!
- Endzustand: Legen Sie Resultate fest.
- Flexibilität: Zeitpläne sind nicht dazu da, unbedingt eingehalten zu werden, sondern um Ziele zu realisieren – seien Sie deshalb flexibel!

– Konsequenz: Orientieren Sie sich an Ihren Zeitplänen und prüfen Sie diese regelmäßig!
– Prioritäten: Setzen Sie Prioritäten und planen Sie dabei auch Delegationsmöglichkeiten ein!
– Pufferzeiten: Verplanen Sie nur ca. 60 Prozent Ihrer Arbeitszeit, und halten Sie Pufferzeiten für unerwartete Telefonate, aktuelle Probleme o. ä. frei!
– Routine: Planen Sie auch Routinetätigkeiten!
– Schriftlichkeit: Planen Sie schriftlich, damit Ihnen nichts verlorengeht und Sie einen Überblick haben!
– Übertrag: Übertragen Sie die unerledigten Arbeiten auf den nächsten Periodenplan, damit sie automatisch bei der Planung in die neuen Überlegungen einbezogen werden.

Prioritäten setzen

Viele, auch ganz verschiedene Tätigkeiten lassen sich erfolgreich erledigen, indem man während einer bestimmten Zeit die Aufmerksamkeit nur auf eine einzige Tätigkeit lenkt und andere Tätigkeiten ihrer Priorität entsprechend erledigt.
Prioritätensetzung läßt sich verbessern durch:
– Unterteilung des Tages- und Wochenplans nach Muß- und Kann-/Soll-Aufgaben sowie Abstimmung von Prioritäten mit den beteiligten Personen.
– Aufgabenunterteilung nach den Kriterien «dringlich» und «wichtig».
– Entscheidung darüber, welche Aufgaben am wichtigsten sind, mit Hilfe einer Prioritätenliste.
– Entwicklung eines Zeitplans (anhand der Prioritätenliste).
Auf diese Weise läßt sich sicherstellen, daß zunächst nur die wichtigen oder notwendigen Aufgaben in der dafür vorgesehenen Zeit in Angriff genommen und ihrer Dringlichkeit nach bearbeitet werden.

Prioritätenbildung ist ein ganz wesentliches Element zur Reduzierung von Zeitdruck beziehungsweise «Zeitstress», deshalb ist es auch sinnvoll, sich mit den gängigen Verfahren zur Prioritäten-Analyse vertraut zu machen.

ABC-Analyse

Die wichtigsten Aufgaben erhalten hierbei Vorrang in der Erledigung (A-Aufgaben), da sie den größten Anteil am Erfolg haben.

A-Aufgaben sollten in störungsarmen Zeiten erledigt werden, B- und C-Aufgaben dagegen in störungsanfälligeren Zeiten. Eine sehr dringende Aufgabe muß nicht gleichzeitig auch eine wichtige (= A-Aufgabe) sein. B- und C-Aufgaben (dringende Aufgaben) sind – wenn möglich – mit klaren Vorgaben zu delegieren.

Aufgabenzuordnung nach der ABC-Analyse

- A-Aufgaben: sehr wichtige Aufgaben unbedingt zu erledigen, nicht delegierbar;
  15 % der Menge aller Aufgaben – 65 % Wert für die Zielerreichung
- B-Aufgaben: durchschnittlich wichtige Aufgaben – delegierbar;
  20 % der Menge aller Aufgaben – 20 % Wert für die Zielerreichung
- C-Aufgaben: weniger wichtige Aufgaben – Routinearbeiten;
  65 % der Menge aller Aufgaben – 15 % Wert für die Zielerreichung

Pareto-Prinzip

Übertragen auf den Arbeitsalltag besagt das Pareto-Prinzip, daß die Gesamtzahl der täglich anfallenden Aufgaben, gemessen am eigentlichen Arbeitserfolg, zu 20 Prozent aus wichtigen Aufgaben und zu 80 Prozent aus relativ nebensächlichen Aufgaben besteht. Die wenigen wichtigen Aufgaben tragen zum eigentlichen Arbeitserfolg jedoch 80 Prozent bei, während die vielen nebensächlichen Aufgaben 20 Prozent beitragen. Häufig werden aber 80 Prozent der Arbeitszeit und mehr für viele relativ nebensächliche Aufgaben eingesetzt.

Eisenhower-Prinzip

Das «Eisenhower-Fenster» besagt:

1. Priotität A besitzen alle sehr wichtigen und sehr dringenden Aufgaben. Diese muß der Verantwortliche sofort oder möglichst bald selbst erledigen.
2. Priorität B erhalten alle sehr wichtigen, aber weniger dringlichen Aufgaben. Diese Aufgaben müssen terminiert oder können eventuell auch delegiert werden.
3. Priorität C bekommen alle für das Unternehmen weniger wichtigen, aber doch dringlichen Aufgaben. Abhängig von seiner Funktion im Unternehmen, wird der Betroffene entsprechende Routinearbeiten delegieren.
4. Priorität D bekommt alles, was weder dringlich noch wichtig ist. Vieles kann davon gleich abgelegt werden oder hat nur Tageswert.

Arbeitstechniken

Als Arbeitstechnik wird – gleichbedeutend mit Arbeitsmethodik – die Summe aller Verfahren verstanden, durch deren Anwendung die Arbeitsleistung effektiver gestaltet werden kann und wodurch sich auch die Anzahl stressrelevanter Situationen reduzieren läßt. Arbeitstechniken dienen der systematischen Strategierealisierung. Es handelt sich dabei auch um Methoden, die dem Aufnehmen, Verarbeiten und Weitergeben von Wissensstoff, der sinnvollen

Wichtigkeit	niedrig	hoch
hoch	terminieren selbst erledigen A	sofort selbst erledigen B
niedrig	Ablage Papierkorb D	sofort an kompetente Mitarbeiter delegieren C
	niedrig	hoch Dringlichkeit

(A, B, C, D = Prioritäten)

Planung der Zeit sowie der rationellen Erledigung der anfallenden Arbeiten dienen. Insoweit können unter der persönlichen Arbeitstechnik Handlungen verstanden werden, die die Auseinandersetzung mit Arbeitsaufgaben und ihren technisch-organisatorischen Aspekten im Prozeß des Arbeitens ermöglichen (z. B. Planung, Zielsetzung). Arbeitsstil ist in diesem Zusammenhang sehr viel umfassender und bezieht sich auf die individuelle Handhabung einzelner Aufgaben.

Grundlegende Voraussetzungen für den Erfolg des Einsatzes bestimmter Arbeitstechniken

- Die systematische Analyse und Erkenntnis der eigenen Persönlichkeit im Rahmen einer spezifischen Umwelt sowie die Identifikation mit der eigenen Rolle
- die darauf aufbauende individuelle Lebens- und Zielplanung
- die konsequente Ansteuerung dieser Ziele mit den zur Persönlichkeit passenden Methoden

Dabei geht es also um die vorausschauende Analyse und Planung, darum, wie die Ziele am besten erreicht werden können. Während die beiden erstgenannten Voraussetzungen – Analyse und Zielformulierung – der Strategie «Was ist zu tun?» zuzuordnen sind, handelt es sich bei der dritten – «Wie ist es zu tun?» – um eine Frage der Taktik beziehungsweise der Methodik oder Technik. Dies betrifft die Beschäftigung mit den jeweils geeigneten Arbeitstechniken bzw. mit effizienter Arbeitsmethodik. Methoden sind insoweit Instrumente, die erst durch die Aufgabe und die Zielsetzung ihren Wert und ihre besondere Bedeutung bekommen.

Das Bewußtmachen der eigenen Triebkräfte und die Beschäftigung mit dem Sinn sowie die Formulierung der individuellen Lebensziele führen zu einer ständigen Orientierung an den übergeordneten Zielen und den daraus abgeleiteten Jahres-, Monats- und Wochenzielen mit permanenter Messung des Erreichten. Dies, aber auch das eigene selbstkritische Feedback bewirkt eine verbesserte Zielklarheit und Zielsicherheit. Es erfolgt also einerseits eine ständige Kurskorrektur und andererseits das für den weiteren Erfolg notwendige Erfolgserlebnis: Erfolg als Grad der Zielerreichung.

Dadurch geschieht eine automatische Ausrichtung aller Sinne und Kräfte in Richtung auf eine optimale Selbstorganisation, was auch ein möglichst geringes Stresspotential impliziert.

Aufgaben delegieren

Delegation bedeutet die Übertragung von Aufgaben aus dem Tätigkeitsbereich einer Führungskraft auf einen anderen Mitarbeiter, wobei gleichzeitig auch Kompetenz und Handlungsverantwortung übertragen werden.

Delegation bedeutet also nicht Abschieben uninteressanter Aufgaben. Vielmehr werden Mitarbeiter durch sinnvolles Delegieren in Entscheidungsprozesse einbezogen. Das motiviert Mitarbeiter, deren kreatives Potential wird genutzt, das Stressniveau sinkt.

Aufgabendelegation bringt aber auch andere Vorteile, zum Beispiel:

- Für den eigenen Arbeitsbereich kann Zeit gewonnen werden, um sich auf das wirklich Wichtige zu konzentrieren.
- Das Mitarbeiterpotential (Spezialwissen, Erfahrung) kann besser eingesetzt werden.
- Indem Mitarbeiter in die Verantwortung einbezogen werden, wird die Aufgabendurchführung effizienter.
- Anhand der aktiven Nutzung von Delegationsspielraum und der Erledigung der übertragenen Aufgabe lassen sich Fähigkeiten und Grenzen der Mitarbeiter ausloten und entsprechende personalpolitische Entscheidungen treffen.
- Delegation läßt ein Wir-Bewußtsein, läßt Gemeinschaftssinn entstehen.

Die Hauptursachen mangelnder Delegation lassen sich folgendermaßen beseitigen:

- Vorstellung, alles selbst gut und schnell erledigen zu können → Normen auf ein akzeptables Niveau bringen, das eigene Leistungsniveau nicht als Maßstab anlegen, Perfektionismus vermeiden.
- Größere Sicherheit beim Ausführen einer Tätigkeit als beim Anleiten anderer → Erkennen, daß Übung zum Erfolg führt und daß die Aufgabe einer Führungskraft vor allem im Führen und nicht im Ausführen liegt.

- Übermäßiges Kontrollbedürfnis → den Schwerpunkt von Methoden und Verfahren auf das Erreichen von Zielen verschieben.
- Mangelndes Vertrauen in das Können anderer → Vertrauen entwickeln, Mitarbeiter Fort- und Weiterbildung zur weiteren Qualifizierung ermöglichen.
- Unklare Anweisungen → Klare, vollständige Anweisungen geben und deren Verständnis sicherstellen.
- Überlastung von Mitarbeitern, Personaldefizite → Erwartungen einschränken, Schaffung neuer Arbeitsplätze, Eingeständnis, daß permanenter Stellenabbau mit einhergehender Arbeitsüberlastung bei den meisten Arbeitnehmern früher oder später zu psychischer Erschöpfung führt.

Arbeitsverläufe rationalisieren

Durch die stärkere Rationalisierung von Arbeitsabläufen kann Zeit gewonnen und dadurch die Anspannung gesenkt werden. Folgende Empfehlungen (adaptiert nach Linneweh, ³1996) können zur Rationalisierung beitragen:

- Planen Sie etwa zwei Drittel Ihrer Zeit fest ein (ein Drittel verbleibt als Zeitpuffer).
- Machen Sie es sich zum Ziel, Ihre Aufgaben in angemessener Zeit optimal zu erledigen – damit ersparen Sie sich unter Umständen das Wiederaufgreifen eines Vorganges, die Überarbeitung o. ä.
- Unterscheiden Sie zwischen sach- und personenbezogenen Störfaktoren – und schalten Sie Störungen in den Hauptarbeitsphasen aus.
- Gewöhnen Sie sich an, auch *nein* zu sagen.
- Schaffen Sie sich einen übersichtlichen Arbeitsplatz.
- Arbeiten Sie ähnliche Tätigkeiten en bloc ab (z. B. Telefonate).

- Arbeiten Sie nach einem sinnvollen Rhythmus – Beachten Sie Ihre natürliche Leistungskurve, zum Beispiel vormittags von 08:00 bis 11:00 Uhr Leistungshöhepunkt, nachmittags von 15:00 bis 18:00 Uhr ebenfalls leistungsstark. Übrige Zeit: Routineaufgaben, weniger wichtige Dinge erledigen.
- Legen Sie die Dauer von Gesprächen oder Besprechungen fest, und halten Sie sich bei der Durchführung daran.
- Setzen Sie bei nachlassender Konzentration gezielt eine Pause ein.

Kreatives Handeln

Denken läßt sich in kognitives, bewertendes und produktives Denken unterteilen. «Divergentes» Denken wird als selbständiges, von der Intelligenz abhängiges Konstrukt beurteilt und als Kreativität bezeichnet. Bis zu einem gewissen Intelligenzniveau (IQ von etwa 110) ist die Wechselwirkung zwischen Intelligenz und Kreativität hoch. Bei einem höhren IQ gibt es eine geringe oder gar keine Wechselwirkung. Das heißt, ein hochintelligenter Mensch (IQ von etwa 140) ist meistens nicht sehr kreativ, dagegen kann jemand mit einem IQ von etwa 115 sehr kreativ sein. Kreativität ist eine den Denkprozeß begleitende Leistung und bezeichnet die Fähigkeit zur Entwicklung neuer, bisher unbekannter Lösungen und nicht, wie das konvergente Denken, den Umgang mit vorgegebenen Lösungen. Kreative Prozesse lassen sich willentlich nur schwer beeinflussen, doch kann sich das Individuum entsprechend einstellen. Der für produktives Denken notwendige Ideenfluß basiert auf dem individuellen Kreativitätspotential. Kreativität im Berufsleben ist unerwünscht in Unternehmen, in denen ein autoritärer Führungsstil herrscht. In diesen Fällen wird dem Arbeitnehmer gerade gestattet, vorgegebene Problemlösungen zu erkennen. Doch ist Kreativität in den Fällen, wo sie als kreatives

Handeln zugelassen ist, eine die Stressbewältigung fördernde Leistung.

Der schöpferische Prozeß
Kreativität bedeutet immer auch die Fähigkeit, etwas zu erkennen und das Erkannte in einer bestimmten Weise umzugestalten beziehungsweise neu zu arrangieren. Vorgehensweise und Ergebnisse zeigen die Art und die Entwicklungsstufe der Kreativität an. Ein Kleinkind ist auf andere Weise kreativ als ein Jugendlicher oder Erwachsener.

Wenn ein gewohntes Verhalten keinen Erfolg zeitigt, kann das Ziel zugunsten eines anderen aufgegeben oder aber ein anderes Verhalten eingesetzt werden. Verfehlt eine neu gewählte Verhaltensvariante ebenfalls das Ziel, erreicht das Individuum eine gewisse Frustration beziehungsweise ein bestimmtes Stressniveau. Dabei kann das Selbstwertgefühl des Individuums derart berührt werden, daß es nach Absicherung sucht. Abwehrmechanismen (z. B. Rationalisierung, Rechtfertigungen) werden aktiviert. Unter Umständen wird das Problemlöseverhalten ganz aufgegeben, und Resignation tritt ein. Oder aber das Individuum setzt – in Fällen eines hohen Kreativitätspotentials – seine Kreativität zur Wahl einer ganz neuen Problemlösungsstrategie ein. Kreativ sein heißt schließlich, auch für neue Problemlösungsmöglichkeiten offen zu sein und bewußt eingefahrene Gleise zu verlassen und neue Wege auszuprobieren. Kreativität basiert auch auf dem Mut, neue Ideen durchzusetzen. Problemlösen ist durch gewohnheits- und routinemäßiges Verhalten gekennzeichnet, das in der Vergangenheit erfolgreich war. Kreatives Handeln setzt das Zulassen neuer Denkansätze geradezu voraus.

Kreativität wird schließlich in vielen Fällen verhindert, weil sich der einzelne ohne Vorbehalt dem Druck der Öffentlichkeit auf Konformität anpaßt. Unangepaßtes Denken und Handeln erweist sich in der Regel als Stressor, ungenutztes kreatives Denken ist jedoch indirekt ebenfalls ein Stressor.

Selbstkontrolle und Situationskontrolle

Menschliches Verhalten wird nicht nur durch äußere Reize, nachfolgende Konsequenzen oder durch Vorbildverhalten gesteuert. Entsprechend fühlen sich die meisten Menschen auch in ihren Entscheidungen frei, weil sie meinen, ihre Gedanken selbst bestimmen zu können. Bei den meisten Menschen kommt es zu Abweichungen zwischen dem Verhaltensideal (vor dem Essen die Hände waschen, am Morgen freundlich sein) und dem tatsächlichen Verhalten (Hände nur gelegentlich waschen, muffelig am Morgen sein). Diese Diskrepanzen treten häufig auch am Arbeitsplatz auf, zum Beispiel beim vorbeugenden Verhalten hinsichtlich der Zeiteinteilung. Trotz besseren Wissens zeigen viele Menschen Risikoverhalten (z. B. Verzicht auf Planung, wodurch Zeitdruck, d. h. auch Stress programmiert ist). Dafür haben sie dann auch Entschuldigungen parat. Permanent gestresste Menschen finden ein Leben ohne Stress außerordentlich langweilig.

Bestimmte Verhaltensänderungen können selbst gesteuert werden, man spricht dann von Lernen durch Selbstkontrolle beziehungsweise Eigensteuerung. Denn durch Selbstbeobachtungen, zum Beispiel durch Überwachen, Aufzählen und Protokollieren eigener Reaktionen in stressrelevanten Situationen, läßt sich deren Auftreten auch kontrollieren. Dabei wirkt bereits die Eigenüberwachung auf das eigene Verhalten verstärkend, ausblendend oder aber bestrafend, was eine Verhaltensänderung in der jeweiligen Richtung zur Folge hat.

Die Fülle der Signale und Auslöser von Stress-Situationen sollte gezielt durch regelmäßige Situationskontrolle angegangen werden. Dadurch wird die Ausblendung potentieller Stressoren, noch bevor sie die Stressreaktion auslösen können, möglich. Beispielsweise kann jemand durch gezielte Kontrolle der Stimulusbedingungen versuchen, die auslösenden Faktoren seiner körperlichen Überbelastung wenigstens im Ansatz zu steuern. Er muß das Stressgeschehen beobachten, sich individuell Reaktionsbereitschaften aneignen und/oder individuelle Strategien der Argumentation entwickeln. Denn wenn sich eine Person als stressempfänglich (z. B. zuviel Arbeitsanfall im Verhältnis zu der zur Verfügung stehenden Arbeitszeit) erweist, werden Kollegen oder Vorgesetzte sie immer mehr belasten. Indem der Betroffene klar und deutlich auf seine Kapazitäten verweist, kann er diese Situation «in den Griff bekommen».

Schließlich wird mit Selbstkontrolle eine Sensibilisierung im Hinblick auf stressrelevante Situationen erzielt. Dazu gehören:

- die Registrierung, wann und in welchem Ausmaß Stress-Situationen auftreten
- die systematische Auseinandersetzung mit den jeweiligen Stressoren.

Die angestrebte Verhaltensänderung sollte sich in konsequentem Handeln manifestieren. Zum Beispiel kann Arbeitsüberlastung durch «Nein» sagen beziehungsweise Delegation von Aufgaben reduziert werden.

Entspannte Übergänge schaffen

Wir brauchen Entspannung: Ruhe, Stille schöpferischen Pausen. Man sollte häufiger die Hände in den Schoß legen, gar nichtstun, empfehlen die einen, oder die anderen raten, sich immerwieder mal fallenzulassen wie ein Kind. Doch das können viele nicht realisieren, denn es ist leichter gesagt als getan. Deswegen werden wichtige Entscheidungen oft in einer Situation getroffen, in der man selbst gestresst ist, wichtige Gespräche werden in Hektik geführt, für die Kindererziehung bleibt nur noch Zeit zwischen den Terminen usw. Absolut notwendig sind Pausen, ein Zu-sich-selbst-Kommen zwischen den einzelnen Verpflichtungen des Tages.

Auszeiten nehmen
Regelmäßige Pausen sind zur körperlichen und geistigen Regeneration unabdingbar. Wenn dem Organismus keine Pause angeboten wird, reagiert er unter Umständen durch verringerte Konzentration, durch einen Mangel an Problem-Lösungsbereitschaft o. ä. Arbeiten ohne Pausen ist deshalb ineffektiv. Derjenige, der häufiger eine Pause von fünf bis zehn Minuten einlegt, leistet mehr und behält auch Freude an der Arbeit. Arbeitszeit und Pausen sollten in einer Relation von 10 : 1 stehen – auf eine Stunde Arbeit kommen sechs Minuten Pause.

Manche Leute planen ein sehr großes Arbeitsprogramm, weil sie den Zusammenhang zwischen Gesamtarbeitszeit und Stundenleistung nicht beachten, denn eine zu lange tägliche Arbeitszeit geht zu Lasten der Qualität. Oder sie verzichten auf Arbeitspausen, weil sie der Meinung sind, dafür keine Zeit zu haben, während Untersuchungen zeigen, daß durch Pausen die Arbeitsleistung steigt.

In der Freizeit sind heute Möglichkeiten der Entspannung viel umfangreicher als dies noch um die Jahrhundertwende der Fall war. Zu dem breiteren Freizeitangebot trägt auch die moderne Technik bei: auf Tastendruck sehen wir Filme, hören Musik, können noch rasch ein Theaterticket für den Abend buchen und in letzter Minute das Flugzeug in den Urlaub nehmen. Das Mehr an Freizeit und das breitere Freizeitangebot verhindern aber offensichtlich, daß der Mensch die Vorteile auch für sich nutzt. Viele Menschen sind unfähig zu wirklicher Muße. Denn es ist offenbar für viele schwer, Ratschläge wie «Sie sollten sich wirklich etwas mehr Ruhe gönnen» zu befolgen. Für viele Menschen ist dies auch nicht möglich, denn sie können nicht ruhen. Diese Menschen müssen Entspannung lernen beziehungsweise üben. Das gelingt, wenn sie bestimmte Entspannungstechniken lernen. Der Effekt wird durch die zusätzliche Praxis zum Beispiel einer meditativen Technik verstärkt.

Kritik äußern

Konflikte sind häufig schwer durchschaubar; sie werden offen oder verdeckt ausgeführt, begleitet von Verletzungen, Schmerz, Mißverständnissen. Konstruktiven Lösungen kommt dabei eine tragende Funktion zu. Viele Menschen machen Konflikte mit sich selbst aus: Ihre Gedanken kreisen immer wieder um dasselbe Problem. Im Extremfall führt dies zu Schlafstörungen u. ä. Dabei kann gezieltes Ausüben von Kritik, zum Beispiel bei Mitarbeiterbesprechungen, bedeutsam sein, vorausgesetzt, die Konfliktpartner verfügen über das entsprechende Handwerkszeug. Dazu gehören vor allem auch Fragetechniken, denn mit Fragen lassen sich Auseinandersetzungen steuern. Durch gezielte Fragestellung vermittelt der Betroffene Kompetenz; dadurch kann es gelingen, einen Dialog gezielt zu steuern und Klärung herbeizuführen.

In der Regel wird im Berufsleben kaum gelobt, dagegen eher getadelt. Lob motiviert, setzt Energien frei Lob macht auch gute Laune. Die fehlende Bereitschaft zu loben basiert häufig auf Unwissenheit und Unsicherheit. So blockieren sich die Betroffenen selbst. Tadel, das heißt negative Kritik so zu äußern, daß sie der Betroffene annehmen kann, ist schwer. Wird jedoch negative Kritik ausgesprochen und auch angenommen, werden häufig Konflikte wie von selbst gelöst. Denn negative Kritik soll häufig nur dazu bewegen, daß der andere seine Position überdenkt, ein bestimmtes Verhalten ändert o. ä. Der Kritisierende sollte demnach pauschale Vorwürfe vermeiden, kein Urteil abgeben, sondern den Eindruck vermitteln, den er von etwas hat, er sollte sagen, was ihm gefällt und was ihm nicht gefällt und sich verständlich ausdrükken. Der Kritisierte hingegen sollte sich nicht ständig rechtfertigen, sondern über die Kritik nachdenken, er sollte zuhören, wenn er kritisiert wird, sich bemühen, Kritik als Herausforderung zu deuten, und sich fragen, was er künftig verbessern kann.

Ferner ist beim Kritisieren das Feedback wichtig. Ein Feedback auf der Informationsebene zu geben ist relativ leicht, schwieriger dagegen ist es, wenn man jemandem rückmelden möchte, was einen stört, ärgert und verunsichert. Häufig werden dabei Du-Botschaften verteilt (z. B. «*Du* hast mich geärgert.»), das heißt negative Feedbacks. Ein positives Feedback besteht dagegen aus einer Ich-Botschaft, die die eigenen Gefühle und Gedanken zum Ausdruck bringt, ohne dabei den Gesprächspartner abzuwerten, zum Beispiel statt «Sie haben über meinen Kopf hinweg entschieden.»: «Seit einiger Zeit habe ich versucht, Ihnen meine Interessen zu vermitteln. Doch wurden meine Interessen mit nicht greifenden Argumenten zur Seite geschoben. Dieses Vorgehen nützt der Sache nicht, und ich bin darüber enttäuscht.»

Aufmerksam zuhören

Wer in sich ruht, kann seinen Mitmenschen zuhören, ohne ständig zu kommentieren, abzuwehren, zu bewerten, zu widerlegen oder aber sich selbst darstellen zu wollen. Entsprechend wird man sich von seinen Mitmenschen auch verstanden fühlen. Der Weg für eine echte Verständigung und gegebenenfalls auch Problemlösung ist geebnet.

Voraussetzungen für aufmerksames Zuhören
- das Zurückhalten eigener Gefühle und Meinungen
- die Bestätigung der Botschaften des Gesprächspartners (z. B. durch Kopfnicken, «hm», «ja»)
- das Akzeptieren des Gesagten und ein Sich-Hineinversetzen in die Lage des Gesprächspartners
- das Erfragen zusätzlicher Informationen
- das Bekunden von Interesse, Empathie usw.

Insgesamt sollte der Gesprächspartner zum Sprechen ermutigt werden, denn dadurch entsteht Kontakt, und das Vertrauen wächst durch interessiertes Nachfragen. Abwehrverhalten kann so überwunden werden. Dies ist die Grundlage zur Beseitigung von Mißverständnissen.

Aktives beziehungsweise aufmerksames Zuhören bedeutet schließlich die Auseinandersetzung mit dem Bezugsrahmen des Gesprächspartners, was eine grundlegende Voraussetzung ist, um Probleme, Konflikte u. ä. zu lösen.

«Nein» sagen

Kompromisse ermöglichen das Zusammenleben der Menschen in einer Gemeinschaft, das konstruktive Miteinander in einer Gesellschaft. Denn in einer Gemeinschaft kann nicht jeder das tun, was ihm gerade paßt. Auf der anderen Seite gibt es keine Gesellschaft, in der alle gleich sind. Vielmehr regeln Gesetze und Konventionen das Miteinander. Damit lassen sich die Belange aller Betroffenen auf einen gemeinsamen Nenner bringen. Doch muß es dabei auch Raum für ganz individuelle Entscheidungen und für besondere Situationen und Umstände geben. Dabei werden den Menschen häufig Kompromisse abverlangt. Kompromisse schließen heißt, einen Teil dessen zu bekommen, was man ursprünglich wollte. Das eigentliche Problem tritt auf, wenn der einzelne einen Kompromiß in einer Sache eingeht, die für ihn im Grunde vollkommen unakzeptabel ist. In diesem Fall ist «Kompromiß eingehen» nichts anderes als «Nicht-nein-sagen-Können».

Die Ursache des entsprechenden, selbstverleugnenden Verhaltens wird in der Psychologie darin gesehen, daß die Entwicklung des Betroffenen in einer bestimmten Phase während der Kindheit blockiert wird. Kinder tun alles, um die Zuneigung der Menschen in ihrem unmittelbaren Umfeld zu erhalten. Häufig werden in diesem Sinne Gefühle wie Wut und Ärger bei Versagen der Zuneigung unterdrückt aus Angst vor Liebesentzug. Im Laufe der Entwicklung werden dann Unfreundlichkeit, Ungerechtigkeit usw. hingenommen, weil der Betroffene alles tut, um eine Belohnung in Form von Zuneigung zu bekommen. Im Erwachsenenalter sind diese Menschen dann weiter unfähig, ihre Bedürfnisse zu vertreten und sie sich zu erfüllen. Die Entwicklung manifestiert sich in der Vorstellung, daß es falsch sei, Ärger oder Wut zu zeigen beziehungsweise die eigenen Bedürfnisse zu artikulieren, vielmehr müsse man akzeptieren, was man bekomme, und dafür dankbar sein.

Wer diese Zusammenhänge nicht erkennt und sich nicht ändert, riskiert, daß sich unterdrückter Ärger und Wut nach innen ausbreiten und sich in Frustration oder gar in einer Depression äußern. Nicht-nein-sagen-Können ist demnach ein unterschwellig wirkender innerer Stressor, der längerfristig zu Problemen führt, wenn er nicht ausgeschaltet wird.

Da eine Verhandlung oder ein Gespräch häufig erst durch ein Nein initiiert wird, sollte der Betroffene sich darauf vorbereiten:

- «Nein» sollte in einem normalen Tonfall gesagt werden.
- Es ist damit zu rechnen, daß der Gesprächspartner das Nein nicht ohne Widerspruch akzeptiert, darauf sollte der Betroffene vorbereitet sein und ohne Aggressionen freundlich reagieren.

– Er sollte das Nein kurz begründen ohne Entschuldigung oder langatmige Begründung.
– Wenn der Gesprächspartner das Nein nicht akzeptieren kann, bedeutet dies nicht, sich sofort auf einen Kompromiß einlassen zu müssen, denn es ist keineswegs so, daß man den Maßstab für Logik oder Vernunft eines anderen ohne weiteres einfach akzeptieren muß.

Lebensstil

Die Auffassung, der individuelle Lebensstil (z. B. Gewohnheiten wie Essen, Bewegung, Schlafen) beeinflusse die Gesundheit, läßt sich bis in die Antike verfolgen. Der Begriff selbst wird heute – in Ermangelung eines klaren Lebensstilkonzepts – unterschiedlich verwendet. In der Stressforschung wird eine gesunde Lebensweise im Zusammenhang mit Stressbewältigung relevant. In soziologischen Ansätzen werden psychosoziale Risikofaktoren für eine gesunde Entwicklung in der Diskrepanz zwischen individuellen Bedürfnissen und Ressourcen einerseits und den gegebenen Verhaltensmöglichkeiten andererseits gesehen. Dabei dient das Konzept des Lebensstils als ein die Fragestellung organisierendes Gesamtkonzept.

Schlechte Gewohnheiten können zum Lebensstil werden. Sobald gewisse Verhaltensweisen, die man sich im Einzelfall und unter bestimmten Umständen durchaus einmal erlauben kann, zu Zwangsgewohnheiten werden, werden sie zum Risikofaktor, zum Beispiel exzessiver Alkoholkonsum, körperliche Passivität, ungesunde Ernährung.

In der Gesundheitspsychologie werden primär die Entstehung, Verbreitung und Wirkung bestimmter Verhaltensweisen im Hinblick auf ihre schützenden Eigenschaften untersucht. Der Akzent liegt also weniger auf den Risikofaktoren (z. B. Cholesteringehalt von Nahrungsmitteln, körperlicher Aktivitätsgrad) und deren Beeinflussung. In diesem Zusammenhang ist deshalb die Frage nach dem Lebensstil des einzelnen von Bedeutung.

Der individuelle Lebensstil zeigt im Laufe der Sozialisation erworbene gesundheitsförderliche und -hemmende Verhaltensweisen. Überwiegen die gesundheitshemmenden Verhaltensweisen, so muß der einzelne diese für sich herausfinden und Möglichkeiten der Veränderung suchen. Vielfach spielt dabei die funktionale Bedeutung einer bestimmten Gewohnheit eine Rolle: Drogen- und Alkoholkonsum können ein sozial erwünschtes Verhalten sein, zum Beispiel in einem Team von jungen, dynamischen Kollegen. Die Aufnahme der entsprechenden Gewohnheit kann zunächst der Stressbewältigung dienen, nämlich der Bewältigung der Anforderung, die die Bezugsgruppe an das neue Mitglied stellt. Wird der entsprechende Konsum zur Gewohnheit, wird er Teil des individuellen Lebensstils, dann ist er längerfristig gesundheitshemmend. In manchen Fällen ist sowohl riskantes als auch gesundheitsförderliches Verhalten vereinbar mit der jeweiligen Lebensweise. Manche Menschen verfolgen ihre beruflichen Ziele aggressiv und hektisch – sind also ständig unter Spannung, wobei Sport, Entspannungstechniken, vielleicht auch Alkoholabstinenz instrumentell eingesetzt werden. Bei anderen Menschen gehören dieselben Instrumente ebenfalls zum Lebensstil, wenngleich in einem ganz anderen Kontext, zum Beispiel lediglich auf das Freizeitverhalten bezogen. Dies macht deutlich, daß bestimmte Lebensweisen nicht automatisch als «gut» oder «schlecht» klassifiziert werden können. Dort, wo der Eindruck entsteht, bestimmte Verhaltensweisen wirkten sich eher nachteilig aus, wenn es um die Bewältigung von Stress-Situationen geht, sollten sie verändert werden.

Es gibt also nicht *den* gesunden oder *den* ungesunden Lebensstil: jemand mag rauchen und sich andererseits vegetarisch ernähren. Lebensweisen resultieren teilweise aus der Biographie, andererseits werden Gewohnheiten auch unbewußt erworben. Es gibt eine Reihe von Situationen, in denen der einzelne vor der Entscheidung steht, ob er eine Gewohnheit annehmen oder ablegen sollte. Wenn jemand, der Entspannung wegen, regelmäßig zu einem Meditationskurs gehen möchte, so erfordert dies zunächst den Prozeß der Entschlußbildung. Die Intention muß in konkretes Handeln umgesetzt und gegen Widerstände aufrechterhalten werden.

Individuen, die sich zu wichtig nehmen, neigen dazu, einen stresshaften Lebensstil zu entwickeln. Beispielsweise betrachtet sich ein Perfektionist als unentbehrlich. Er hat das Bedürfnis nach totaler Kontrolle, er muß alles selbst machen, er muß zu jedem Zeitpunkt alles im Griff haben.

Beispiele:

- Der permanent überforderte Angestellte – die Quelle seines Drucks ist nicht seine Arbeit an sich oder eine bestimmte Aufgabe, sondern der Ehrgeiz, alles perfekt zu tun, und die Unfähigkeit, loszulassen oder die Hilfe eines Kollegen in Anspruch zu nehmen.
- Die überforderte Mutter – sie erlaubt dem Vater des Neugeborenen nicht, ihr bei der Pflege des Säuglings behilflich zu sein – die Windeln könnten ja anders sitzen als sie es sich vorstellt. Die Vorstellung, unentbehrlich zu sein, verursacht in diesem Falle Stress.
- Die jungen Eltern – sie haben es aufgegeben, abends einmal wegzugehen und sich gegenseitig wahrzunehmen, weil ihre Aufmerksamkeit ausschließlich auf ihre Kinder fixiert ist. Sie befürchten, ein Babysitter könnte die beiden Rangen nicht richtig versorgen. Langfristig gesehen kann dieses Verhalten die Ehe gefährden und damit auch die Kinder, denen alle Sorge gilt.

  Schließlich kann es dazu kommen, daß sich die Betroffenen wegen jeder Kleinigkeit überfordert fühlen. Deshalb ist es wichtig, die Vorstellung der eigenen Unentbehrlichkeit aufzugeben.

In der Psychologie und Soziologie ist in den letzten Jahren die Rückbesinnung auf gesunde Lebensführung anhand ganzheitlicher Denkmodelle zu beobachten. Dabei wird vermehrt nach den gesundheitsfördernden Faktoren gefragt, wobei der Frage nach dem Lebensstil eine zentrale Rolle zukommt. Nachweislich hat beispielsweise die Herzinfarktsterblichkeit in den USA Mitte der 60er Jahre deutlich abgenommen, was im wesentlichen auf die Änderung von Lebensgewohnheiten zurückgeführt wird. Gesundheit erweist sich – so auch im Hinblick auf Stressbewältigung – als eine Frage der Lebensweise.

Soziales Netzwerk aufbauen

Häufig werden Kontakte gepflegt mit dem Ziel, «durch Verbindungen» möglichst gut voranzukommen. Auf der anderen Seite ist es oft sehr schwer, mit Menschen, die man mag, in engeren Kontakt zu kommen. Mit zunehmendem Alter wird dies sogar schwieriger, denn jeder befindet sich in seiner eigenen Lebensspur und das bedeutet häufig, daß für neue Kontakte keine Möglichkeiten mehr da sind.

Gute soziale Kontakte, das heißt hier der Kontakt mit Menschen, die man gerne hat und für die man sehr gerne da ist, tragen in schwierigen Situationen. Der gute Freund oder die gute Freundin, der man zum x-ten Mal immer wieder von derselben stressenden Problematik am Arbeitsplatz erzählen kann, ist sehr wichtig. Entsprechende Kontakte lassen sich nicht erzwingen, sie sind möglich, wenn man sich selbst für andere öffnet: erst durch das Geben wird ein Nehmen möglich. Der Nutzeneffekt sollte auch einmal zurücktreten können, denn Kontakte auf dieser Basis tragen in schwierigen Situationen nicht.

Soziale Einbettung als Ziel

Zufriedenheit ist in den meisten Fällen weniger von der Höhe des Einkommens als vom Grad des sozialen «Eingebettetseins» abhängig. Für viele Menschen ist es bedeutend, zu einer Stammtisch-Runde zu gehören, im Fitness-Club zu einer bestimmten Zeit dieselben Leute zu treffen oder sich regelmäßig mit zwei oder drei Bekannten in der Sauna oder im Malkurs wiederzufinden.

Vorteile sozialer Kontakte

Oft sehen wir uns unüberschaubaren Problemen gegenüber. Von Bekannten können wir dann häufig schnell erfahren, wo man beispielsweise am besten ein Laptop kaufen kann, wer ein fähiger Steuerberater ist u. ä. Auch liefern Bekannte häufig Hintergrundinformationen über Personen, mit denen man zukünftig zu tun haben wird.

Ein soziales Netzwerk aufbauen

Im beruflichen Umfeld sollten Sie Ihre Beziehungen innerhalb des Unternehmens überdenken, das heißt zu Kollegen und Mitarbeitern und zu den Vorgesetzten. Ein weiterer Bereich sind die Personen, mit denen Sie häufiger Kontakt haben (z. B. Kunden, Lieferanten, Berater, Dienstleister, Vertreter von Behörden). Fragen Sie sich, ob Sie diese Kontakte ausbauen wollen. Im Bedarfsfall sollten Sie bewußt bei jeder Gelegenheit den Kontakt intensivieren, zum Beispiel durch Telefonate, Verabredungen zum Essen oder zum Kaffee in der Mittagspause, Kurzbesuche. Anlaß der Kontaktvertiefung sind Geburtstage. Sie könnten sich auch eine Sammlung von Visitenkarten anlegen, die Sie auf Tagungen, Empfängen usw. sammeln, mit dem Ziel, die geknüpften Verbindungen zu pflegen. Derartiges wird von professionellen Kontaktberatern empfohlen. Oft sind solche Beziehungen aber wenig tragfähig, weil der persönliche Touch fehlt.

Im privaten Bereich bieten Veranstaltungen, zum Beispiel Kurse, die Möglichkeit, Kontakte zu knüpfen. Auch Besuche von Veranstaltungen (z. B. Ausstellungen, Theater) können die Plattform für Kontakte sein. Häufig ergeben sich Kontakte auch in Notfallsituationen, zum Beispiel mit Nachbarn. Derartige Kontakte sollte man pflegen. Das bedeutet aber auch, sich Zeit für den anderen zu nehmen, da zu sein, wenn Hilfe benötigt wird.

Grundsätzlich sind Geben-Können und Geben-Wollen die besten Voraussetzungen, in schwierigen Situationen auch empfangen zu können.

KörperManagement: Das Körperbewußtsein stärken

In der modernen Gesellschaft sind die meisten Menschen weit davon entfernt, sich ausreichend zu bewegen. Doch sind die Körperfunktionen des Menschen von ihrer Entwicklung her auf körperliche Anstrengungen angelegt. Der moderne Lebensstil hält demgegenüber zu wenig Bewegungsmöglichkeit bereit. Fortbewegung ist heute weitgehend darauf reduziert, sich von einer Sitzgelegenheit zur anderen zu bewegen, während noch im ausgehenden letzten Jahrhundert kürzere Wege und auch größere Entfernungen meist zu Fuß zurückgelegt wurden. Kinder spielten im Freien, kletterten auf Bäume, rannten durch die Wälder beim Spiel am Nachmittag, wo sie heute vor der «Glotze» sitzen oder sich mit irgendeinem Gerät sinnlos die Zeit vertreiben. Das daraus resultierende Defizit in der körperlichen Entwicklung – die eigenen Kräfte werden nicht mehr ausprobiert – kulminiert in vielen Fällen in brutalen Befreiungsschlägen gegenüber Mitmenschen oder Gemeingut. In einer vorrangig auf sitzende Tätigkeiten festgelegten Gesellschaft ist es kaum noch – weder für jung noch alt – möglich, die eigenen körperlichen Möglichkeiten auf natürliche Art und Weise zu erproben und zu schulen.

Körperliche Aktivitäten wirken sich günstig auf die Lebenserwartung aus, während Bewegungsarmut einen Hauptanteil am gesundheitlichen Fehlverhalten des modernen Menschen hat, an der Reduzierung körperlicher Leistungsfähigkeit. Das kann sich nicht nur physisch auswirken, also das Risiko für koronare Erkrankungen, Osteoporose, Invalidität usw. erhöhen, sondern es kann auch das psychische Wohlbefinden beeinträchtigen. Beispielsweise sind Konzentrationsschwächen, chronische Müdigkeit usw. die Folgen, aber auch eine geringe, damit offenbar zusammenhängende Stressresistenz. Sportliche Betätigung und ausreichende Bewegung im Alltag rücken deshalb in der Öffentlichkeit mehr und mehr in den Blick und sollten ein wichtiger Aspekt der individuellen Lebensplanung sein. Körperliches Training ist denn auch ein wichtiges Mittel der Stressprophylaxe. Deshalb sollte der einzelne in seinen Tagesplan auch entsprechend ausgleichende Aktivitäten einbauen.

Vielfach hindern Vorwände («Ich habe keine Zeit.» – «Das ist zu anstrengend.» – «Das ist doch langweilig.») an der Ausführung geplanter Aktivitäten, gute Absichten beziehungsweise die entsprechende Motivation gehen verloren. Mitunter werden auch falsche Vorstellungen («Dazu muß man doch sportlich sein.» – «Ich bin zu alt, um damit anzufangen.» – «Das lohnt sich doch nicht.») mit sportlichen Aktivitäten verbunden.

Lernziel Wohlbefinden

Eine Dimension der Gesundheit ist Wohlbefinden, andere Dimensionen sind beispielsweise Leistungsfähigkeit, Flexibilität oder Anpassung. Gesundheit als Wohlbefinden bezieht sich auf das individuelle Befinden, betont also den subjektiven Aspekt, das heißt subjektives Befinden und damit auch ein Sich-Wohlfühlen. In der Forschung wird Wohlbefinden in aktuelles und gewohnheitsmäßige Wohlbefinden gegliedert sowie in Wohlbefinden als Prozeß, mit der Unterscheidung körperliches und psychisches Wohlbefinden.

Ausgehend von diesen Überlegungen, läßt sich Wohlbefinden prinzipiell auf dem direkten Weg über positive Erfahrungen erreichen und indirekt durch Vermeidung beziehungsweise Reduzierung unangenehmer Reize (Schlicht, 1996). Neben vielen anderen Maßnahmen kann sich vor allem die sportliche Betätigung auch positiv auf das Wohlbefinden auswirken, und zwar direkt auf die psychische Gesundheit oder aber indirekt über körperliche Fitness.

Wenn das Leben Spaß macht
Körperliches Wohlbefinden bedeutet weitgehende Beschwerdefreiheit und wird assoziiert mit Gefühlen wie Zufriedenheit, Vitalität, Lebensfreude, Ruhe, Lustempfinden, Konzentrations- und Reaktionsfähigkeit. Psychisches Wohlbefinden beruht auf Stimmungen beziehungsweise Emotionen, auf einem positiven oder negativen Gefühlszustand. Wohlbefinden umfaßt aber auch Zufriedenheit mit dem bisherigen Leben.

In dieser Situation muß der einzelne initiativ werden, um das eigene Wohlbefinden zu erhalten, zu stärken, zu erhöhen, er ist aufgerufen, eigenverantwortlich gesundheitsorientierte Maßnahmen anzustreben und in den Tagesablauf einzubetten. Denn Zivilisationskrankheiten (z. B. Herz- und Kreislauferkrankungen, degenerative Muskel- und Skeletterkrankungen, psychosomatische Beschwerden) beziehungsweise Auswirkungen von Bewegungsmangel (z. B. Abnahme der Muskelmasse, Zunahme des Körperfetts, verlangsamter Stoffwechsel, Kraftlosigkeit) entwickeln sich über einen längeren Zeitraum und nicht von heute auf morgen. Ihr Entstehungsprozeß ist Ausdruck des Zusammenwirkens von Arbeits- und Umweltverhältnissen sowie individuellen Verhaltensstilen.

Fitness

Jede Bewegung der Skelettmuskulatur, bei der Energie verbraucht wird, kann als körperliche Aktivität bezeichnet werden (z. B. Gartenarbeit, Fußballspielen, Sprudelkasten tragen). Die Bezeichnung Sport ist dagegen körperlicher Freizeitaktivität vorbehalten, das heißt Freizeitverhalten wie Schwimmen, Walking, Tanzen.

Mit Training bezeichnet man sich wiederholende körperliche Aktivitäten über Wochen und Monate mit dem Ziel, die Fitness zu verbessern. Zur körperlichen Fitness gehören Muskelstärke und -ausdauer, kardiovaskuläre Ausdauer, aber auch Beweglichkeit. Fitness ist schließlich die Fähigkeit, eine bestimmte Muskelarbeit erfolgreich ausführen zu können. Daneben kann man auch von physiologischer Fitness sprechen, wenn man eine Aussage über den Blutdruck, die Glukosetoleranz, die Blutfettwerte usw. machen will. Sportliche Aktivitäten verbessern die Fitness, und Fitness fördert das Wohlbefinden. Doch muß der einzelne ausreichend gesund sein, um Sport treiben zu können, er muß über eine bestimmte Fitness verfügen.

Man sollte nie bis zur totalen Erschöpfung trainieren, vielmehr gerade bis zu dem Punkt, an dem man das Training noch angenehm findet. Fachleute sprechen vom individuellen Trainingsmaß. Dies läßt sich durch Pulsmessung (10 Sekunden) während des Trainings feststellen. Die Ober- und Untergrenzen lassen sich durch die Formel 220 minus Lebensalter, multipliziert mit 0,85 für die Obergrenze, mit 0,65 für die Untergrenze bestimmen. Für einen 30jährigen beträgt die Obergrenze demnach 162 Pulsschläge/Minute (220 – 30 = 190 × 0,85) und die Untergrenze 123 (220 – 30 = 190 × 0,65). Doch finden sich in Aktiv-Magazinen o. ä. auch andere Angaben zur Ermittlung des idealen Trainingspulses. Eine zuverlässige Auskunft über die individuellen Grenzen der Herzleistung gibt allerdings nur ein Belastungs-EKG. Nur so läßt sich das Training genau auf die individuelle Ausgangslage abstimmen. Denn Belastung kann auch ein Gesundheitsrisiko darstellen. Übrigens: Wer sich beispielsweise beim Joggen noch nebenher unterhalten kann, bewegt sich noch innerhalb der vertretbaren Belastungsgrenze.

Achtung: Die richtige Kleidung für sportliche Aktivitäten ist atmungsaktiv. Einzelne Sportarten verlangen bestimmtes Schuhwerk, Hallenturnschuhe sind beispielsweise nicht zum Sprinten geeignet.

Sportliche Aktivitäten

Die Zusammenstellung eines Trainingsprogramms sollte anhand der Unterscheidung von aerobem und anaerobem Training erfolgen: beim aeroben Training (z. B. Joggen) benötigt die Muskulatur zusätzlichen Sauerstoff, beim anaeroben Training, das auf sehr schnellen, intensiven Bewegungen beruht (z. B. Klimmzüge am Reck) ist dies nicht der Fall. Durch mäßiges aerobes Training über einen längeren Zeitraum läßt sich die Pulsfrequenz steigern. Bei anaerobem Training (am Anfang ist jedes Training anaerob) wird das in der Muskulatur und der Leber gespeicherte Glykogen verbrannt. Bei längerem Training wird der größere Teil der Energie aus körpereigenem Fett gewonnen.

Aerobes Training

(z. B. Walking, Laufen, Schwimmen, Radfahren, Aerobic, Wandern, Rudern, Skilanglauf, Tanzen)

Größere Muskelpartien werden über längere Zeit aktiviert, Verbrennung von körpereigenem Fett in der Muskulatur, Stärkung des vegetativen Nervensystems durch die Ausdauerleistung, Reduktion von Stresshormonen im Blut, Veränderung der Fließeigenschaften des Blutes, dadurch verstärkter Sauerstofftransport.

Der Gewinn liegt in der Kräftigung des Herz-Kreislauf-Systems und der Erhöhung des Herz- und Lungenvolumens, Verbesserung des Muskeltonus und der Leistungsfähigkeit, Verringerung von körpereigenem Fett durch Fettverbrennung, langsames Ansteigen des Blutdrucks und der Pulsfrequenz bei kontinuierlichem Training.

Anaerobes Training

(z. B. Liegestütze, Gewichtheben, Klimmzüge, Laufsprints)

Kurze, intensive Aktivierung, Verbrennung von in den Muskeln und in der Leber gespeichertem Glykogen.

Geringe Steigerung der Pulsfrequenz beziehungsweise des Kreislaufs, Verbesserung der Muskelkraft, Aufbau von Muskelgewebe, starker Anstieg von Blutdruck und Pulsfrequenz.

In der Regel werden beim Training Elemente beider Trainingsformen gemischt, zum Beispiel bei Sportarten wie Tennis und Basketball. Wenn heute von den gesundheitsfördernden Auswirkungen sportlicher Aktivitäten die Rede ist, ist damit in der Regel aerobes Training gemeint. Ziel des aeroben Trainings sollte es sein, die Pulsfrequenz auf ein angemessenes Niveau zu bringen und auch dort zu halten. Als Minimum an intensivem Training werden mindestens 2mal pro Woche über 30 Minuten beziehungsweise 3mal pro Woche über 15 Minuten empfohlen.

Vorbereitung

Vor einer sportlichen Aktivität ist die richtige Einschätzung der individuellen Möglichkeiten wichtig. Beispielsweise eignet sich intensives Tennisspiel oder gar Gewichtheben nicht für Menschen mit Wirbelsäulenbeschwerden, der Marathonlauf ist nichts für Menschen mit Kniegelenkbeschwerden. Entscheidend ist nicht so sehr die Sportart, sondern die Intensität des Trainings, so daß es wirklich allmählich zu einer Steigerung der Kondition kommt.

Sehr wichtig – nicht nur zur Verletzungsprophylaxe – ist vor einer körperlichen Belastung das Aufwärmen. Hier empfiehlt sich meistens – jedoch in Abhängigkeit von der gewählten Aktivität – eine langsame Dehnung der Muskulatur sowie der Bänder; der Kreislauf sollte auf die bevorstehende Belastung vorbereitet werden mit dem Ziel, die Körperkerntemperatur zu erhöhen (ca. 38,5 Grad bei einem 15minütigen Aufwärmprogramm). Mit steigender Temperatur werden die Stoffwechselvorgänge aktiviert, die Nervenleitfähigkeit wird verbessert, was mit einer Verbesserung der Reaktions- und Koordinationsfähigkeit einhergeht. Die erhöhte Muskeltemperatur reduziert den Widerstand innerhalb der

Muskulatur. Der Organismus wird insgesamt besser mit Sauerstoff versorgt durch Zunahme der Puls- und Atemfrequenz sowie des Atemvolumens und der Blutmenge. Darüber hinaus hat das Aufwärmen auch psychische Auswirkungen: der Hirnstamm wird aktiviert, was die Aufmerksamkeit steigert, was – besonders wichtig am Abend nach der Arbeit – einhergeht mit erhöhter Konzentrationsfähigkeit und genereller Leistungsbereitschaft. Aufwärmtraining als Gruppensport betrieben hat psychosoziale Auswirkungen. Durch das zwanglose Miteinander beim spielerischen Aufwärmen wird die Kommunikation angeregt, soziale Kontakte werden gefördert.

Nach dem Training

Sportmediziner nennen auch einige Regeln, die der einzelne nach dem Training beachten sollte:

– Abwärmen (z. B. leichtes Dehnen und Strecken): Dies ist wichtig zum Abbau von Schlackenstoffen (z. B. Milchsäure) aus der Muskulatur. Beim Verbleiben in der Muskulatur können sie Muskelschmerzen verursachen.
– Flüssigkeitszufuhr (vor, während und nach dem Training): Flüssigkeit (Wasser, Mineralwasser) hält das Blut flüssig und fördert dadurch die Durchblutung der Muskulatur sowie den Abbau der Schlackenstoffe.
– Zufuhr von Kohlenhydraten: Das Gefühl der Abgeschlagenheit nach dem Training läßt sich durch eine kohlenhydratreiche Mahlzeit (Reis, Kartoffeln, Nudeln, Gemüse, Obst) vermeiden, das heißt, so erhalten die Muskeln neue Energiezufuhr.
– Bewegung: Nicht nur unmittelbar nach der sportlichen Aktivität, zum Beispiel nach dem Walking, sollte der einzelne noch in Bewegung bleiben, sondern auch am darauffolgenden Tag, denn zurückhaltendes Training fördert den Heilungsprozeß der winzigen Muskelrisse, die mit jeder sportlichen Betätigung einhergehen. Dieser Prozeß wird durch ein warmes Bad, durch

einen Saunabesuch und vor allem durch vermehrten Schlaf unterstützt.

Allgemeine Auswirkungen

Sportliche Aktivitäten haben sowohl physiologische als auch psychische Auswirkungen. Empirische Studien zeigen vor allem auch den Einfluß der psychischen Effekte auf Selbstkonzept, Angst und Depression. Aktive Bewegung wie Laufen oder Gehen sind natürliche «Stimmungsmacher», sie sorgen für einen ausgeglichenen Nerventonus. Entsprechend reagieren körperlich trainierte Menschen auf Alltagsstress auch gelassener. Dennoch fällt es den meisten Menschen schwer, sportlich aktiv zu werden und auch zu bleiben. Viele zeigen aber auch keine ausreichende Ausdauer und brechen das Training nach wenigen Wochen ab, so daß der Effekt sportlicher Aktivitäten zwangsläufig ausbleibt.

Unmittelbar nach einer körperlichen Aktivität registrieren die meisten – über ca. zwei bis fünf Stunden – gesteigertes Wohlbefinden. Nach einigen Wochen des regelmäßigen Konditionstrainings verbessert sich das Gesamtbefinden. Das basiert auf der verstärkten Leistungsfähigkeit von Herz und Lungen, des weiteren sind Effekte auf die Muskelkraft, die Gelenkigkeit und die Muskelausdauer zu beobachten. Auch registrieren viele eine Verringerung des Körpergewichts, offenbar bedingt durch einen gesteigerten Stoffwechsel. Das subjektive Wohlbefinden vieler Sportler nach dem Lauftraining wird auch auf die verstärkte Ausschüttung von Endorphin im Blut zurückgeführt, obgleich inzwischen in der Forschung begründete Zweifel an der Wirkung von Endorphin auf das «Runners's High» bestehen (Schlicht, 1995). Manche Freizeitsportler, für die speziell das Laufen eine zentrale Rolle im Alltag einnimmt, werden süchtig. Entsprechend leiden abhängige Läufer bei Nichtausübung des Sports auch unter Entzugserscheinungen.

Psychische Effekte

Kurzfristig ist als Folge körperlicher Aktivitäten eine Verbesserung der Stimmung und des aktuellen subjektiven Wohlbefindens zu beobachten. Längerfristige positive Auswirkungen kann körperliche Aktivität auf Persönlichkeitsmerkmale wie emotionale Stabilität, Selbstwertgefühl, Angst und (leichte) Depression haben. Nicht nachgewiesen ist der präventive Charakter körperlicher Aktivitäten gegenüber psychischen Störungen. Nach Nöldner (1990) können die psychischen Effekte regelmäßiger sportlicher Aktivitäten folgendermaßen erklärt werden:

- Physiologische Veränderungen, zum Beispiel die vermehrte Ausschüttung von Endorphinen und Katecholaminen (insbesondere Noradrenalin), führen unmittelbar zu positiven psychischen Effekten.
- Kognitive Prozesse wirken in der Weise, daß durch körperliche Aktivitäten (im Sinne von Ablenkung) die mit Angst und Depression einhergehenden negativen Gedanken unterbunden werden.
- Soziale Verstärkung erhält eine «sporttreibende» Person, wenn sie für ihre Aktivitäten Anerkennung findet; des weiteren ergeben sich durch gemeinsames Training soziale Kontakte.
- Die Selbstwirksamkeitserwartung verbessert sich durch subjektive Erfolgserlebnisse während der körperlichen Aktivität.
- Die Wahrnehmung von Körpersignalen (z. B. bei der Ent- bzw. Verspannung) läßt sich durch regelmäßige körperliche Aktivitäten schulen.

Bei längerem Training verändert die Zunahme der eigenen Leistung das Selbstbewußtsein, einhergeht das Vertrauen in die eigene Leistung, wodurch gleichzeitig Selbstzweifel vermindert werden. Insgesamt wird die mentale Verfassung des einzelnen gestärkt.

Laufen

Ausdauertraining ist in verschiedenen Disziplinen (z. B. Schwimmen, Radfahren, Laufen) ohne größeren finanziellen Aufwand möglich. Einschlägige Ratgeber informieren über die theoretischen Voraussetzungen (z. B. Technik, Bekleidung, Gestaltung des Trainings) und über Einzelheiten des Aufbautrainings. Viele Freizeitsportler finden es allerdings zu mühsam, in der Freizeit Bücher durchzuarbeiten. Sie sollten sich einer Gruppe anschließen, in der der Gruppenleiter über Trainingseinzelheiten u. ä. informiert.

Selbst beim Laufsport gilt der Satz «Laufen kann jeder» nur mit Einschränkungen. Doch drückt er aus, was Laufen zum Massensport macht. Denn Laufen ist die einfachste Art von Bewegung. Die Ausrüstung beschränkt sich auf wenige Dinge. Vor allem ist die Ausübung an keinen bestimmten Ort gebunden. Selbst auf Reisen muß der Läufer nicht auf seinen Lauf verzichten. Allerdings sollten Personen, die unter einer Schädigung des Bewegungsapparates leiden, vor der Entscheidung für den Laufsport den Rat eines Orthopäden einholen. Richtig und regelmäßig betrieben hat Laufen – im Vergleich zu anderen Sportarten – eine hohe präventive Wirkung bei geringem Zeitaufwand.

Lauftraining kann ausschließlich gesundheitlichen Zwecken dienen, aber auch der Leistungssteigerung. Abhängig davon sollte sich der einzelne entsprechende Trainingsmittel überlegen: Der Gesundheitssportler wird sich mit gleichmäßigem Dauerlauf begnügen, beim leistungsorientiertem Training sollten die Läufe nach Plan variiert werden. Die Aufstellung eines Trainingsplans erfolgt nach den individuellen Vorgaben, zum Beispiel Alter, Art und Umfang des beruflichen Engagements, Anzahl der Trainingsjahre, Risikofaktoren. Schließlich orientieren sich die Trainingseinheiten an dem, was sich der Betroffene zumutet.

Risikofaktoren beim Laufsport sind beispielsweise Übergewicht, ein schlechter Laufstil (Fehlbelastungen sind die Folge), unterschiedlich lange Beine. Auch durch die Muskulatur können

Probleme ausgelöst werden, denn zur Abfederung des Körpergewichts ist ein bestimmtes Kraftniveau Voraussetzung. Insgesamt ist deshalb für den Läufer die Pflege der Muskulatur durch muskelentspannende Maßnahmen sehr wichtig. Dazu gehören Massagen, Wärmepackungen, Kneippanwendungen, Bäder, Wechselduschen, Sauna oder Schwimmen im warmen Wasser. Zudem kommt der Vorbeugung große Bedeutung zu, zum Beispiel regelmäßiges Barfußgehen und -laufen auf Rasen oder Sand, Beweglichkeitstraining für Zehen und Füße, Kräftigungsübungen der Fußmuskulatur, gezielte Dehnübungen für die Beinmuskulatur.

Arbeit am Atem

Neugeborene atmen natürlich: im gleichmäßigen Rhythmus wölbt sich der Bauch nach vorn und die Flanken zur Seite. Danach sinkt beides langsam wieder zusammen. Dabei sind Hals und Schultern locker und entspannt. Jede Körperzelle wird so mit Sauerstoff versorgt, ohne daß sich der Organismus anstrengt. Im Erwachsenenalter haben die meisten die natürliche Atmung verloren, beispielsweise wird der Bauch durch zu enge Kleidung und auch durch Haltungsfehler zurückgedrängt, gehäufte Stress-Situationen versetzen den Betroffenen wiederholt in Schrecken und Angst mit entsprechend angestrengter Atmung. Allmählich verschiebt sich der Atem von der Körpermitte weiter nach oben, der einzelne spricht unwillkürlich hastig und strapaziert damit die Stimme. Ziel jeder Atemschulung ist es deshalb, die natürliche Atmung wiederherzustellen.

Die Arbeit am Atem kann auch Teil des Bewältigungsverhaltens sein. Denn dadurch können Emotionen reguliert, Fehlhaltungen und einhergehende Schäden korrigiert beziehungsweise beeinflußt werden. Atemarbeit gewinnt zunehmend Bedeutung in der

Behandlung von Funktionsstörungen, die bei Menschen in stressrelevanten Situationen auftreten können. Durch gezielte Übungen und wenn man dem Atem im Körper nachspürt, kann die richtige Atmung geübt werden. Mit einem tiefen Atemzug atmet der Mensch mehr als fünf Liter «Luft» ein, davon bleibt ein Liter beim Ausatmen in der Lunge. Bei flacher Atmung wird diese Kapazität nicht ausgeschöpft. Die Folge ist eine ungenügende Sauerstoffversorgung des Organismus. Gezieltes Atmen bewirkt schließlich die bessere Entfaltung des Lungengewebes, wodurch die Atemsteuerung insgesamt optimiert und Muskelverspannungen gelöst werden können. Blockierungen lösen sich auf.

Bei der *bewußten Atemlenkung* wird die Aufmerksamkeit auf die Korrektur von Atemgewohnheiten gelenkt, und Atemformen wie die Bauch- und Zwerchfellatmung werden geübt.

Bei der *halbbewußten Atemlenkung* wird auf Anweisung des Therapeuten dem Atemablauf nachgespürt. Der Übende lenkt die Aufmerksamkeit auf bestimmte Körperregionen, um den Atem dort zu spüren. Dadurch weitet sich die Atmung ganz automatisch aus, der Betroffene gewinnt ein neues Körpergefühl, einhergehend mit einer gewissen Entspannung. Daraus kann nach einiger Übung ein neues Körperbewußtsein resultieren, eine gelöste Grundhaltung. Diese Atemlenkung wird partiell auch bei anderen Techniken zum Lösen von Verspannungen angewandt.

Ferner gibt es Möglichkeiten, den Atemablauf indirekt zu beeinflussen, zum Beispiel durch Übungen zur Verbesserung der Haltung und Bewegung oder durch den Einsatz der Stimme.

Bei der manuellen Atemmassage wird die Aktivierung der Atmung über Reize der Haut und Muskeln erhöht. Ganz besonders bei dieser Therapie wirkt auch die Berührung durch einen anderen entspannend.

Außerhalb von Kliniken bieten freiberufliche Atemtherapeuten (oder auch Pädagogen) in Privatpraxen, Einrichtungen der Erwachsenenbildung oder auch über die Krankenkassen die Atemtherapie an. Zu Beginn eines entsprechenden Kurses lernen die Beteiligten, zunächst dem Rhythmus des eigenen Atems nachzuspüren, seinem Tempo und wie er sich im Körper bewegt und ausdehnt. Daran können sich ganz unterschiedliche Methoden zur Verbesserung der Atmung anschließen.

Erholsamer Schlaf

An manchen Tagen funktioniert nichts mehr, man fühlt sich müde und schlapp. Das Reizwort, das vielen hierzu einfällt, ist Stress. Häufig ist Stress in diesen Fällen von Schlafstörungen begleitet. Wenn noch Appetitmangel oder Heißhunger mit einhergehenden veränderten Ernährungsgewohnheiten hinzukommen, fühlen sich Betroffene innerhalb kurzer Zeit ausgepowert.

In dieser Situation sollte man abschalten. Doch gerade dies ist in Situationen von extremem Stress häufig unmöglich. Man ist müde, legt sich am Abend ins Bett und kann nicht schlafen. Ungelöste Probleme beanspruchen die Aufmerksamkeit, man kann die Seele nicht so einfach baumeln lassen, oder man schläft ein und wird nach drei bis vier Stunden wieder wach.

Schlafstörungen (über einen längeren Zeitraum z. B. Einschlaf- und Durchschlafschwierigkeiten oder nicht erfrischender Schlaf) sind eines der häufigsten (psycho)vegetativen Symptome. Schlaf dient primär der Aufrechterhaltung der Funktionsfähigkeit des Gehirns. Schlafdefizit kann stärkere psychologische Beeinträchtigungen, zum Beispiel aggressive und depressive Verstimmungen oder den Ausfall des Kurzzeitgedächtnisses nach sich ziehen. Dies wirkt als Stressor und erhöht die Anspannung: Ein Kreislauf aus Anspannung, Schlafstörungen, erhöhter Anspannung, verstärkten Schlafstörungen usw. führt in Verbindung mit weiteren Mechanismen zur Chronifizierung der Schlafstörung.

Die Diagnose anhaltender Schlafstörungen sollte unter Berücksichtigung körperlicher Beschwerden sowie auch psychischer Faktoren gestellt werden. Ferner spielen Lebensstil, Verhaltensgewohnheiten sowie biographische Daten eine Rolle. Häufig rufen Umweltbedingungen (z. B. das Fehlen eines regelmäßigen Schlaf-Wach-Zyklus bei unregelmäßigen Arbeitszeiten oder Schichtarbeit) Schlafstörungen hervor. Auch können Wohnbedingungen (z. B. chemische Schadstoffe in der Einrichtung oder permanente Lärmkulisse) eine auslösende Funktion haben. Gravierend für die Entstehung von Schlafstörungen sind Fehlerwartungen und Fehleinstellungen. Der schlafgestörten Nacht gehen meistens psychischer Stress beziehungsweise mangelnde Stressbewältigung am Tage voraus.

Bei chronifizierten Schlafstörungen kann das körperliche Wohlbefinden durch Maßnahmen wie Entspannungsverfahren, autogenes Training und progressive Muskelentspannung gestärkt werden. Allerdings ist die Wirkung dieser Maßnahmen abhängig von der Übung, und eine Verbesserung des Wohlbefindens kann nicht innerhalb von 24 Stunden erwartet werden. Auch wird eine systematische Reizkontrolle empfohlen, wozu feste Einschlafzeiten am Abend, wenn der Körper ermüdet ist, Vermeidung psychischer Anspannung und auch körperlicher Anstrengungen gehören. Der Betroffene sollte aufstehen, wenn der Schlaf für ca. 15 bis 30 Minuten unterbrochen ist.

Vorübergehende Ein- oder Durchschlafstörungen treten häufig auf in Zeiten verstärkter Anspannung. Schlaf- und Traummuster verändern sich bei Angstzuständen und depressiven Störungen. Einerseits sind sie durch den Zustand von Überforderung gekennzeichnet, in anderen Fällen denken die Betroffenen an gar nichts, die ganze Lebenssituation, ein verborgenes Ereignis oder Problem hindert sie am Weiterschlafen.

Gegen vorübergehende Schlaflosigkeit helfen Hausmittel, zum Beispiel ein warmes Getränk (mit 2 Löffeln Zucker) vor dem Schlafengehen, ein Abendspaziergang. Baldrian, Melisse oder Johanneskraut wirken ebenfalls schlafbahnend. Vermieden werden sollten Mahlzeiten nach 18:00 Uhr, Fernsehen vor dem Schlafengehen, Fachlektüre im Bett usw. Hilfreich ist ferner, sich einen gewissen Schlafrhythmus anzugewöhnen. Sehr hilfreich sind körperliche Aktivitäten in den frühen Abendstunden. Das 30minütige Joggen oder Walking bringt in der Regel so viel Entspannung, daß die meisten unter Schlafstörungen Leidenden in der darauffolgenden Nacht sehr viel besser schlafen. Man kann sich auch angewöhnen, vier bis fünf Stunden Schlaf zu akzeptieren, und dann, obwohl man müde ist, etwas im Haushalt, am Schreibtisch o. ä. zu tun. Nach 30 bis 40 Minuten fühlt man sich meistens wieder bereit zu schlafen.

Wenn der Sandmann streikt ...
Schlafstörungen sind in jedem Fall ein Warnsignal – etwas hindert den Betroffenen am Loslassen. Viele Menschen, die zur Kur fahren, berichten, daß ihre Schlafstörungen nach ca. ein bis zwei Wochen beseitigt waren. Nachdem sie wieder einige Wochen im beruflichen Stress standen, tauchten sie erneut wieder auf.

Einen gewissen Einfluß auf die Schlafqualität hat auch die Schlafposition, die man zumindest beim Einschlafen kontrollieren kann. Zunächst: Wenn Sie gerne vor dem Einschlafen lesen, sollten Sie sich aufrecht ins Bett setzen, wobei Kopf, Nacken und Wirbelsäule durch ein Kissen abgestützt werden. Dadurch werden Muskelverspannungen vermeidbar. Für gesunden Schlaf ist auch die Wahl der richtigen Matratze von Bedeutung. Der Rumpf sollte nicht tiefer einsinken als der übrige Körper, dadurch wird die Wirbelsäule zu stark belastet (weiche Matratze!). Bei der Bauchlage verdreht sich im übrigen der Hals, die Wirbelsäule wird auch hier zu stark belastet. Die Rückenlage garantiert einen wohltuenden Schlaf, allerdings sollte dabei nur ein kleines Kissen verwendet werden. Am günstigsten ist die Seitenlage, wobei Nacken und Wirbelsäule eine Linie bilden sollten, Knie und Ellenbogen sind leicht angewinkelt.

Gesunde Ernährung

Ein angemessenes Gesundheitsverhalten verlangt eine ausgewogene Ernährung, wobei krankheitsbegünstigende Nahrungsmittel vermieden werden sollten. Für den Verbraucher ist es selten ersichtlich, inwieweit Lebensmittel durch toxische Substanzen (z. B. radioaktive Substanzen, Konservierungsstoffe, Rückstände aus Pestiziden) belastet sind. Die Herkunftsbezeichnungen bestimmter Lebensmittel werden gefälscht, genmanipulierte Lebensmittel werden als «bio» verkauft usw. usw. Darüber hinaus kann der Verbraucher sich auch nicht darauf verlassen, daß vorgesehene Kontrollen auch tatsächlich durchgeführt werden.

Ernährungsverhalten und das Wohlbefinden

Viele Erkrankungen gelten als ernährungsabhängig. Besondere Risikofaktoren wie Hypertonie (Bluthochdruck), Hyperlipidämie (Zunahme von Blutfett) und Adipositas (Fettleibigkeit) lassen eine klare Beziehung zum Ernährungsverhalten erkennen. Der komplexe Zusammenhang zwischen Fehlernährung und Erkrankung erfordert eine Analyse der individuellen Ernährungsweise. Wichtige Aspekte sind dabei die Motivationsstrukturen und Verhaltensdispositionen, die das jeweilige Ernährungsverhalten hervorrufen (Pudel & Maus, 1990).

Richtige Ernährung kann für den einzelnen eine Veränderung des Speiseplans beziehungsweise den Verzicht auf bestimmte Nahrungsmittel bedeuten. Zur Verbesserung der Eßgewohnheiten gehört unter Umständen eine Verhaltensänderung, zum Beispiel kein Essen am späten Abend, kein Aus-dem-Haus-Gehen am Morgen ohne kleines Frühstück. Die Veränderung des Ernährungsverhaltens ist oft schwierig, denn Gewohnheiten sind häufig seit der Kindheit verwurzelt.

Gesunde Ernährung hat nichts mit Askese zu tun

Immer wieder wird in wissenschaftlichen Publikationen darauf hingewiesen, daß sich insbesondere das stressbedingte Gesundheitsrisiko durch falsche Ernährung erhöht. Jeder, der sich sein Wohlbefinden erhalten will, sollte sich deshalb der Zusammenhänge zwischen Ernährung und Gesundheit bewußt sein. Eine bestimmte Ernährungsform, die der Organismus bei normaler Belastung gut toleriert, kann beispielsweise in Belastungssituationen das gesundheitliche Risiko vergrößern beziehungsweise das subjektive Stresserleben verstärken. Wichtig ist nicht so sehr, wieviel jemand ißt, sondern was und wie jemand ißt. Die beste Diät ist eigentlich gar keine Diät, sondern eine bewußte und lustvolle Ernährung, die den Zusammenhang zwischen Essen und Gesundheit berücksichtigt.

Empfehlungen der Deutschen Gesellschaft für Ernährung

- Essen Sie vielseitig – aber nicht zuviel;
- weniger Fett und fettreiche Lebensmittel;
- würzig, aber nicht salzig;
- wenig Süßes;
- mehr Vollkornprodukte;
- reichlich Gemüse, Kartoffeln und Obst;
- weniger tierisches Eiweiß;
- öfter kleine Mahlzeiten;
- Trinken Sie mit Verstand;
- Bereiten Sie Ihre Mahlzeiten schmackhaft und schonend zu.

Wer gesund bleiben und sein Ernährungsverhalten umstellen möchte, sollte diese Empfehlungen befolgen. Dies kann zusätzlich mit Hilfe einschlägiger Ratgeber gelingen.

Ungesundes Ernährungsverhalten

Der Durchschnittsdeutsche ernährt sich mit viel Fett, die Nahrung enthält häufig nicht ausreichend Ballaststoffe. Herz-Kreislauf-Erkrankungen werden häufig mit fettreicher Ernährung in Verbindung gebracht. Zudem entsteht durch fettreiche Ernährung in Verbindung mit körperlicher Passivität Übergewicht. Übergewicht ist jedoch ein Risikofaktor für bestimmte Erkrankungen. Diese Eßgewohnheiten sind vor allem auch im Zusammenhang mit Zeitdruck und Stress zu sehen, die das Leben der Menschen in den westlichen Industriestaaten bestimmen. Vielerorts besteht keine Möglichkeit, mittags regelmäßig etwas «zivilisiert» zu essen – «Fast food» ist dagegen immer möglich, wobei «Fast» mit «Fett» zu übersetzen ist, denn Fast food enthält kaum Ballaststoffe.

Falsche Ernährung und falsche Eßgewohnheiten sind Stressverstärker. In der Regel meldet der Körper, was ihm bekommt und was nicht. Entsprechend sollte der einzelne in sich hineinhorchen. Wenn es beispielsweise einen kontinuierlichen Leistungsabfall registriert, dann hat unter Umständen die Ernährung ursächlich damit zu tun.

Risikofaktor Übergewicht

Der Anstieg des Körpergewichts als Folge chronischer Überernährung ist ein Hauptrisiko für die Entstehung verschiedener chronischer Erkrankungen. Doch ist nicht genau festzulegen, wann jemand übergewichtig ist. Übergewicht (Adipositas) liegt vor, wenn der BMI (Body-Mass-Index; BMI = Körpergewicht [kg] : Körperlänge [m^2]) über 30 liegt.

Die Deutsche Gesellschaft für Ernährung macht für die Bewertung des BMI nach der höchsten Lebenserwartung die folgenden Angaben:

Man kann sich auch am Normalgewicht, das aus der Körpergröße in cm minus 100 (= kg) errechnet wird, orientieren. Bei Übergewicht wird das Normalgewicht um mehr als 25 Prozent überschritten.

Klassifikation	BMI männlich	BMI weiblich
Untergewicht	< 20	< 19
Normalgewicht	20–25	19–24
Übergewicht	25–30	24–30
Adipositas	30–40	30–40
massive Adipositas	> 40	> 40
Referenzwerte für Männer:	BMI von 20 bis 25	
für Frauen:	19 bis 24	

Ursache von Übergewicht kann die Zunahme von Fettgewebe, Muskelmasse oder erhöhter Gewebewassergehalt sein. Von Bedeutung ist dabei auch die Verteilung des Fettgewebes. Fettpolster oberhalb des Bauches sind für das Herz weitaus gefährlicher als Fettpolster um die Hüften oder an den Oberschenkeln.

Es gibt diverse Untersuchungen, die Übergewicht als Risikofaktor belegen, auf der anderen Seite gibt es sehr viele dicke Menschen, die relativ gesund alt werden. Wenn sich jemand trotz seiner Fettleibigkeit sehr wohl fühlt, besteht eigentlich kein Anlaß zur Gewichtsreduktion.

Freizeitverhalten

Bei Überlegungen zur Stressbewältigung spielt auch das Freizeitverhalten eine Rolle. Freizeit ist im umfassenden Sinne freie Zeit, das heißt frei von Pflichten und Zwängen, also indviduell verfügbare Lebenszeit. Hier ist es interessant zu wissen, unter welchen Voraussetzungen und wie ein Individuum die für die Freizeit reservierten Aktivitäten erlebt (Nöldner, 1990).

Kennzeichen von Freizeiterfahrungen
- vollständige Konzentration auf die Aktivität,
- Vergessen des eigenen Selbst,
- Gefühl von Freiheit
- intensivere Wahrnehmung des Umfeldes,
- verstärkte Sensitivität für Körpererfahrungen,
- gesteigerte Gefühlsempfindungen,
- fehlendes Zeitgefühl.

Freizeitaktivitäten sind eine Möglichkeit, Befriedigung und Entspannung zu erfahren. Häufig dienen sie in diesem Sinne der Kompensation: Negative Erfahrungen werden in der Freizeit ausgeglichen, wenn bestimmte Interessen und Fähigkeiten sich durch die Arbeitstätigkeit nicht realisieren lassen. Wenn die berufliche Tätigkeit generell belastend ist und wenn dabei fast ausschließlich negative Erfahrungen gemacht werden, so ist die Wahrscheinlichkeit groß, daß Freizeitaktivitäten dadurch eingeschränkt werden. Dasselbe gilt, wenn das Individuum auch außerhalb der Berufstätigkeiten bestimmten Belastungen ausgesetzt ist. Freizeitaktivitäten werden dann ohne Engagement und ohne Freude einfach nur ausgeführt, da die Aufmerksamkeit entweder von den belastenden Dingen oder von der Durchführung der jeweiligen Freizeitaktivität absorbiert wird. Das heißt, es bleibt kein Spielraum, Freizeitverhalten zu erfahren. Forschungsergebnisse zeigen, daß ein entspannender Ausgleich so nicht erzielt werden kann. Dadurch, daß es in diesen Fällen kaum zu tonushebenden Aktivitäten kommt, verstärkt sich die psychische Belastung. In diesen Fällen sollte man verstärkt versuchen, die belastenden Situationen einzuschränken und gezielt Freizeitaktivitäten aufzunehmen und als solche zu erleben. Dies läßt sich häufig am ehesten in einer Gruppe in die Praxis umsetzen.

Freizeitaktivitäten mit positivem Erleben sind ausgesprochen wichtig, wobei in der Forschung ausdrücklich zwischen Alltagsstress («daily hassles») und Alltagsfreuden («daily uplifts») differenziert wird. «Uplifts» dienen als Puffer gegen negativen Stress. Doch ist sich genügend Zeit zu nehmen eine wesentliche Voraussetzung für eine sinnvolle Freizeitgestaltung. Selbst im Urlaub, wo in der Regel viel Zeit zur Verfügung steht, ist es am Anfang schwer, erst einmal aus der Stressphase herauszukommen. Das merkt man schon am Gehen, das am Anfang noch irgendwie beschleunigt ist. Individuell sinnvolle Freizeitaktivitäten können die Aufmerksamkeit von häufig nur vermeintlich existierenden Problemen ablenken. Das Gefühl einer gewissen Gelassenheit kann sich im Inneren verstärkt ausbreiten.

Eine Möglichkeit der Entlastung vom beruflichen Alltag und sinnvoller Freizeitnutzung ist ein ganzheitlich orientiertes Programm, verbunden mit gezieltem Entspannungstraining und sportlichen Aktivitäten. Wichtig ist es, die Konzentration bewußt auf andere Bereiche als die stressrelevanten zu lenken. Das Freizeitverhalten sollte deshalb nicht ausschließlich der Willkür überlassen werden und ein Aspekt der Lebensplanung sein, obwohl in der Öffentlichkeit immer wieder suggeriert wird, daß nur derjenige wirklich «in» ist, der 12 Stunden arbeitet und das Handy auch noch beim nächtlichen Toilettengang ans Ohr hält. Von Betroffenen wird dies dann kommentiert mit: «Der private Bereich hat mich nie so sonderlich interessiert.»

Geplantes Abschalten

Viele Menschen sträuben sich, ihre Freizeit zu verplanen. Meistens beruht dies auf einem Mißverständnis. Planen Sie beispielsweise Ihren Urlaub? Oder gehören Sie zu denen, die nicht planen wollen, sondern einfach losfahren und sich überraschen lassen? Sicher haben Sie auf diese Weise viele positive Erfahrungen, aber auch Enttäuschungen erlebt. Wer dagegen schon lange vorher von schönen Tagen träumt, einschlägige Bücher liest und sich vorbereitet, hat nicht nur die intensivere Vorfreude, sondern auch eher die Möglichkeit, die Route zu planen, seine ganz speziellen Wünsche zu berücksichtigen. Man muß ja nicht detailliert festlegen, was man in der Freizeit im einzelnen machen will – sie soll lediglich als Zeitblock eingeplant werden. Was man dann tatsächlich macht, kann durchaus spontan sein.

Wichtig ist es, den Freizeitbereich klar vom Arbeitsbereich zu trennen. Eine wirkliche Erholung setzt erst dann ein, wenn man sich innerlich löst, also abschalten kann, und dies fällt den Menschen schwer, die in Gedanken – auch in der Freizeit – mit Problemen am Arbeitsplatz oder in der Familie beschäftigt, also äußeren Umständen innerlich vollkommen ausgeliefert sind.

Mindestens eine Stunde täglich sollte der aktiven Erholung dienen. Diese Phase kann durch körperliche Aktivität ausgefüllt sein. Sie kann aber auch Entspannungsübungen beinhalten oder über die Beschäftigung mit Musik und kulturellen Anregungen zum Abschalten führen. Dagegen sollte die Ausfüllung der Freizeit mit passiver Betätigung, zum Beispiel Fernsehen, eingeschränkt werden. Es spricht jedoch natürlich nichts dagegen, einfach nichts zu tun, einfach loszulassen, die «Seele einfach baumeln lassen», wie es häufig heißt.

InnerManagement I: Die eigenen Energiequellen nutzen

Körpererfahrung anstreben

Mit Methoden der Körpererfahrung lassen sich körperliches und seelisches Gleichgewicht stabilisieren beziehungsweise herbeiführen. Die entsprechenden Maßnahmen führen dazu, daß der einzelne durch verstärkte Selbsterfahrung eine neue Orientierung für sich entdecken kann. Durch regelmäßiges Meditieren beispielsweise wird vielen Menschen erst das erlebbar, dessen sie sich nicht wirklich bewußt gewesen sind: die Ganzheitlichkeit von Körper, Seele und Geist. Hinzu kommt die Stärkung der Fähigkeit, alltägliche Belastungen zu bewältigen. Denn die ganzheitliche Auffassung vom Menschen geht vom wechselseitigen Zusammenspiel von Körpererfahrung und Bewußtsein aus. Alles, was der Mensch tut, drückt sich schließlich in Denkstrukturen einerseits und Körperhaltung andererseits aus – die psychische Befindlichkeit findet Ausdruck im Körper und umgekehrt. Nicht nur körperliche Aktivitäten, sondern auch die Methoden der Körperarbeit wie Qi gong, T'ai Chi oder Feldenkrais beeinflussen demzufolge körperliche, geistige und seelische Prozesse.

Allen entsprechenden Methoden sind folgende Ziele gemeinsam:
- Verfeinerung von Körpererfahrung
- Bewußtmachung von Körpererfahrung
- Aktivierung von Körperbewußtsein
- Spannungsabbau
- Wohlbefinden.

Daraus resultiert grundsätzlich die Chance, das Verhältnis nicht nur zu sich selbst, sondern auch zur Mit- und Umwelt zu verändern. Insbesondere ist auf den Abbau von Muskelverspannungen hinzuweisen, aber auch seelischer Spannung, die davon kaum zu trennen ist. Durch bewußte Körpererfahrung kommt der einzelne in Kontakt zu seinen Gefühlen und Denkmustern. Und er kann sich dadurch emotionaler Erlebnisinhalte und Befindlichkeiten bewußt werden. Der Zugewinn an Selbsterkenntnis fördert die Persönlichkeitsentwicklung. Die Stärkung des Selbstvertrauens schafft Energie, die in die Auseinandersetzung mit Alltagsbelastungen einfließen kann.

Die einzelnen Methoden führen also nicht nur zu mehr körperlicher Beweglichkeit, sondern primär zur Bewußtseinserweiterung. Sie verändern Denken, Fühlen und Handeln.

Zu erwähnen ist, daß in einigen Fällen Körperarbeit, zum Beispiel Entspannungstraining, unangenehme Gefühle auslösen und Beschwerden verstärken kann. So kann es beispielsweise während einer Vorstellungsübung oder während der Meditation zu einem Weinkrampf kommen. Dies ist häufig der Fall, wenn jemand unter großer seelischer Anspannung steht. Eine heftige Wirkung auf die Gefühle kann sich auch in einem Lachkrampf äußern. Im Zweifelsfall, wenn der Betroffene beispielsweise regelmäßig starke Medikamente einnimmt, sollte er professionellen Rat einholen, bevor er sich für einen Kurs mit dem Ziel Körperarbeit entscheidet. In diesem Zusammenhang sind auch Herzrhythmusstörungen, Asthma, Autoimmunerkrankungen, Neigung zu Depression und Angstgefühlen, posttraumatische Phasen usw. zu nennen. Viele Übende pressen zu Beginn des Übens den Atem oder sie halten die Luft zu lange an, was zum Ansteigen des Blutdrucks führen kann. Auch ist es sinnvoll, auf einzelne Übungen zu verzichten. Es ist ferner zu beobachten, daß Menschen, die keine Erfahrung mit Entspannungsübungen haben, während der Übungen einschlafen. Diese Reaktion ist normal und zeigt, daß der Körper los- und lockerläßt. Entspannungsmethoden können auch bewirken, daß sehr lang zurückliegende traumatische Ereignisse ins Bewußtsein treten. In diesen Fällen wird der erfahrene Kursleiter gezielte Unterstützung leisten.

Physikalische und suggestiv-meditative Methoden

Gesundheit und Wohlbefinden setzen ein harmonisches Wechselspiel zwischen Beanspruchung und Lockerlassen des Körpers voraus. Dasselbe gilt für Geist und Seele. Entsprechende Voraussetzungen sind uns angeboren: Atmung und Herzschlag sind Ausdruck des gleichmäßigen Anspannens und Entspannens der Muskulatur. Und in belastenden Situationen versucht der Organismus, durch bestimmte Mechanismen (z. B. Ausschüttung von Hormonen) das Gleichgewicht wiederherzustellen. Diese biologischen Schutzmechanismen sind jedoch dem heutigen Lebensrhythmus in vielen Fällen nicht mehr gewachsen, zumal die meisten Menschen entsprechende Signale, die auf nicht mehr ausgleichbare Überforderung hinweisen, ignorieren. Viele leben in ständiger Hochspannung mit den Zeichen hohe Pulsfrequenz, erhöhter Blutdruck, flache und schnelle Atmung. Die Muskulatur ist permanent angespannt, als ob der Betroffene 20 kg heben müsse. Erhöhte Alarmbereitschaft erfordert Energie, die anderen lebenswichtigen Vorgängen abgezogen wird.

Das Angebot an Kursen, Seminaren und Workshops auf dem «Entspannungsmarkt» boomt beständig. Um so erstaunlicher ist es, daß trotzdem mehr und mehr Menschen nicht in der Lage sind, mit stressrelevanten Situationen adäquat umzugehen. Das bestätigt denn auch, daß Entspannungstechniken nur Teil des Coping-Verhaltens sein können, denn sie zielen eher auf symptomatische Bewältigung denn auf Problemlösung: längerfristig haben sie nur geringfügigen Einfluß auf die Kognitionen des Individuums. Der Erfolg wird aber auch teilweise gemindert durch die Tatsache, daß entsprechende Entspannungstechniken nicht regelmäßig und über einen längeren Zeitraum praktiziert werden.

Die in diesem Kapitel vorgestellten Methoden zu erlernen ist eigentlich nicht besonders schwierig. Der Erfolg setzt jedoch regelmäßiges Üben voraus. Dies betrifft beispielsweise alle atemlösenden und muskelentspannenden Behandlungs- beziehungsweise

Selbsthilfemaßnahmen, denn der Körper muß erst allmählich lernen, den «Muskelpanzer» abzulegen und nicht mehr soviel Energie zur Aufrechterhaltung zu verbrauchen. In den Fällen, in denen schwerwiegende psychosomatische Probleme vorliegen, ist es ratsam, nur unter Anleitung eines Therapeuten oder Trainers zu üben. Dies betrifft besonders auch Bewegungsübungen.

Senkung des allgemeinen Erregungsniveaus

Das Erregungsniveau mit den Zeichen angespannter Muskulatur ist abhängig von der Häufigkeit der Belastung. Bei gleichförmiger Belastung kommt es zu einer einseitigen Beanspruchung des Regelkreises, in den die Muskulatur eingebunden ist. Spannung, vor allem der Rückenmuskulatur, wie sie beispielsweise beim Bedienen der Computertastatur aufgebaut wird, läßt sich nur durch eine gezielt ausgeführte Gegenbewegung reduzieren. Der entsprechende Gegenmechanismus ist nicht automatisch vorgesehen, vielmehr müssen Gegenmaßnahmen vom Individuum bewußt eingeleitet werden. Unterbleiben sie, kommt es zu schmerzhaften Verspannungen, die sich als Stressor auswirken können. Der Betroffene kann beispielsweise eine Arbeit in einem vorgesehenen Zeitrahmen nicht fertigstellen, weil er wegen der Verspannungen nicht schnell genug tippen kann. Gleichzeitig werden verschiedene psychische Reaktionen in Gang gesetzt, vor allem aber kommt Angst auf (weil man nicht fertig wird usw.). Die psychische Reaktion wirkt ebenfalls als Stressor auf der physiologischen Ebene: Die Verspannung wird stärker durch die Angst des Betroffenen. Möglichst schon vor den ersten Anzeichen einer Verspannung sollte der Betroffene reagieren und gegensteuern: durch eine rechtzeitige Pause, durch gezielte Entspannungsübungen, Stretching u. ä. Dadurch läßt sich von außen der negativ wirkende Spannungsaufbau korrigieren, wie einschlägige Untersuchungen zeigen.

Bemerkt ein Betroffener in einer Stress-Situation, daß der Organismus in der Alarmbereitschaft (im Spannungszustand) verharrt, muß er einen Modus finden, mit der negativen Energie umzugehen, sie in der aktuellen Situation ins Positive umzuwandeln. Das kann gelingen, indem er die Fähigkeit entwickelt, in entsprechenden Situationen den Spannungszustand bewußt zu durchbrechen und derart das bestehende Erregungsniveau zu senken. Theoretisch ist dies sehr einfach. Beispielsweise geht ein hohes Erregungsniveau einher mit schneller, flacher Atmung. Der einzelne kann gegensteuern, indem er bewußt tief atmet und dadurch den Rhythmus verlangsamt. Dadurch läßt sich der Erregungszustand auf ein normales Niveau senken.

Anzeichen eines erhöhten Erregungsniveaus

– Erhöhter Muskeltonus
– flache/unregelmäßige Atmung
– Gefühl von Gehetztsein/Nervosität
– erhöhte Pulsfrequenz
– Schwäche in den Beinen
– Unfähigkeit, klar zu denken
– eingeschränkte Sichtweise (Tunnelblick)
– Angstgefühl
– mangelnde Fähigkeit, Gefühle zu kontrollieren

Strategien zur Senkung des Erregungniveaus setzen dort an, wo sich Anzeichen von Übererregung finden:

– Verlangsamen Sie die Atmung.
– Versuchen Sie, einen regelmäßigen Atemrhythmus zu finden.
– Konzentrieren Sie sich auf die aktuelle Situation.
– Kontrahieren Sie die Muskeln, gefolgt von Entspannung (Kurzentspannung nach Jacobson).
– Lenken Sie die Aufmerksamkeit auf das jeweils wichtige Ziel.
– Entwerfen Sie ein positives Bild von sich selbst.
– Versuchen Sie, Freude zu spüren.

Entspannungstechniken

Loslassen heißt Abstand gewinnen, heißt Energie behalten, sich sammeln und vor allem zur Ruhe kommen. Dies bedeutet, sich selber spüren, der eigenen Stärke gewahr sein. Die Fähigkeit, loslassen zu können, äußert sich im Denken und Fühlen; dieser Zustand drückt sich auch unmittelbar körperlich aus: in einer wohligen Gelöstheit, in Leichtigkeit, in einem Gefühl von Wärme usw. Wer entspannt ist, vermag gelassen zu reagieren.

Gefühle wie Unruhe und Angst sind unvereinbar mit dem Zustand der Entspannung, sie schließen einander aus. Entspannung bewirkt also einen Zustand tiefer Ruhe, der sich den ganzen Tag über auswirken kann. Darauf beruht der psychische Effekt von Entspannungstechniken.

Die Entspannungsreaktion ist eine physiologische Reaktion, die sehr ähnlich, wenn auch entgegengesetzt verläuft wie die Stress-Reaktion. Während des Entspannungsprozesses kommt es zu einer Abschwächung der wichtigsten physiologischen Reaktionen: der Sauerstoffverbrauch geht zurück, Atmung und Pulsfrequenz verlangsamen sich, Blutdruck und Milchsäurespiegel sinken, der Hautwiderstand gegenüber Reizen erhöht sich, die Hirnstromkurve verändert sich (die langsamen Alphawellen nehmen zu); der Organismus reagiert langsamer auf die weiterhin produzierten Stresshormone. Es kommt zu einer Normalisierung der physiologischen Prozesse bei gleichzeitiger Senkung des Erregungsniveaus. Selbst bei Nikotin- oder Alkoholabusus sowie Drogenmißbrauch greifen Entspannungsübungen. Dadurch können auch Lern- und Konzentrationsfähigkeit sowie die Kreativität des Menschen gesteigert beziehungsweise verbessert werden.

Im Entspannungstraining lernt der einzelne unter anderem, wie sich der Körper anfühlt, wenn er entspannt beziehungsweise wenn er angespannt ist, mit dem Ziel der besseren Sensibilisierung dafür. Wenn man auf diese Art lernt, selbst feine Körpersignale möglichst früh zu erkennen, läßt sich deren Ursache auch eher entgegenwirken. Im entspannten Zustand ist die Wahrnehmung generell verbessert, entsprechend auch die Möglichkeiten selbstbestimmter Handlungen.

Bewußte Entspannung kann auch als Technik eingesetzt werden, um verstärkten Anforderungen, zum Beispiel in einem Vorstellungsgespräch, gerecht zu werden. Im entspannten Zustand steht dem Organismus mehr Energie zur Verfügung als bei Verspannung, Kompetenzen lassen sich besser aktivieren. Nach einem Erholungsurlaub sind deshalb die meisten Menschen auch «besser drauf». Beispielsweise läßt sich Grübelei vor dem Einschlafen gezielt durch eine Entspannungsübung beheben, denn die Entspannungsreaktion unterbricht die entsprechende Überaktivität.

Chronische Übererregung geht einher mit einer ständigen Überbeanspruchung des Organismus. Die ständige Anspannung fördert die Angstbereitschaft selbst bei gerinfügigen Belastungen. Um eine andauernde Senkung des Erregungsniveaus, also auch von Angstbereitschaft (z. B. Erwartungsangst bei Schlafstörungen) zu erzielen, bedarf es der regelmäßigen und richtigen Übung. Bei der Progressiven Relaxation reicht es nicht aus, die Hand zusammenzudrücken, um die Muskulatur anzuspannen, vielmehr muß das Denken diese Aktivität begleiten, der Übende muß mit seinem Denken in die Anspannung der Hand hineingehen usw. Ähnlich verhält es sich bei Atemübungen – der Übende muß mit seinem Denken und Fühlen den Atem in seinem Strömen durch einzelne Körperregionen begleiten.

Entspannungstraining hat schließlich zum Ziel, Körper, Geist und Seele in ein natürliches Gleichgewicht zu bringen. Doch ist die durch Entspannungstraining angestrebte Balance zwischen Aktivität und Ruhe nur dauerhaft, wenn man das Erlernte beziehungsweise die Erfahrung auch in den Alltag integrieren kann. Der einzelne sollte sich Oasen schaffen, die ihm das Gefühl der Ruhe vermitteln, in denen er selbst Ruhe ist. Forschungsergebnisse veranschaulichen, daß Entspannungstraining eine Komponente der systematischen Überwindung von Ängstlichkeit ist, denn wer entspannt ist, kann nicht erregt sein. Sinnvoll ist dieses Training jedoch nur, wenn dadurch das Selbstvertrauen des Ängstlichen gestärkt wird, denn er muß im Umgang mit sozialen Situationen Erfolge der eigenen Person zuschreiben, das heißt seine eigene Regulationsfähigkeit erkennen können.

Zeichen der Entspannung

- Die Atmung verläuft ruhig und gleichmäßig.
- Die Atempausen zwischen Ein- und Ausatmen werden länger.
- Die Pulsfrequenz sinkt.
- Der Muskeltonus der Skelettmuskulatur sinkt.
- Die Blutgefäße in den Körperextremitäten sind erweitert.
- Durch Wärmegefühl und Kribbeln in den Händen oder Füßen wird die verstärkte Durchblutung bemerkbar.

Grundsätzlich werden zwei Hauptarten der Entspannung unterschieden: die globale Relaxation und die differentielle Relaxation.

- Die *globale Relaxation* läßt sich beispielsweise erzielen, wenn man sich in einen bequemen Sessel setzt, der sowohl Kopf als auch Nacken unterstützt und die Progressive Muskelrelaxation nach Jacobson durchführt.
- Durch die *differentielle Relaxation* wird bewußt die Entspannung derjenigen Muskelpartien herbeigeführt, die bei der Durchführung bestimmter Aktivitäten nicht benutzt werden. Beispielsweise kann man beim Stehen in einer Warteschlange bewußt die Gesichts- und Schultermuskulatur zu entspannen versuchen. Beobachtet man sich während bestimmter Aktivitäten, wird man häufig feststellen, daß man bestimmte Muskeln angespannt hat, ohne daß dies notwendig wäre. So kann man beobachten, daß viele Menschen immer die Schultern angehoben haben – ein deutliches Zeichen von Anspannung, also von Stress. Es ist auch unnötig, beim Sitzen am Schreibtisch die Kie-

fermuskulatur anzuspannen oder den Atem anzuhalten beziehungsweise flach zu atmen. Durch die bewußte Lockerung verspannter Muskelpartien, kombiniert mit bewußter Bauchatmung, stellt sich häufig bereits das Gefühl einer gewissen Gelassenheit ein.

Im Gegensatz zu den physiologischen Wirkungen von Entspannungsverfahren sind deren Auswirkungen auf die Psyche nicht meßbar. Sie werden im einzelnen beschrieben als ein Zustand der Gelöstheit, als Erleben von Ruhe und Gelassenheit, innerem Gleichgewicht. Äußere Reize werden weniger stark empfunden, vielmehr tritt das Spüren innerer Kraft in den Vordergrund und eine grundsätzlich positive Einstellung.

Progressive Muskelrelaxation

Die Progressive Muskelrelaxation wurde von dem amerikanischen Physiologen Edmund Jacobson (1885–1976) entwickelt und 1938 – etwa gleichzeitig mit dem Autogenen Training – in Europa eingeführt. Diese Methode basiert auf der Vorstellung, daß mit der Entspannung der Muskulatur eine Senkung des Erregungsniveaus erreicht wird. Dieser Vorstellung liegt die Annahme zugrunde, daß jeder Muskel nach vorangegangener starker Belastung die Tendenz zur Ermüdung hat. Entsprechend sinkt man etwa nach Gartenarbeit, nach sportlichem Training u. ä. am Abend mit ermüdeten, relativ entspannten Gliedern ins Bett. Wer die Progressive Muskelrelaxation regelmäßig praktiziert, macht sich diesen Ermüdungseffekt gezielt zunutze.

Die Progressive Muskelrelaxation ist eine der Basismethoden in der Verhaltenstherapie; sie hat in den letzten Jahren in Deutschland im Rahmen der psychosozialen Versorgung große Bedeutung erlangt. Ihre Wirksamkeit bei stressbedingten Störungen (z. B. Störungen der Atemwege, Konzentrationsstörungen, Angstzuständen, Schlafstörungen, Kopfschmerzen) ist nachgewiesen. Die Methode ist relativ leicht zu erlernen, die Effektivität hängt jedoch von der Qualität der Durchführung ab. Geübt werden kann in der Sitzhaltung (vor allem die Kurzform) oder im Liegen (z. B. vor dem Einschlafen). Bei der ausgedehnten Variante im Liegen wird der Körper zunächst in Ruhe gebracht, worauf das systematische Programm folgt.

Die *Progressive Muskelrelaxation* wirkt durch die wechselseitige An- und Entspannung der größeren Muskelpartien. Dabei wird systematisch über die Muskulatur noch mehr Spannung aufgebaut, um das Anspannungsniveau des Körpers abzubauen. Dazu werden einzelne Muskelpartien (Hand- und Armmuskeln, Gesichts-, Nacken und Schultermuskeln, Bauchdecke, Gesäß, Schenkel, Wadenmuskeln usw.) einige Male kurz hintereinander angespannt und nach ca. 8 Sekunden wieder entspannt. So wird eine intensive Durchblutung der unterschiedlichen Körperregionen erzielt. Zugleich soll die Wahrnehmung der angespannten beziehungsweise entspannten Körperregionen intensiviert und so eine allmähliche Beruhigung der mentalen Erregung erreicht werden.

Der Erfolg der Progressiven Muskelrelaxation (wie auch anderer Methoden) stellt sich bei regelmäßigem und systematischem Üben über einen Zeitraum von mehreren Wochen ein. Die Grundübungen lassen sich in ca. vier Wochen beherrschen, vorausgesetzt, es liegen keine massiven chronischen Verspannungen und psychische Belastungen vor.

Autogenes Training

Der Begriff «Autogenes Training» kommt aus dem Griechisch-Lateinischen: «autos» heißt «selbst», «gen» bedeutet «entstanden». Die Praxis des Autogenen Trainings erfordert nur einen geringen täglichen Zeitaufwand – wenn man die Technik gut beherrscht, genügen zwei- bis dreimal täglich fünf bis zehn Minuten, um eine Erregungsminderung zu erzielen. Das Erlernen verlangt eine professionelle Anleitung. Um die angestrebten Veränderungen zu erzielen, ist in der Anfangsphase mehrmaliges tägliches Üben angeraten. Jede Übung endet mit dem «Zurücknehmen».

Ziel des deutschen Psychiaters J. H. Schultz (1884–1970), der die Methode des Autogenen Trainings in den 30er Jahren entwikkelt hat, war es, dem einzelnen ein Verfahren an die Hand zu geben, das es ihm ermöglicht, sich durch Autosuggestion von neuromuskulären Verspannungen und einem erhöhten Erregungsniveau zu befreien. Ausgehend von der psychophysischen Einheit macht sich das Autogene Training das wechselseitige Bedingen von körperlichen und seelischen Entspannungsphänomenen zunutze. Das heißt, ausgehend von der Körper-Seele-Einheit führt die durch Vorstellung bewirkte körperliche Entspannung in einer Ganzheitsreaktion des Organismus zur psychischen Entspannung.

> Das *Autogene Training* ist eine aus der Fremdhypnose hervorgegangene Methode der Autosuggestion, wonach durch die Vorstellung bestimmter Zustände körperliche Veränderungen bewirkt werden können. Entsprechende Vorstellungsinhalte sind primär auf das Erleben von Schweregefühl (Entspannung der Muskulatur), von Wärmegefühl (Entspannung der Gefäße) und die Herz- und Atemberuhigung sowie die Beeinflußung des vegetativen Nervensystems gerichtet.

Jeder kennt entsprechende Autosuggestionen aus dem Alltag:
Motorische Ebene
Sie kommen aus dem Kino und merken plötzlich, daß Sie Ihre Faust ähnlich ballen wie Arnold Schwarzenegger im Film.
Vegetative Ebene
Sie verfolgen mit Herzklopfen im Fernsehen einen spannenden Krimi. Oder: Es läuft Ihnen das Wasser im Munde zusammen, wenn Sie die Schilderung eines opulenten Mahles hören.
Kognitive Ebene
Sie nehmen sich vor, am folgenden Morgen kurz vor dem Klingeln des Weckers aufzuwachen, und wachen auch kurz vorher auf.

Durch mehrfach wiederholte, formelhaft kurze Sätze wie «Der rechte Arm ist ganz schwer» oder «Ich bin ganz ruhig» wird das Denken in eine einzige Richtung gelenkt, zum Beispiel auf das Gefühl der Schwere im rechten Arm. Die Verbindung zwischen der Vorstellung (z. B. «Der linke Arm ist ganz schwer») und der muskulären Entspannung gelingt, wenn sich der Übende ganz auf dieses eine Gefühl konzentriert, so lange, bis er es wirklich spürt. Mit zunehmender Übung gelingt es immer leichter, mit Hilfe solcher Sätze die suggerierten Gefühle hervorzurufen, diese Sätze werden zu «konditionierten Reizen». Gleichsam reflexhaft lösen sie die entsprechenden vegetativen Reaktionen aus.

Die folgenden Übungen gehören zur Unterstufe des Autogenen Trainings:
Schwereübung: «Der rechte/linke Arm ist ganz schwer.»
– Entspannung der Muskulatur
Wärmeübung: «Der rechte/linke Arm ist ganz warm.»
– Entspannung der Gefäße
Herzübung: «Das Herz schlägt ruhig und gleichmäßig.»
– Beeinflussung von Herzrhythmus
Atemübung: «Die Atmung ist ganz ruhig.»
– Beeinflussung von Atemrhythmus
Sonnengeflechtsübung: «Das Sonnengeflecht ist strömend warm.»

– durch Konzentration auf den Plexus solaris Beeinflussung des Abdominal- und Unterleibsbereiches

Kopfübung: «Die Stirn ist angenehm kühl.»

– Kühlung der Stirn durch Minderung der Kopfdurchblutung

T'ai Chi

T'ai Chi Ch'uan («T'ai Chi» – etwa das höchste Prinzip, «Chuan» – etwa Handlung, Bewegung), das chinesische Schattenboxen, gehört inzwischen zum Repertoire des Körpertrainings in der westlichen Welt. T'ai Chi ist Bewegung in Zeitlupenform, ein Dahingleiten, ein Bewegungsfluß ohne Anstrengung, Konzentration auf die einzelnen Figuren bei gleichzeitiger Entspanntheit. T'ai Chi ist jedoch viel mehr als «Boxen mit dem eigenen Schatten».

> Die Übungen des *T'ai Chi* wurden ursprünglich von Mönchen den Tieren abgeschaut und als Kampfkunst entwickelt. Im Laufe der Jahre ist daraus ein komplexes System von Übungen entstanden. T'ai Chi umfaßt Selbstverteidigung, meditatives Entspannungstraining, Atem- und Bewegungsschulung, Gesundheitsprophylaxe insgesamt. Es ist ein fester Bestandteil chinesischer Bewegungs- und Gesundheitslehre. Im Gegensatz zu den Übungen zur Selbstverteidigung sind die Übungen, die den Körper «fit» halten sollen, relativ einfach, doch erfordert das Erlernen in beiden Fällen Geduld.

Ein wichtiges Element des T'ai Chi ist die Beobachtung der eigenen Atmung mit dem Ziel, den natürlichen Atemrhythmus wiederherzustellen. Die gezielte Beobachtung des Körpers sowie die Konzentration auf den zeitlupenartigen Bewegungsablauf und die Bewegungsausführung selbst bewirken eine Beruhigung des Übenden, die Ablenkung von störenden Gedanken und dadurch allmähliche psychische Entlastung. Bei den Übenden werden die wichtigsten Muskeln, Sehnen und Gelenke ausgewogen beansprucht. Durch die Betonung der aufrechten Körperhaltung wird die Rumpfmuskulatur gestärkt bei gleichzeitiger Entlastung der Wirbelsäule.

Da T'ai Chi ganzheitlich konzipiert ist, wirkt es sich auf Körper und Psyche des Übenden aus. Dabei haben die Übungen eine mentale Komponente insofern, als erst genaue Wahrnehmung und äußerste Aufmerksamkeit in Kombination mit den einzelnen Bewegungen den Erfolg der Durchführung sichern. Durch dieses meditative Element wirkt T'ai Chi zudem entspannend.

Insgesamt gelingt es durch T'ai Chi und durch das chinesische Körpertraining allgemein, bestimmte eingefahrene Körperfehlhaltungen, die mit falscher Atmung oder Verspannungen zusammenhängen, aufzulösen. Man kann aus bestimmten Denkmustern herauskommen, indem man versucht, die Gedanken beim Üben frei fließen zu lassen.

Bestimmte psychische Probleme werden aufgelöst durch eine etwas größere Gelassenheit. Man kann in vielfältiger Weise von T'ai Chi profitieren, vorausgesetzt, man übt es denn auch.

Es empfiehlt sich, die Grundlagen des T'ai Chi (z. B. die 24 Folgen der Peking-Form) in einer Gruppe zu erlernen, dabei ist ein einmal wöchentlich über einen längeren Zeitraum abgehaltener Kurs empfehlenswert anstelle eines Kompaktkurses, denn es ist zunächst relativ schwierig, die Grundelemente der Übungen auf einmal zu erlernen.

Hatha-Yoga

Die Bezeichnung «Yoga» wird im Sinne von «zusammenfügen», «Verbindung» und «Joch» gebraucht. Yoga-Übungen können helfen, die Muskelanspannung zu senken, die Körperhaltung zu verbessern und Kontrolle über den Körper zu gewinnen. Der Hatha-Yoga gliedert sich in:

– Körperübungen (Asanas)
– Atemübungen (Pranayamas)
– Reinigungsübungen (Kriyas)
– gesunde Ernährung
– geordnete Lebensführung.

Durch Hatha-Yoga («Ha» – Sonne – entspricht dem positiven Strom im Körper, «Tha – Bedeutung Mond – dem negativen) läßt sich, so heißt es, die Fähigkeit entwickeln, die positive Sonnen- und die negative Mondenergie zu beherrschen, sie unter das «Joch» der Kontrolle zu zwingen, die der einzelne über seinen Körper hat.

In dieser Yoga-Disziplin – die Tradition des *Hatha-Yoga* ist viel jünger als der klassische Yoga – liegt die Betonung auf dem körperlichen Moment. Ziel ist die Entschlackung des Körpers sowie seine Entspannung und Ertüchtigung, nicht aber die intensive geistige Sammlung, wie sie im klassischen Yoga angestrebt wird. Hatha-Yoga bildet eine Vorstufe zum klassischen Yoga. Die Asanas verhelfen einerseits zu Wohlbefinden und zu einer erhöhten Lebensenergie, ferner ergibt sich aus ihnen die Fähigkeit zu geistiger Sammlung. Des weiteren führen sie den Übenden in einen umfassenden Entspannungszustand.

Die Asanas beginnen mit einer Bewegungsphase, an die sich eine Ruhepause anschließt. Beide Phasen sind an den Atem gekoppelt. Die fließenden, harmonischen Bewegungen laufen langsam ab und sind mit der Atmung koordiniert. Die Muskeln werden dabei in ihrer vollen Länge gestreckt und darauf ruhig gehalten, wodurch der gleichmäßige Blutfluß bewirkt wird. Bei den Übungen wird mehr Energie erzeugt als verbraucht wird, so daß es zu einer Energieaufladung kommt. Die Asanas wirken nicht nur körperlich, sondern haben auch einen Effekt auf die Psyche. Sie führen auf der emotionalen Ebene zu mehr Lebensfreude und bewirken ein Gefühl von Befreiung, Leichtigkeit und Gelöstheit. Ängste, Unlustgefühle usw. werden abgeschwächt. Auf der kognitiven Ebene wird die Konzentrationsfähigkeit verbessert. Der Übende findet durch die Übungen «eine Verankerung nach innen» (Schmidt, 1993), durch die Beherrschung von Geist und Körper wird die Spannkraft des Körpers erhöht, begleitet von der Stärkung des Selbstwertgefühls. All diese Effekte setzen Üben und schließlich auch die Präsenz beim Üben voraus.

Feldenkrais-Methode

Moshe Feldenkrais (1904–1984), ein Physiker, beobachtete angesichts einer drohenden lebenslangen Gehbehinderung seine Mitmenschen sehr aufmerksam, und zwar
– wie sie sich verkrampfen,
– wo falsche Belastungen, falscher Druck und Zug entstehen,
– wo Überdehnungen und Verdrehungen, insbesondere der Wirbelsäule, vorkommen.

Feldenkrais entwickelte aufgrund seiner Beobachtungen im Laufe von Jahrzehnten ein an lerntheoretischen Überlegungen ausgerichtetes Konzept zur Verbesserung der Atmung und Haltung sowie zur allgemeinen Steigerung des Wohlbefindens. Es basiert auf der Vorstellung, daß neues körperliches Verhalten durch beständiges Üben vom einzelnen so kultiviert werden kann, daß es schließlich automatisch abläuft.

Übende erzielen die Fähigkeit, Rücken- und Gelenkschmerzen wirksam zu bekämpfen, die körperliche Geschicklichkeit zu verbessern – weil sie durch die Feldenkrais-Übungen ihren Körper kennenlernen und dadurch besser «im Griff» haben. Und vor allem lernen sie, unphysiologische Bewegungs- und Haltungsmuster abzulegen, wie zum Beispiel auch angelernte Muster wie «Bauch rein, Brust raus», «man spreizt beim Sitzen nicht die Beine». Dies geschieht durch Eigenbeobachtung und der Korrektur statischer und dynamischer Fehler im Bewegungsablauf. Teilweise tauchen die dabei gewonnenen Einsichten auch in der «Rückenschule» auf; beim Heben einer Sprudelkiste sollte beispielsweise der Rükken nicht gebeugt werden. Anstrengungen werden durch bewußt ausgeführte Bewegungen reduziert; diese Bewegungen werden bewußt fließend und weich gestaltet, wodurch es bereits in der Bewegung zur Körperentspannung kommt.

Rund zehn «Lernstunden» sollten zur Vermittlung der Grundlagen der Methode ausreichen.

Mentale Methoden

Gedankenstopp

Gegen bestimmte zwanghaft auftretende, sich aufdrängende, unangenehme Gedanken kann man sich zur Wehr setzen, indem man sich beim Auftauchen dieser Phänomene einen Gedankenstopp verordnet und immer wieder (unhörbar) «STOPP!» («Halt, hier nicht weiter!») ausruft. Damit wird eine Unterbrechung des umherschweifenden Denkens, des Grübelns, des Phantasierens oder auch der Zwangshandlung erreicht.

Die einfache Technik des *Gedankenstopps* wurde in den 50er Jahren in das Repertoire verhaltenstherapeutischer Methoden aufgenommen. Ziel des Verfahrens ist es, ein «verdecktes» Verhalten durch ebenfalls verdeckte Reize zu verändern.

Die Technik beruht im Prinzip darauf, daß in dem Moment, da der unerwünschte, unangenehme Gedanke auftritt, der Betroffene durch das Aussprechen des Wortes «STOPP» (oder auch durch die Vorstellung des Wortes) den jeweiligen Gedanken zu unterdrücken versucht. Das Durchführen des Gedankenstopps kann eingeübt werden, wobei der störende Gedanke durch einen externen Reiz unterbrochen wird. Beispielsweise stellt man sich den störenden Gedanken lebhaft vor und signalisiert dies dem Therapeuten. In diesem Augenblick ruft der Therapeut laut «STOPP!». Dadurch wird der Verlauf dieser störenden Gedanken unterbrochen. Wenn das Verfahren ausschließlich der Kontrolle des Betroffenen unterliegt, ruft dieser selbst das «STOPP!»

Zur Verstärkung des Effekts kann man sich auch gleichzeitig große blinkende Neonschilder mit der Aufschrift «STOPP» vorstellen. Man kann die Vorstellung oder das Ausrufen von «STOPP» auch durch eine bestimmte Bewegung verstärken.

Wenn den Betroffenen immer wieder grüblerische Gedanken quälen und er die Situation nicht anders zu kontrollieren vermag, kann er sich mit Hilfe dieser Technik Erleichterung verschaffen. Dieses Selbstkontrollverfahren kann der Betroffene situationsunabhängig einsetzen. Bei sich wiederholendem unerwünschtem Verhalten oder auch bei entsprechenden Gefühlen ist das Gedankenstoppverfahren ebenfalls nützlich, zumal diese Technik in der Praxis leicht anwendbar ist. Die Effektivität ist abhängig davon, ob es dem Betroffenen im Moment der Unterbrechung einer problematischen Gedankenkette (oder auch Verhaltenskette) gelingt, eine alternative, erwünschte Kette zu aktivieren.

Beim Gedankenstopp handelt es sich folglich um eine Technik, die jeder selbst durchführen kann. Sie steht jederzeit zur Verfügung, wenn ein unerwünschter Gedanke unterbrochen werden soll. In manchen Fällen hilft es, sich anstelle der akustischen Vorstellung das Wort «STOPP» in auffälligen Buchstaben geschrieben vorzustellen. Wenn schließlich die Frequenz des Auftretens des unerwünschten Gedankens geringer geworden ist, kann die Anwendung der Technik eingestellt werden.

Das Verfahren des Gedankenstopps ist weit verbreitet, wenngleich über die Wirksamkeit und über die zugrundeliegenden theoretischen Prinzipien keine empirischen Untersuchungen vorliegen. Schließlich ist das Verfahren leicht anwendbar, was die weite Verbreitung erklären kann.

Positives Denken und Suggestionsformeln

Die Wahrnehmung der Welt, die Art und Weise, wie der einzelne die Dinge und sich selbst erfaßt und erklärt, ist von individuellen Denkmustern geprägt. Die Therapie durch positives Denken basiert auf den Veröffentlichungen der amerikanischen Prediger Joseph Murphy (gest. 1981), Norman Vincent Peale (1898–1993) und Dale Carnegie (Geburtsdatum nicht bekannt). Denkmuster bestimmen danach jede Entscheidung. Sogar das Selbstvertrauen des einzelnen hängt von seinen individuellen Denkmustern ab. Sie bilden die Basis des Lebensgefühls. Das heißt auch, daß die kognitive Bewertung durch den Betroffenen verantwortlich ist dafür, was er denkt. Entsprechend geben sich Pessimisten die Schuld an negativen Erlebnissen («Immer passiert mir so etwas»), ein Optimist würde dasselbe Ereignis eher gegenteilig bewerten.

Mit Gedanken läßt sich das Leben schließlich verändern. Die Schwierigkeit liegt in der Realisierung dieser Auffassung. Man denkt an eine widrige Situation und wird ärgerlich. Es ist sehr schwer, entsprechende negative Gedanken zu vertreiben, denn dies setzt äußerste Konzentration und Präsenz im Denken voraus. Doch ist es nicht einfach, diese Präsenz zu erzielen, so daß sie ad libitum «abrufbar» ist. Menschen, die nach längerer Übung über ausreichende Gelassenheit verfügen, fällt dies leichter. Auf dieser Basis läßt sich das Leben durch positive Gedanken ins Positive verändern.

Wohlbefinden entscheidet sich entsprechend durch primär positive Gedanken. Oder: indem man sich negative Gedanken zunutze macht. Dazu muß jeder negative «Input» sofort durch ein

«STOPP» unterbunden und durch etwas Positives und Konstruktives ersetzt werden, wie es beispielsweise auch Loehr ([2]1991) in seinem mentalen Training speziell für Sportler propagiert. Denn negative Einstellungen sind durch positive beziehungsweise «energiespendende» Einstellungen kontrollierbar.

Schließlich ist für den Erfolg (nicht nur für den Spitzensportler) die innere Einstellung zur jeweiligen Situation entscheidend, wobei sich Erfolg auch einfach als ein Glücksgefühl äußern kann. Beispielsweise ist das Gefühl der inneren Lähmung vor einem wichtigen Ereignis zwar unangenehm, es ist jedoch positiv zu werten, denn das Gefühl, die Kehle werde einen zugeschnürt, ist ein Zeichen dafür, daß der Betroffene dabei ist, sein Äußerstes zu geben. Damit wird dem genannten Gefühl das Bedrohliche, das Negative genommen, und es bekommt einen Sinn.

> Eine *positive Grundhaltung* läßt sich einüben, indem man immer wieder für sich die Einstellung wiederholt, die man erreichen möchte. Unterstützend ist es, die entsprechende Einstellung auf einem Zettel zu notieren und sichtbar im Raum zu plazieren. Gewinnt eine bestimmte negative Einstellung Oberhand, sollte sie (Gedankenstopp!) durch die gewünschte Einstellung ersetzt werden.

Die Kunst der positiven Umdeutung sollte auch im Zusammenhang mit verschiedenen Kommunikationsstilen gesehen werden, denn oft läßt sich auch das Negative selbst «mit anderen Augen sehen», werden die Bezüge verändert, kann es als etwas Positives umgedeutet werden. Positive Umdeutung ist also auch für den täglichen Umgang mit unter Umständen auch belastenden Situationen und Menschen bedeutsam. Es ist ein Mittel, sich der eigenen Engstirnigkeit bewußt zu werden und diese zu erweitern. Dadurch kann das Individuum «sich selbst als teilweisen Konstrukteur der Wirklichkeit» (Schulz von Thun, 1989) erleben, und auch darauf basiert persönliches Wachstum.

Allerdings wird davor gewarnt, die positive Umdeutung als ein Mittel zu betrachten, das einen aus jeder negativen Situation herausmanövrieren kann. Die Umdeutung eignet sich im Alltag, wenn man beispielsweise dazu tendiert, alles negativ zu sehen. Sie ist fehl am Platze, wenn es um echte Probleme geht. Diese kann man nicht einfach durch positives Denken überdecken. Über einen längeren Zeitraum kann man sich jedoch auch angewöhnen, die Dinge grundsätzlich eher positiv als negativ zu interpretieren.

Neurolinguistisches Programmieren (NLP)

Das Neurolinguistische Programmieren (NLP) wird als eine Methode propagiert, mit deren Hilfe sich innere Blockierungen aufheben lassen. Die den Blockierungen zugrundeliegenden Denkmuster sollen durch besser geeignete ersetzt werden. Der einzelne kann lernen, aktiv Neues anzustreben und dabei negative Erfahrungen zu überwinden. NLP geht auf die Forschungen von zwei Amerikanern zurück, des Mathematikers Richard Bandler (* 1950) und des Linguisten John Grindel (* 1940).

NLP geht davon aus, daß über die Nerven (Neuro) und die Sprache (Lingustic) jederzeit abrufbare Verhaltensmuster im Gehirn gespeichert (Programming) werden. Die Arbeitsweise des Gehirns wird dabei der eines Computers verglichen, die der einzelne jedoch nicht dekodieren kann. Bandler und Grindel entwickelten dazu NLP im Sinne eines Manuals, das für das Gehirn benutzt werden kann. In der Praxis bedeutet dies, das Gehirn «zu benutzen», um eine Stimmung zu verändern, wenn der Betroffene es will, also nichts dem Zufall zu überlassen.

In den 70er Jahren versuchten Bandler und Grindel, das Zusammenspiel von Emotionen und Verhalten zu erfassen. Dazu studierten sie Sprache, Gestik und Körperhaltung einiger erfolgreicher Psychotherapeuten bei der Arbeit, um deren Erfolge in der Kommunikation zu ergründen. Die Bestandteile der entsprechenden Kommunikationsmuster fügten sie zu einem System von Kommunikationstechniken zusammen. In der Folgezeit wurden die einzelnen Techniken weiterentwickelt.

NLP wird heute unter anderem im psychotherapeutischen Bereich angewandt, zum Beispiel um verschiedene Persönlichkeitsfacetten miteinander zu verbinden, und zur ganzheitlichen Persönlichkeitsentwicklung, aber auch in der freien Wirtschaft zur Optimierung von Kommunikationsprozessen. In beiden Bereichen kann es gezielt auch zum Krisenmanagement eingesetzt werden.

NLP sieht jeden Menschen als Urheber der ihm widerfahrenden Dinge an – sowohl im Positiven als auch im Negativen. Damit wird jedem einzelnen auch die Verantwortung für sein Tun übertragen. Verbesserungen kann also jeder selbst herbeiführen, vorausgesetzt, die entsprechenden Voraussetzungen sind vorhanden und werden beachtet. Das weist darauf hin, daß sich Vorstellungen und Kognitionen, die für die jeweils besonderen Lebensumstände verantwortlich sind, relativ leicht beeinflussen lassen. Wenn es zu einer Blockierung dieser Ressourcen kommt, ist es das Ziel der therapeutischen Intervention, die entsprechenden Konditionierungen und deren Auswirkung in der Arbeit mit dem Betroffenen bewußt zu machen. Wie das gemacht wird, sagt der Name: «Neuro» bezieht sich auf Nervenreize und -reaktionen, denn darauf beruhen psychische Reaktionen wie Angst und Depression, «linguistisch» deutet an, daß die entsprechenden Reaktionen mittels Sprache bewußt gemacht werden sollen. Negative Einstellungen sollen durch positive ersetzt, das heißt «programmiert» werden. Zum Beispiel «Das kann ich nicht», wird ersetzt durch «Das kann ich». Schließlich beruht NLP auf der Vorstellung, daß der Mensch konditionierbar ist, was an den Pawlowschen Hund erinnert! Man kann allerdings auch sagen, daß sich mittels NLP Energien mobilisieren lassen.

Für den einzelnen kann NLP hilfreich sein, wenn er konkret benennbare Probleme, die beispielsweise Angst verursachen, lösen möchte. Es bietet sich die Einzeltherapie bei einem niedergelassenen NLP-Praktiker zum Erlernen bestimmter Techniken an, aber auch Seminare, zum Beispiel für Verkaufspersonal oder Manager, bei denen NLP-Techniken angewandt werden.

Visualisieren

Das spezifische Merkmal des Visualisierens ist das Denken in Bildern. Manchen Menschen gelingt dies sehr gut, anderen gar nicht. Denn nicht alle können spontan ein Ereignis minutiös an ihrem inneren Auge rückblickend vorbeiziehen zu lassen. Wem dies gelingt, der kann die Fähigkeit im Hinblick auf bevorstehende Ereignisse einsetzen. Der einzelne kann sich einfacher von negativen Ereignissen lösen, indem er die Phantasie auf positive Bilder lenkt und diese regelrecht in die Realität hineinzieht. Im Idealfall werden so Ereignisse in der Phantasie vorherbestimmt. Visualisierung setzt die Konzentration auf das jeweilige Ziel voraus. Intuitive Präsenz ist unabdingbar.

> Durch *Vorstellungen* (Visualisierungen) können physiologische Veränderungen provoziert werden. So wird in der entsprechenden Literatur immer wieder das Beispiel einer Versuchsperson zitiert, die durch die Vorstellung, sie liefe hinter einem gerade abgefahrenen Zug her, die Pulsfrequenz in kurzer Zeit von 70 auf 100 erhöhen konnte. Die Pulsfrequenz verringern konnte sie dagegen mit der Vorstellung, sie liege regungslos im Bett und versuche einzuschlafen.

Heute wird der Einsatz der Vorstellungskraft nicht nur von Therapeuten zur Unterstützung innerer Heilprozesse eingesetzt, diese Methode wird vielmehr auf breiter Basis angewandt. Bei Vorstellungsübungen zur Entspannung werden Erinnerungen an angenehme Situationen, verbunden mit generellem Wohlbefinden und Ruhe, provoziert und die entsprechenden Bilder aktualisiert. Nach Eintreten einer Stress-Situation kann dies bedeuten, sich zurückzulehnen, die Augen zu schließen und konzentriert das Bild einer angenehmen Situation aus der Erinnerung heraufzubeschwören.

Die eigenen negativen (und positiven) Vorstellungen lassen sich beispielsweise durch Meditation bewußt machen. Dabei kann man entdecken, daß nicht nur bildhafte, sondern auch emotionale und gedankliche Vorstellungen von physiologischen Prozessen und damit von Veränderungen im Wohlbefinden begleitet werden. Erst ein Bewußtwerden der eigenen Vorstellungen macht die Wahl zwischen ganz unterschiedlichen Vorstellungen möglich. So lassen sich negative Vorstellungen, häufig begleitet von Hoffnungslosigkeit, Ängstlichkeit, Hilflosigkeit, Destruktivität, bewußt durch positive ersetzen, indem man sie fallenläßt oder zumindest zu unterbrechen und durch optimistische Vorstellungen zu ersetzen versucht.

Visualisierungsverfahren sind heute wesentlicher Bestandteil von Therapiekonzepten im Umgang mit Krebspatienten, jedenfalls in Kliniken, die mit unkonventionellen Verfahren versuchen, die Selbstheilungskräfte der Betroffenen zu stärken. Große Publizität hat dieses Verfahren in den 80er Jahren durch die Arbeit von Simonton und seinen Mitarbeitern erfahren.

Der bekannte Verhaltenstherapeut Arnold Lazarus arbeitete schon in den 60er und 70er Jahren mit dem Einsatz der Vorstellungskraft in verschiedenen Bereichen, so beispielsweise zur Entwicklung von Selbstvertrauen und Geschicklichkeit, zur Überwindung von Ängsten und problematischem Verhalten sowie von psychosomatischen Störungen. Er zeigt, wie man Schritt für Schritt die eigene Vorstellungskraft in verschiedenen Situationen einsetzen beziehungsweise entwickeln kann. Beispielsweise wird man angesichts eines bevorstehenden Vorstellungsgesprächs in Gedanken die Fragen durchgehen, die einem wahrscheinlich gestellt werden. Man wird dann versuchen, die entsprechenden Antworten einzuüben. Lazarus (1980) schlägt in diesem Falle vor, daß man anstelle der allgemeinen Übungen «einige Zeit damit füllen soll, ein lebendiges Bild der Interviewsituation heraufzubeschwören. Dieses Bild sollte in Gedanken sehr bewußt und sehr ausführlich durchgespielt werden.» Verwenden sollte man verschiedene Bilder. Eines dieser Bilder ist die Szene, in der man dem Interviewer vorgestellt wird. Man stellt sich vor, daß einem Hintergrundfragen gestellt werden, und man versucht, nachdem man seine Antworten geübt hat, dabei souverän und zuversichtlich auszusehen. Am besten ist es, sich so lebhaft wie nur möglich ein Bild davon zu machen, wie man entspannt sitzt, selbstsicher und ruhig geht und redet. «Je öfter Sie diese inneren Bilder einüben, desto größer ist die Wahrscheinlichkeit, daß sie in der tatsächlichen Interviewsituation verwirklicht werden können.»

Ganz offenkundig ist ein Vorstellungsgespräch eine Stress-Situation. Aber auch andere Stress-Situationen lassen sich entsprechend bewältigen. Die Anwendung der Visualisation gehört denn auch in den Bereich der «professionellen» Stressbewältigung. Fachleute, so beispielsweise Kabat-Zinn (1995) integrieren spezifische Visualisationen und Zielvorstellungen in die Meditation im Rahmen von Stressbewältigungsprogrammen.

Um einen körperlichen Heilungsprozeß zu unterstützen, müssen Vorstellungsbilder im Zusammenhang mit der jeweiligen Störung gesehen und zudem auf die Einstellung des Betroffenen abgestimmt werden. Voraussetzung für die Effektivität sind regelmäßige Vorstellungsübungen über einen längeren Zeitraum.

Schließlich ist es das Ziel von Vorstellungsübungen (u. a. durch Stress hervorgerufene), Blockierungen aufzulösen und Belastendes aus dem Körper bewußt herauszulösen. Dies kann über den Tränenfluß, über die Atmung, durch die Poren oder durch den Verdauungskanal geschehen. Die Vorstellung des Austretens ist Teil der Übungen.

Nicht nur bei ernsthaften Erkrankungen, sondern grundsätzlich beginnt die körperliche Regeneration mit dem Verstehen bestimmter Probleme, zum Beispiel von Stressursachen, mit dem Annehmen einer schwierigen Situation und dem Loslassen einhergehender negativer Gefühle. Die ausschließliche Ausrichtung von Vorstellungsübungen auf die Beseitigung von Blockaden oder körperlicher Störungen beziehungsweise auf die körperliche Regeneration übergeht die beteiligten psychischen Energien. Diese werden aktiviert, wenn die Störung verstanden und akzeptiert werden kann.

Fokussieren

Die Gedanken sind meistens nicht auf das konzentriert, was wir gerade tun. Autofahrer kennen das Gefühl, daß sie sich nicht daran erinnern können, ob sie beispielsweise den kurzen Tunnel zwischen Degerloch und Echterdingen bereits passiert haben oder nicht, weil die Gedanken nicht identisch mit dem Tun sind. Die Gewohnheit, Gedanken und Handeln in Einklang zu halten, ist den meisten abhanden gekommen. Erst im Krisenmoment kehrt die Aufmerksamkeit – meist plötzlich – zurück auf das, was der einzelne gerade tut, auf den spezifischen Fokus. Fokussieren ist Präsenz im Augenblick. Bei voller Aufmerksamkeit sind Denken und Tun, zum Beispiel in Krisensituationen, identisch, äußerste Konzentration stellt sich ein, der Betroffene ist in der Lage, sein Bestes zu geben. Im Trainingsprogramm für Spitzensportler ist dies ein wichtiger Faktor. Doch Aufmerksamkeit ist auch im Alltag unabdingbar, wenn wir etwas gut und richtig tun wollen, wenn wir in einer belastenden Situation möglichst «stressfrei» reagieren wollen. Doch die Gedanken driften ständig ab, so zum Beispiel zu Fehlern oder Mißerfolgen in der Vergangenheit, was Blockierungen heraufbeschwört und ein Handeln aus sich selbst heraus unmöglich macht.

Um gute Leistungen zu erzielen, ganz generell, um Zufriedenheit im Handeln zu erlangen, sollte man sich in seinem Tun auf den Augenblick konzentrieren. Die dadurch erzielte «Präsenz des

Jetzt darf auf keinen Fall gestört werden, durch einen Gedanken daran, was sein könnte oder gewesen ist» (Loehr, ^{2}1991). Jede Handlung ist dadurch in sich geschlossen, ein Ding aus einem Guß. Darauf zielt schließlich auch Körpertraining wie T'ai Chi. Einzelne Figuren in einem entsprechenden Übungsprogramm können nur durch den «richtigen» Fokus und äußerste Konzentrationsfähigkeit optimal ausgeführt werden. Die einzelnen Phasen muß man zeitlupenartig mit voller Konzentration und Aufmerksamkeit ausführen. Wenn der Übende den richtigen Fokus in Verbindung mit äußerster Konzentration hat, können Bewußtsein und Handlung verschmelzen und zu einem optimalen Ergebnis führen («flow» stellt sich ein). Wenn die Konzentration auf den Augenblick verlorengeht, bei abwesender Aufmerksamkeit, wird das Ergebnis geschmälert. In der Einheit von Bewußtsein und Handlung kann alles fließen. Blockierungen sind aufgehoben. Der optimale Leistungspegel ist erreicht.

Voraussetzungen für erfolgreiches Fokussieren
- innere Gelassenheit;
- Ausrichtung auf den Augenblick;
- Konzentration.

Daraus fließt automatisch eine gute Leistung. Erfolgreiches Fokussieren setzt insgesamt mentale Stärke voraus. Deren Intensität entspricht der erbrachten Leistung.

Wenn es dem einzelnen besonders in Ausnahmesituationen gelingt, den jeweils spezifischen Fokus zu finden und die beste Reaktion zu zeigen, kann er selbst äußerst stresshafte Situationen durchleben, ohne daran Schaden zu nehmen. Schließlich ist es die innere Gelassenheit, die angemessenes Fokussieren ermöglicht und, auf der anderen Seite, ist diese Gelassenheit ein Ergebnis angemessenen Fokussierens genau dazu führt.

Meditation

«Meditieren» (lat. «meditari») meint sowohl nachdenken, überdenken, sinnen als auch sich vorbereiten, sich einüben. Der Begriff Meditation taucht heute immer wieder auf. Der Gebrauch ist so weitläufig, daß darunter alles zu verstehen ist, was den einzelnen zu sich selbst führt.

Im geläufigen Wortsinn wird Meditation mit dem lateinischen Wort «medium» (= Mitte) in Verbindung gebracht. Es bedeutet dann soviel wie sich «in die Mitte führen lassen». In diesem üblichen Verständnis geht es um Übungen, um Körperhaltungen, um bestimmte Methoden, etwas auf sich wirken zu lassen, also um ein «Geschehenlassen». Dabei gibt es keinen Zusammenhang zwischen der Übung, dem Weg und dem Ziel, zu dem der Weg führt. Denn das Ziel ist am ehesten ein Geschenk, ein Ereignis der «Gnade». Der Weg in die Mitte ist zwangsläufig individuell verschieden. Die eigentliche Erfahrung der Mitte ist abhängig vom weltanschaulichen Standpunkt des Meditierenden: die eigene Mitte oder die Mitte der Welt (bzw. Gott).

Schließlich geht es beim Meditieren um geistige Disziplin, «richtiges» Atmen und eine «richtige» Körperhaltung: «Gemeinsam ist allen Übungen die unendliche Wiederholung. In ihr kommt durch die Automatisierung des Ablaufs, der erst die volle Aufmerksamkeit erfordert, allmählich die von Absicht und zielstrebigem Sich-Mühen getragene Ich-Gegenstandsspannung zum Schwinden, bis schließlich im Einswerden von Ich und Gegenstand – zum Beispiel das Werkzeug, das Instrument, aber auch die zu lernende Leistung – das gegenständlich fixierende, intentionale Bewußtsein eingeklammert und ganz aufgehoben wird. Erst wo es der intentionalen Spannung nicht mehr bedarf, kann es zur Aufhebung ihres Trägers kommen» (Graf Dürckheim, 1978).

Der Meditierende läßt alles los, er leert sich, er läßt alles, was er zu sein und zu wissen meint. Er läßt Gewohnheiten hinter sich. Denn nur wo Leere ist, entstehen Offenheit und Raum für Neues, für neue Erfahrungen (mit sich selbst).

> *Meditation* heißt zurückfinden zu dem, was der einzelne verloren hat: zur innersten Wirklichkeit. Oder zum Kern zurückfinden, zum Selbst (zum Göttlichen). Viele Bezeichnungen beziehen sich auf dasselbe Ziel, zu dem Meditation der Weg ist. Meditation gibt auf diese Weise Antwort auf die Frage: Wer bin ich? Meditation stellt Fassaden, Rollen, Gewohnheiten usw., mit denen sich der einzelne der Öffentlichkeit präsentiert, in Frage. Schließlich hat Meditation auch das Ziel, ein Licht in der Erfahrung der eigenen Dunkelheit zu entdecken.

Eine ähnliche Auffassung findet sich in der Bibel, wo dieser Weg mit «Umkehr» oder «Nachfolge Jesu» beschrieben ist. Sinngemäß sagt Jesu, wer *sein* Leben erhalten will, wird es verlieren. Doch wer sein Leben verliert um des Evangeliums willen, der wird es erhalten.

Meditation ist nicht nur in der Medizin, der Psychologie, der Pädagogik, sondern auch für die Selbstentfaltung zu einer gängigen Methode geworden. Meditation kann denn auch zur Stressbewältigung beitragen und die Lebensqualität ganz allgemein verbessern. Abgesehen von den praktischen Anwendungsmöglichkeiten beeinflußt regelmäßiges Meditieren primär das spirituelle Leben. Entsprechende Bewußtseinszustände können Menschen aus der alltäglichen Engstirnigkeit befreien und das Bewußtsein auf Dauer verändern. Die einzelnen Meditationssysteme sind lediglich Variationen ein und desselben Prozesses von Bewußtseinsveränderung, unabhängig von den spezifischen Techniken, Schwerpunkten oder Glaubensrichtungen. Anhaltende Aufmerksamkeit ist dabei ein sehr wichtiger Aspekt. Schließlich scheinen alle Meditationstechniken nicht nur gleichermaßen geeignet, das Anspannungsniveau zu senken und zur Bewältigung belastender Situationen beizutragen, vielmehr führen sie in der Konsequenz zum optimalen Selbstmanagement.

Ein beliebter Meditationsgegenstand – besonders für Anfänger – ist das eigene Atmen. Wenn Atmen meditiert wird, geht es darum, das Atmen geschehen zu lassen, ohne Beeinflussung durch den Willen. Der Meditierende entdeckt: Ohne daß ich etwas will, kommt es zu dem Gefühl «Es atmet in mir – ich werde geatmet.» Dieses Gefühl wird als Ruhe erfahren: das Einssein mit dem eigenen Atmen – nur Atmen, nichts als nur Atmen. Der Kopf ist frei von herumirrenden Gedanken, der Körper frei von oberflächlichen Gefühlen. Diese Stille ist das Erwachen des tieferen Bewußtseins seiner selbst (im mystischen Christentum – das «Christusbewußtsein», im Zen – die «Buddhanatur»): das wahre Selbst.

Meditierende verfügen über ein sehr viel niedrigeres Anspannungsniveau als Nichtmeditierende. Zudem leiden sie seltener unter Beschwerden wie Kopfschmerzen, Schlaflosigkeit oder auch Erkältungen. In vielen amerikanischen Kliniken, aber inzwischen auch in einigen ganzheitlich orientierten Kliniken in Deutschland gehört Meditation zum Therapieangebot.

Goleman (1990) beobachtete, daß Meditierende mit alltäglichem Stress besser umgehen; sie erholen sich in Stress-Situationen schneller als andere: Zeichen körperlicher Erregung lassen bei ihnen schneller nach, sie sind danach entspannter als die gewöhnlich nicht meditierenden Personen, die nach einer Stress-Situation noch über einen längeren Zeitraum Zeichen von Anspannung zeigen. Durch Meditation können Voraussetzungen geschaffen werden, die Spirale aus Bedrohung-Erregung-Bedrohung zu unterbrechen. Denn nach einer «Stress-Situation» entspannt der Meditierende eher als der Nichtmeditierende. Alltägliche Ereignisse wachsen seltener zu einer Bedrohung an; man reagiert schließlich nur dann mit Erregung, wenn es der Situation angemessen ist.

Meditation und Entspannung sind nur hinsichtlich ihrer Wirkung auf den Stoffwechsel vergleichbar. Meditation ist eher der Versuch, die Konzentrationsfähigkeit zu verbessern. Der Meditierende übt dabei im ersten Schritt die Sammlung und Aufmerksamkeit – ein Unterschied zu anderen Entspannungsmethoden. Das verbessert seine Fähigkeit, im Alltag kaum wahrnehmbare Hinweise des Umfeldes zu bemerken, und auf das zu achten, was tatsächlich geschieht, statt mit den Gedanken umherzuirren. Durch diese Fähigkeit wird der Meditierende beispielsweise auch in Gesprächen einfühlsamer; er vermag genauer auf die Handlungen seines Gespächspartners zu achten, verschlüsselte Botschaften vermag er besser zu dekodieren.

Wenn man sich in einem entspannten Zustand intensiv mit einem bestimmten Meditationsobjekt beschäftigt, und wenn man die «kreisenden» Gedanken immer wieder beharrlich zu der gestellten Aufgabe (z. B. Beobachtung des Atems) zurückruft, wird allmählich die Abwehr allen Zerstreuungen gegenüber gestärkt. Auf diese Weise wächst die Fähigkeit, mit schwierigen Situationen umzugehen, die inneren Kräfte und Fähigkeiten werden gestärkt. Mit der genaueren Wahrnehmung von Geschehnissen im Alltag wird auch das Handeln effizienter.

Erfolg im Meditieren stellt sich nur durch beharrliches Üben ein. Meditationspraxis ist ein Prozeß, wobei das Ziel nie erreicht wird – denn es gibt kein eindeutig formulierbares Ziel. Wichtig ist für den Übenden vor allem die Wirkung dieses Prozesses. Genauso wie es nicht ein für alle Menschen gleich gutes körperliches Fitness-Programm gibt, gibt es auch nicht den einen generell «richtigen» Meditationsweg. Jeder sollte herausfinden, welcher Weg für ihn der richtige ist.

Aktive Musiktherapie

Musik wirkt auf jeden Menschen – sanfte Melodien beruhigen, beschleunigte Rhythmen aktivieren. Die einzelnen musikalischen Elemente (Tonhöhe, Lautstärke, Rhythmus, Intervall) wirken individuell unterschiedlich. Musik dient dem symbolischen Ausdruck. Musizieren verbessert die Aufmerksamkeit und Konzentration.

Die *Musiktherapie* ist ein aufdeckendes Verfahren, mit dessen Hilfe bestimmte Anteile der Psyche ausgeleuchtet werden können. In manchen Fällen, wenn der Betroffene starr, verspannt und ohne Eigenstruktur ist und keine Worte mehr findet, kann beispielsweise der Gong noch widerhallen und eine verbale Reaktion provozieren. Der Betroffene kann plötzlich loslassen, seinen Körper wieder fühlen. Und umgekehrt, im musikalischen Rhythmus kann jeder seinen «Input» selbst bestimmen, jedes Gefühl kann im Klang fühlbar gemacht werden, es bedarf nicht der festgelegten Bezeichnung.

Man unterscheidet zwischen rezeptiver und aktiver Musiktherapie. Im vorliegenden Zusammenhang ist die aktive Musiktherapie interessant. Die Schilderung einer «Sitzung» basiert unter anderem auf einer persönlichen Erfahrung. Es soll lediglich angedeutet werden, welche Möglichkeiten die freie Improvisation im Hinblick auf die Psyche eröffnen kann.

Fallbeispiel

Der große Raum lädt zur Improvisation ein – farbige Sitzkissen liegen auf dem Boden verstreut, ein Flügel und einige andere größere Instrumente stehen bereit. In einem Nebenraum finden die Gruppenmitglieder eine Fülle weiterer Instrumente – Flöten, Schlaginstrumente, Streichinstrumente, Klangschalen, Trommeln, Gongs, Rasseln, ein Didgeridoo, eine Ocean Drum u. a. Man kann die Instrumente ausprobieren, Instrumente, die viele gar nicht kennen. Der Therapeut animiert die Anwesenden, sich ein oder zwei Instrumente auszusuchen und sie auszuprobieren.

Später suchen sich die Gruppenmitglieder in einer freien Improvisation – zunächst ein klangliches Durcheinander von Tönen, Klängen, Rhythmen und Melodien, Dissonanzen … Das Improvisieren bringt starke Bewegung in die Beteiligten. Die Klänge werden transparenter, aufeinander bezogen – ein Rhythmus taucht auf, zunächst nur zögernd, dann stärker, ein Gruppenmitglied greift ihn auf, führt ihn weiter, immer weiter… Strukturen klingen zusammen, divergieren, schieben sich übereinander. Der Therapeut forciert das Erleben durch die Wahl eines bestimmten Instrumentes, von Tönen, von Rhythmen u. ä. Gezielt fordert er die Anwesenden auf, sich intensiver in ihr Inneres vorzutasten. Es gelingt ihm, die Monotonie des Spiels zu sprengen, die Anwesenden tiefer in ihre Gefühle hineinzuführen, den Klangteppich zum Aufbäumen zu bringen. Er improvisiert und verliert sich – so scheint es – in der eigenen Tiefe so wie die, die ganz präsent sind, in Tönen, Klängen und Rhythmen miteinander kommunizieren. Das Nicht-Sagbare äußern. Etwas Gemeinsames hat sich formiert, wird in *Klang* gehalten. Die Gruppenteilnehmer sind integriert im freien Improvisieren. Resonanzböden. Der Klangteppich schwillt erneut an, erreicht einen Höhepunkt, ebbt ab, um sich erneut aufzubäumen in leicht veränderter Form. Freude, Lachen breitet sich aus. Irgendwie hat sich etwas gelüftet, das Gefühl von Zusammengehörigkeit geschaffen…

Im anschließenden Gespräch tauschen die Gruppenmitglieder ihre Erlebnisse aus. Sie haben gezeigt, daß sie einem stummen «Ding» Lebendigkeit entlocken können, sie haben erfolgreiche Kommunikation erlebt – vor allem ohne Leistungsdruck, ohne sich zuvor durch Kompetenz oder Professionalität ausgewiesen zu haben. Das Gespräch macht deutlich, daß die meisten bestimmte Gefühle zum Ausdruck gebracht haben, die sie zuvor nicht haben verbal äußern können. Alle fühlen sich wohl, frei, erholt, im Gleichgewicht.

Die Begegnung mit Musik (im Sinne aktiver Musiktherapie) kann an der Volkshochschule geschehen, aber auch in Kursen oder Workshops von Institutionen wie das Freie Musikzentrum in München oder das Odenwald-Institut in Wald-Michelbach, doch hängt die Qualität der Veranstaltung sehr wesentlich von dem jeweiligen Leiter beziehungsweise Musiktherapeuten ab.

InnerManagement II: Geist und Psyche stärken

Chancen für das innere Wachstum

Der Umgang mit Emotionen als Resultat des täglichen Umgangs mit Stress-Situationen ist schwierig, gleichzeitig aber auch eine Chance für das innere Wachstum, wenn wir mit unangenehmen, schmerzhaften Gefühlen «richtig» umzugehen lernen. Hier geht es um Emotionen, die auf uns wirken, wenn es uns nicht gelingt, insbesondere stressrelevanten Situationen mit Gelassenheit zu begegnen, das heißt mit Distanz, und jede Situation erst einmal als Herausforderung beziehungsweise als Möglichkeit der Erfahrungsbereicherung zu bewerten.

Im Wartezimmer wird wiederholt jemand aufgerufen, der nach Ihnen gekommen ist. Abhängig von der Situation (der eigene Termin ist längst verstrichen) gelingt es vielen nicht, dies gelassen hinzunehmen, Ärger kommt hoch. Problematischer ist die Situation, wenn der einzelne beispielsweise von einem geliebten Menschen verlassen wird, auf den er Anspruch zu haben glaubte. Die Skala der Stressreaktionen reicht von alltäglichem Ärger, Wut, Frustration bis zu tiefsitzenden Ängsten und Gefühlen. Meistens sind dabei «Nicht-loslassen-Können» beziehungsweise «Anhaften» im Spiel: Besitzansprüche an einen Partner werden gestellt, Wut über einen Mitmenschen wird unterdrückt, Bedürfnisse werden nicht kommuniziert u. ä. Die damit einhergehenden Emotionen blokkieren das Individuum, Energien verbleiben im Organismus – Energien, die bei richtiger Nutzung positiv wirken könnten.

Den meisten gelingt es nicht, mit den hier angesprochenen Emotionen umzugehen. Zur Bewältigung bedarf es der gezielten Auseinandersetzung. Der Umgang mit schwierigen Gefühlen in dem Sinne, daß schädliche Auswirkungen vermieden werden, kann gelingen, wenn diese Gefühle von einem anderen Blickwinkel betrachtet und besser verstanden werden, wenn man ihnen also näher zu kommen versucht. Denn nur durch die genauere Betrachtung kann sich die zugrundeliegende Situation als Herausforderung und Chance erweisen, als Möglichkeit der Entwicklung von mehr Unabhängigkeit und Sensibilität. Dabei ist vor allem die Unabhängigkeit von schädlichen Emotionen wesentlich. Andernfalls nagen Emotionen an der inneren Balance. Das innere Gleichgewicht sollte sich aber immer wieder einstellen, selbst in Belastungssituationen. Deshalb gilt es, Emotionen, bestimmte Geisteszustände, als ein Spiel des Bewußtseins zu erkennen. Der Weg zu dieser Erkenntnis ist der Prozeß des Gewahrseins, der mit der Wahrnehmung von Emotionen, mit der Wahrnehmung des in ihnen verborgenen Energiepotentials beginnt und dazu führt, sie zu akzeptieren. Damit wird auf einen Weg verwiesen, wie er unter anderem auch von Kabat-Zinn (1995) in seinem Stressbewältigungsprogramm vertreten wird.

Grübeln bewußt abstellen

Sich Sorgen machen über Dinge, die außerhalb der unmittelbaren Kontrolle stehen, ist weit verbreitet. Eltern machen sich ständig Sorgen um ihre Kinder. Arbeitnehmer machen sich Sorgen um ihren Arbeitsplatz und verbringen Nächte mit Grübeln über eine Situation, die vielleicht einmal eintreffen könnte, aber höchstwahrscheinlich nicht eintreten wird.

Viele Menschen machen sich Sorgen, wenn sie ängstlich einem Ereignis oder dem Ausgang einer Sache entgegensehen, die sie nicht beeinflussen können. Der Ursprung dieses Sich-Sorgens liegt meistens in dem vermeintlichen Versuch, über jemanden oder über eine Sache die Kontrolle zu behalten oder sie zu bekommen. Viele grübeln darüber nach, wie sie einen Kollegen dazu bringen können, seine Telefonate zu verkürzen, weil das Telefonieren bei der Arbeit stört. Ehefrauen grübeln darüber nach, was der Ehemann wohl an den Abenden macht, für die er nur vage Auskünfte erteilt, wenn man ihn nach seinen Aktivitäten fragt.

Im Kreis denken ...
Grübeln unterscheidet sich vom Nachdenken über ein Problem dadurch, daß es ziellos verläuft und das Problem vergrößert anstatt es zu lösen. Durch Grübeln versorgt sich das Individuum sozusagen selbst mit Stressoren, denn durch das Grübeln ergehen entsprechende Stimuli an den Organismus, so daß dieser latent im Alarmzustand bleibt. Im Extremfall kommt es zu starker Anspannung, die klares Denken mit einhergehender Problemlösung unmöglich macht.

Grübeln kann bis zu einem gewissen Grad stressreich sein. Deshalb sollten sich Betroffene darum bemühen, es abzustellen, zum Beispiel indem sie spontan eine bestimmte Tätigkeit aufnehmen oder sich immer wieder zurufen «STOPP!», also die Technik des Gedankenstopps anwenden. Übermäßiges Grübeln kann auch zur Gefahr werden. Manche Menschen können im Zustand des Grübelns erstarren, sie werden aktionsunfähig, weil sie sich große Sorgen über das machen, was passieren könnte. Nur in wenigen Fällen ist das Besorgtsein jedoch angezeigt.

Aktion statt Reaktion

Viele Menschen lassen sich in ihrem Handeln von der jeweiligen Situation leiten, statt zu versuchen, diese selbst aktiv mitzugestalten. In einer Stress-Situation (beispielsweise durch Zeitdruck verursacht) agieren heißt, schon beim ersten Anzeichen einer Stressauswirkung gegenzusteuern.

Um sich einer automatischen Stressreaktion zu entziehen beziehungsweise Stress erst gar nicht aufkommen zu lassen, sollte man deshalb seiner Umwelt so begegnen, daß sie nur in wenigen Ausnahmefällen als stressreich empfunden wird. Dazu ist es notwendig festzustellen, was tatsächlich geschieht beziehungsweise die jeweilige Situation objektiv zu bewerten, wodurch eine Stress-Reaktion in den meisten Fällen vermieden werden kann.

Kabat-Zinn (1995) empfiehlt zur Reduzierung von Stress die Stress*aktion* (als Alternative zur Stressre*aktion*). Der Betroffene entscheidet sich in einer potentiellen Stress-Situation für eine «gesunde» Reaktion, das heißt, er verliert sich nicht in der Situation, vielmehr behält er die Kontrolle. Denn er ist der Kampf-oder-Flucht-Reaktion nicht zwangsläufig total ausgeliefert. Er kann dem Überrumpeltwerden des Organismus durch eine automatische Reaktion, begleitet vom Zustand hoher Erregung, entgegenwirken.

Diese Empfehlung basiert auf der Auffassung, daß die Stressreaktion ein aus dem Unbewußten gesteuerter automatisch ablaufender Prozeß beziehungsweise Mechanismus ist, der durch die Wahrnehmung beziehungsweise durch individuelle Bewertung initiiert wird. Die Stress-Situation verändert sich jedoch von Grund auf, sobald man sie sich bewußt macht, das heißt auch: absolute Präsenz zu behalten in einer Stress-Situation, den Grad von Bewußtheit noch erhöhen, um nicht die Kontrolle zu verlieren.

Eine entsprechende Einstellung kann nicht ohne Übung erreicht werden. Wer häufig von Stress betroffen ist, sollte über einen langen Zeitraum sein Verhalten zu verändern versuchen, um schließlich in jeder Situation die jeweiligen Möglichkeiten und Gegebenheiten zu erkennen und so aktiv auf das Stressgeschehen einwirken zu können.

Die Entscheidung, in einer Stress-Situation zu agieren statt zu reagieren, schließt das Gefühl von Stress nicht grundsätzlich aus. Dies bedeutet lediglich, daß man sich der entsprechenden Gefühle bewußt ist beziehungsweise ihre eigentliche Natur erkennen und damit ihre «Gefährlichkeit» reduzieren kann.

Wenn es denn dazu kommt, daß jemand trotz Gelassenheit eine Situation als stressrelevant einschätzt, sollte beim ersten Anzeichen einer Stresswirkung mit bewußter Aufmerksamkeit gegengesteuert werden. Der Betroffene sollte mit seiner Aufmerksamkeit in den Bereich hineingehen, in dem er sich am ehesten verspannt – häufig ist dies der Nacken oder der Schulterbereich. Er wird bemerken, daß sich die hochgezogenen Schultern sofort langsam senken. Während die Emotion im Körper weiter um sich greift, einhergehend mit Herzklopfen, einem merkwürdigen Gefühl im Magen o. ä., sollte die Aufmerksamkeit bewußt auf die begleitenden Emotionen wie Wut, Ärger oder Ohnmachtsgefühl gelenkt werden. Hilfreich sind (innere) Beobachtungen wie «Das ist also Wut» oder «Das ist der Stress».

Man kann versuchen, damit die Aufmerksamkeit noch bewußter in die «Stressmitte» hineinzulenken, um so in der eigenen Mitte zu bleiben.

Bei ausreichender Übung lassen sich allmählich auf diese Weise in schwierigen Situationen mögliche Stressreaktionen in bewußtes Handeln umleiten. Der immer wieder Übende merkt relativ schnell, daß der Umgang mit schwierigen Situationen allmählich leichter wird, wenn man sie in einem größeren Kontext sieht. Häufig gestalten sie sich so unter Umständen als echte Herausforderung und tragen, sofern man sie nutzt, zu innerem Wachstum bei, wie ein Seemann, der den Wind benutzt, um schneller voranzukommen (Kabat-Zinn, 1995). Auf jeden Fall verbessert man seine Ausgangsposition auch, indem man lernt, sich besser zu schützen.

Aktive Kommunikation

Wer will, daß andere «stressfrei» mit ihm umgehen, muß auch «stressfrei» mit anderen umgehen. Die Fähigkeit zur stressfreien Kommunikation setzt vor allem sicheres Auftreten voraus, das heißt, die positive Vermittlung der eigenen Persönlichkeit.

Unsichere Menschen leiden meist unter dem Gefühl, «in der Kommunikation nicht zurecht zu kommen». Fragen Sie sich deshalb, wie Sie sich in Ihre Familie, Ihr berufliches Umfeld und in die

Menschen sind Partner

Verändern Sie Ihre Einstellung zu anderen Menschen. Häufig konstatieren wir die Überlegenheit anderer oder beurteilen Sie als «nicht okay», als gemein usw. Sie sollten versuchen, diese Einstelluung in Richtung gleichwertig/positiv zu verändern. Behandeln Sie Ihre Mitmenschen als Partner. Freuen Sie sich über neue Kontakte, auch außerhalb des Berufes. Gehen Sie selbst auf andere zu. Erwarten Sie auch von anderen das Beste. Äußern Sie daher täglich Ihre optimistische und positive Erwartung gegenüber Ihren Mitarbeitern, Kollegen und Mitmenschen. Das wirkt ansteckend.

– Versuchen Sie, auch anderen zu helfen. Lösen Sie sich von Ihren eigenen Problemen, indem Sie sich mit denen anderer Leute befassen. Bemühen Sie sich um eine Lösung, ohne in das Leben des anderen eingreifen zu wollen. Dabei finden Sie möglicherweise auch eine Lösung Ihrer eigenen Probleme.
– Zeigen Sie Gefühle, vor allem den Ihnen sympathischen Menschen. Suchen Sie sich Vorbilder, und verkehren Sie öfters mit Menschen, die Sie besonders mögen und die optimistisch sind.
– Verwenden Sie eine ermutigende und bejahende Sprache – nicht nur, wenn Sie über andere sprechen. Formulieren Sie positiv und konstruktiv. Alles, was Sic übcr sich selbst sagen, wird von anderen und – was noch wichtiger ist – auch von Ihrer eigenen Selbsteinschätzung registriert.
– Versuchen Sie ferner, Kritik anderer als positive Anregung aufzunehmen: «Hat der andere nicht irgendwie recht?» Und selbst wenn er nicht recht hat: «Auf alle Fälle hat er mir die Gelegenheit gegeben, etwas dazuzulernen. Entweder habe ich mich tatsächlich falsch verhalten oder ich habe ihm nicht deutlich genug demonstriert, daß ich mich richtig verhalten habe. Auf alle Fälle aber kann ich das beim nächsten Mal berücksichtigen.»

Öffentlichkeit einfügen, und versuchen Sie einzuschätzen, wie Ihr Verhalten von anderen beurteilt wird. Die Realität in der Kommunikation ist nicht gleichzusetzen mit der objektiven Beschaffenheit Ihrer Person. In ihr spiegelt sich die subjektive Vorstellung und Meinung der anderen von Ihnen (Johari-Fenster). Bleiben Sie deshalb selbst bei großem Zeitdruck entspannt und freundlich. Stellen Sie eine Person oder Sache heraus, die Lob verdient, anstatt sich an allgemeinem Gejammer zu beteiligen. Helfen sie konstruktiv bei der Suche von Lösungen, anstatt zu kritisieren. Spannung oder Angst sollten Sie zum Anlaß nehmen, den Ton und die Lautstärke Ihrer Stimme zu mässigen, langsam und tief durchzuatmen, sich zurückzulehnen, Ihre Muskulatur zu entspannen und auf Probleme ruhig und mit Lösungsvorschlägen zu reagieren.

Konflikte abbauen

Kontakt mit anderen kann immer auch Konflikt bedeuten. Konflikte bringen die Betroffenen temporär aus dem Gleichgewicht, sie sind häufig begleitet von einem Gefühl des Unbehagens. Auch deshalb versuchen viele Menschen, Konflikte zu vermeiden. Sie entwickeln statt dessen ein übertriebenes Harmoniebedürfnis. Andere gehen dagegen mit Konflikten offensiv um. Angriff ist für die Menschen die beste Verteidigung. In manchen Fällen ist eine entsprechende Offensive aber nur ein Mittel, die Spannung in einer Konfliktsituation abzubauen.

Konfliktsituationen sind in den meisten Fällen auch Stress-Situationen. Die bewußte Handhabung – der offensive Umgang – kann einen Konflikt in der Wirkung abschwächen. Konflikte können von vornherein auch als Möglichkeit des Wachstums, der Persönlichkeitsentwicklung gesehen werden – auch diese Sicht wird eine mögliche Stresswirkung abschwächen.

Die Psychologie geht davon aus, daß nicht ausgetragene Konflikte psychische Störungen verursachen können, das heißt, sie sind unter Umständen eine permanente Stressquelle. Häufig ist nicht erkennbar, ob ein Konflikt bewältigt wurde oder ob die Betroffenen einer Auseinandersetzung lediglich durch einen «faulen Kompromiß» ausgewichen sind. Scheinlösungen können langfristig problematisch sein.

Konflikthafte Situationen müssen geklärt und nach Möglichkeit sollte der Grundkonflikt gelöst werden. Auf der anderen Seite sind manchmal auch «faule Kompromisse» tragfähig. Das muß der einzelne für sich entscheiden, indem er feststellt, ob der ungelöste Konflikt Spannung verursacht oder nicht.

Eigenverantwortung und Selbstbestimmung

Beim Umgang mit Stressoren im Alltag treffen viele Menschen Entscheidungen, die zusätzlichen Stress verursachen und das Wohlbefinden beeinträchtigen. Deshalb sollte der einzelne eine gewisse Sensibilität dafür entwickeln, was ihm gut tut und was seinem Wohlbefinden abträglich ist. Seine Aktivitäten sollten dann aber auch davon abhängig gemacht werden. Das Leben wird dann so strukturiert und Ziele werden so gesetzt, daß jeder erreicht, was er erreichen möchte, was vor allem auch im Rahmen seiner Möglichkeiten liegt. Die nachfolgenden Empfehlungen können dazu beitragen, den Alltag aktiv und eigenverantwortlich – auch für die Mitwelt – zu bestimmen und zu gestalten. Sie entsprechen vor allem Handlungs- beziehungsweise Verhaltensmaximen wie Zielstrebigkeit und Effizienz, auf der Basis individuellen Wollens/Strebens. Dagegen beruht das Loslassenkönnen, die Dinge in ihrem So-sein annehmen auf der Vorstellung einer Objektivität jenseits aller individuellen Bestrebungen. Der einzelne muß sich also entscheiden zwischen dem einen oder anderen –

oder er funktionalisiert das Loslassen der Dinge im Sinne von zielstrebigem Wollen, was heute die Regel ist.

Empfehlungen

- Analysieren Sie Ihr Verhalten in Stress-Situationen nach Gründen und versuchen Sie, auch die Vergangenheit in die Analyse einzubeziehen – eine Kollegin, die Sie in kritischen Situationen «straft», indem sie einige Tage nicht mehr mit Ihnen kommuniziert, erinnert Sie vielleicht an Ihren Vater, der Ihre Mutter in Konfliktsituationen auch durch tagelanges Schweigen «bestrafte». In der aktuellen Situation bestimmt diese Erfahrung womöglich Ihre Sensibilität Ihrer Kollegin gegenüber.
- Versuchen Sie, sich zu identifizieren!
  In den modernen Industriegesellschaften wird alles nach seinem Zweck beurteilt, hat alles einen Marktwert. Entsprechend beruht der Selbstwert des einzelnen auf der Qualität der Leistung, die er zu erbringen vermag. Entsprechend orientierte Individuen sind manipulierbar und moralisch indifferent. Doch gerade im Umgang mit Stress ist das Wissen um die eigene Identität wesentlich. Wer nicht weiß, wer er ist, spielt Rollen und verschanzt sich hinter Masken. Viele geben vor, etwas zu sein, was sie gar nicht sind. Weil sie kaum zum Nachdenken kommen, vergessen sie, daß sie eigentlich etwas anderes sind als sie zu sein scheinen. Die einhergehende Verunsicherung schafft einen gewissen Druck. Stressbewältigung basiert aber gerade darauf, daß der Betroffene weiß, wer er ist. Fragen Sie sich deshalb, ob Sie mitunter versuchen, jemand zu sein, der Sie in Wirklichkeit gar nicht sind? Welche Rolle sollten Sie ablegen? In wessen Gesellschaft könnten Sie am ehesten Sie selbst sein?
- Vergleichen Sie Ihre Reaktion mit dem Verhalten anderer in gleichgelagerten Situationen. Dann können Sie die Angemessenheit beurteilen.
- Schaffen Sie sich ein soziales Netzwerk und pflegen Sie dieses, um sowohl bei negativen als auch positiven Anlässen auf Gesprächspartner zurückgreifen zu können.

– Versuchen Sie, einen Sinn zu erkennen.
Dazu gehört auch, daß der einzelne weiß, wofür er lebt. Das schließt ein Sich-hinwenden-Können ein. Fehlt ein gewisser Fixpunkt im Leben, können sich folgende Schwierigkeiten einstellen:
Kritik durch andere: Der Betroffene kann nicht intuitiv handeln, weil er sich stets um die Kritik anderer sorgt.
Konkurrenz durch andere: Der Betroffene kann nicht intuitiv handeln, da er stets befürchtet, daß andere besser sind als er.
Konflikte mit anderen: Der Betroffene kann es nicht ertragen, wenn andere eine andere Meinung haben als er selbst, weshalb Konfliktsituationen programmiert sind.
Wenn sich der Betroffene über seine Identität im klaren ist, kann er stets aus der Mitte heraus agieren, er muß sich nicht permanent an der Meinung anderer orientieren. Der in sich ausbalancierte Mensch kann problemlos auf Kritik und Konkurrenz, auch in Konfliktsituationen, reagieren.
– Fragen Sie sich, ob Sie generell versuchen, jedermann zufrieden zu stellen beziehungsweise zu gefallen. Wo können Sie loslassen? Wie reagieren Sie auf Kritik? Welches sind Ihre Konkurrenten? Welche Konflikte beschäftigen Sie? Finden Sie heraus, wie Sie die Situation verbessern können.
– Wenn Sie mit sich und ihren Aktivitäten nicht zufrieden sind, wenn Sie sich über das Urteil anderer ärgern, sehen Sie sich selbst nicht immer in einem negativen Licht, als «Versager». Überlegen Sie sich vielmehr, was Sie falsch gemacht haben, in welchen Dingen Sie sich verbessern könnten und wo Sie dazulernen sollten.
– Finden Sie heraus, welche ihren Eigenschaften den anderen gefallen, womit Sie anderen eine Freude machen können, und – dann beschenken Sie andere, machen Sie ihnen eine Freude und sei es nur durch das erneute Anhören einer Geschichte, die Sie schon in- und auswendig kennen (ärgern Sie sich nicht darüber!). Seien Sie schon am Morgen freundlich zu denen, die Ihnen begegnen, schenken Sie ihnen ein Lächeln. Erkennen Sie

Ihre persönlichen Stärken und nutzen Sie diese vor allem in der Stressprophylaxe!

– Haben Sie stets ein Ziel vor Augen!
Zur Stressvermeidung sollte der einzelne wissen, was er erreichen will. Entsprechend kann er planen und Prioritäten setzen. Versäumt er die Schwerpunktsetzung, kann er leicht zum Opfer anderer werden bei deren Bemühen, gesteckte Ziele zu erreichen. Es ist etwas anderes, sich zu beschäftigen oder produktiv zu sein. Viele fragen sich am Tagesende, was denn wirklich wichtig war während des Tages. Wer keine eindeutige Zielsetzung betreibt, gerät leicht in die Gefahr, ständig vertane Zeit wettzumachen. Eine gute Organisation dagegen vermindert Stress, eine klare Zielsetzung vereinfacht den Tagesablauf.
Fragen Sie sich, ob Sie häufig Zeit vertrödeln? Können Sie das ändern? Versuchen Sie beispielsweise, sich besser zu organisieren.
– Denken Sie daran, daß negative Erfahrungen auch etwas Positives haben. Sie geben unter anderem Hinweise darauf, was Sie zukünftig besser machen könnten.
– Wenn Sie bemerken, daß jemand anderes in Schwierigkeiten ist, bieten Sie ihm Ihre Unterstützung an.
– Wenn Sie selbst einem Problem gegenüber hilflos sind, oder wenn Sie einem anderen in einer schwierigen Situation nicht helfen können, versuchen Sie, die Hilfe Dritter zu aktivieren.
– Gehen Sie stets davon aus, daß jeder Probleme gerne mit anderen diskutiert, nur ist es vielen nicht möglich, ein entsprechendes Gespräch zu initiieren. Helfen Sie anderen dabei, sich auszusprechen.
– Versuchen Sie, konzentriert zu sein!
Konzentriert an einem Plan festzuhalten, stets das gesetzte Ziel im Blick zu halten, entsprechend eine Sache nach der anderen zu erledigen – dieses Verhalten vermeidet Stress. Es basiert auf einem bewährten Rezept: Tun Sie eines nach dem anderen!
Können Sie sich auf eine Sache konzentrieren? Was können

Sie verbessern, um effizienter zu arbeiten? Wen können Sie um Mithilfe bitten?

- Sehen Sie sich selbst stets als einen aktiven Menschen, der angemessen handelt, wenn dies die Situation erfordert. Stets sind Sie das, was Sie Ihren Entscheidungen entsprechend sind – nicht mehr und nicht weniger. Andere sehen Sie stets so, wie Sie sich ihnen zeigen.
- Schaffen Sie Zeiten der Stille.

  Um Stress-Situationen besser aushalten zu können, ist es sinnvoll, in den Alltag Zeiten der Stille einzubetten. Dadurch kann der einzelne einen Ausgleich besonders für arbeitsbedingten Druck schaffen. Dies können eine Meditationssitzung oder auch Yoga-Übungen sein oder einfach nur ein Spaziergang auf einem Waldpfad oder im Park während der Mittagspause. Ruhe zu finden ist wichtig, denn viele Probleme des modernen Menschen basieren auf seiner Unfähigkeit, ruhig zu sein. Viele wissen nicht mehr, wie man still wird. Ruhe empfinden viele sogar als unangenehm. Sie sind nicht in der Lage, den Übergang von Hektik zur Stille durchzustehen. Schließlich kann Stress eliminiert werden durch Konzentration auf die Stille – was am ehesten in der Meditation möglich wird, egal welcher couleur. Es kann auch die Andacht in irgendeiner Kapelle sein. Kommen Sie wenigstens einmal am Tag zur Ruhe? Zu sich selbst?

Die eigene Mitte finden

Die traditionelle chinesische Medizin schränkt sich nicht auf Akupunktur, Heilkräuter u. ä. ein, sondern umfaßt auch Körperübungen (z. B. das T'ai Chi Ch'uan, Tuina, Qui Gong) und gezielte Körpermassagen. Alle Methoden gründen vor allem auf der Theorie der Meridiane und Kanäle im menschlichen Körper und der Theorie des Chi. Ziel ist die Kräftigung des Körpers und der Seele. Dabei wird das Chi verstärkt und im Innern des Körpers zum Fließen gebracht. Grundlegender Gedanke ist dabei, der eigenen Mitte innezuwerden.

In China tragen die Menschen ganz selbstverständlich Eigenverantwortung für den Erhalt ihrer Gesundheit. Auf Verfahren traditioneller Medizin wird nur zurückgegriffen, wenn Gesundheit nicht mehr aus eigener Kraft erhalten werden kann. Gesundheit heißt für sie zunächst, den Körper und die Lebensenergie in ein Gleichgewicht zu bringen. In unseren Breitengraden empfehlen Ärzte erst seit einiger Zeit Übungen im Freien (z. B. Jogging, Stretching), mit dem Hinweis, daß körperliche Betätigung wesentlich für den Erhalt von Gesundheit sei. Für die Chinesen sind Bewegungsübungen und die Zentrierung aller Energien Grundvoraussetzung für Gesundheit. Denn gesund ist der einzelne nur dann, wenn der Körper durch Bewegungsübungen und durch geistige Disziplin im Gleichgewicht gehalten wird. Der Chinese versucht, so seine Mitte zu finden, das heißt in einer ausgeglichenen Form der Bewegungen, denn dadurch definiert sich Gesundheit. Derjenige, der die eigene Mitte gefunden hat und den Geist auf einen Mittelpunkt zu konzentrieren vermag, ist gesund. Geht diese Mitte verloren, ist Krankheit die Konsequenz. Kranksein heißt auch, daß das Chi (die Hauptenergie des Menschen) in einem Teil des Körpers zu schwach ist und entsprechend in einem anderen zu stark. Entsprechend werden auch zwei Arten von Chi unterschieden: «Yin» bezeichnet die Stärke der Lebenskraft, während «Yang» der Widerstand gegen Krankheit ist. Chi wird im Laufe des Lebens verbraucht, besonders auch, wenn man durch Überforderung geschwächt ist. Entsprechend helfen T'ai Chi-Übungen, die Lebenskraft zu erhalten.

Die eigene Mitte zu finden, ist ein langwieriger Prozeß. Um zu verstehen, was darunter tatsächlich gemeint ist, wird häufig angeführt, daß der, der in jedem Augenblick sich seines Zentrums bewußt ist, sich im Zentrum befindet, und er schwankt nicht, selbst wenn man ihn anstößt. Es ist nicht möglich, ihn aus dem Gleichgewicht zu bringen. Die Vorstellung ist gleichbedeutend mit einem

Pfahl, der vom Kopf durch den Körper hindurch in den Boden ragt. «Schüler» müssen einen langwierigen Prozeß durchlaufen, immer wieder langsame Bewegungen (Chi Gong, T'ai Chi Ch'uan) ausführen, um ans Ziel zu kommen. Für Angehörige einer westlichen Zivilisation ist dies offenbar sehr schwierig (vgl. den Bericht von David Eisenberg [Moyers, 1996]), wenn nicht unmöglich, wohl auch, weil die entsprechende Übungs-Atmosphäre immer etwas Artifizielles hat. Jemand, der nach einer entsprechenden Ausbildung und Übung das Zentrum fühlen kann, ist auch in der Lage, den Energiefluß während der Abfolge von Bewegungen bewußt zu steuern.

Angelernte Verhaltensweisen verändern

Eine sehr unkonventionelle Technik zur Veränderung von Vorstellungen, die die Bewertung bestimmter Situationen beeinflussen, besteht darin, in einer unangenehmen Situation bewußt seine Gedanken zu verändern. Jeder kennt das Gefühl beim Zahnarzt: Man liegt auf dem Stuhl, Unangenehmes bahnt sich an, die Muskeln verspannen sich. Man kann dieser Reaktion entkommen, wenn man sich beispielsweise bewußt das nächste Rendezvous mit dem Angebeteten vergegenwärtigt oder an irgend etwas Schönes denkt. Sofort wird man feststellen, daß die Schultern schon nicht mehr angezogen sind. Gedanken können Gefühle beeinflussen, habituelle Denkmuster, also Kognitionen, vom einzelnen modifiziert werden. Die eigentliche Schwierigkeit besteht darin, bewußt an etwas anderes zu denken, vielen fehlt dabei die Konzentration, vor allem auch in belastenden Situation, wo man einfach nicht Kraft genug hat, sich zu wehren.

Zur Identifizierung der eigenen häufig auftretenden automatischen Gedanken ist es sinnvoll, sie zu notieren. Das kann beispielsweise am Abend geschehen. Man notiert Ereignisse, die tagsüber

Stress verursacht haben und notiert die entsprechenden Bewertungen. Anhand derartiger Aufzeichnungen läßt sich der Verlauf der Bewertung nachzeichnen.

Die Dokumentation negativer Gedanken kann beispielsweise in Form einer Tabelle mit folgenden Spalten (adaptiert nach Beck, [4]1994) erfolgen:

Situation/Ereignis	Gefühle	Kognition	Andere mögliche Erklärungen
Die Verwaltungsangestellte in einer Universitätsklinik benötigt zur Vervollständigung der Berechnungsbögen für die Behandlung privater Patienten die Krankenblätter aus der Poliklinik. Zum wiederholten Male werden ihr die Krankenblätter wütend ausgeliefert mit dem Kommentar: «Ständig fragen Sie nach den Krankenblättern, was gehen mich eigentlich die Einnahmen von Professor XYZ an.»	Verletzung, Verärgerung, Isolierung	Sie kann mich nicht leiden.	Die Krankenschwester der Poliklinik ist ganz allgemein nicht besonders glücklich (da sie mit ihrem Einkommen nicht auskommt). Wenn sie manchmal Krankenblätter heraussuchen muß, weil der Ziwi nicht da ist, und sie diese Arbeit von anderen Tätigkeiten abhält, heißt das nicht, daß sie mich nicht mag. Sie sucht nicht gern Akten heraus und ist wütend, weil der Chefarzt einkommensmäßig saniert ist. Ganz offensichtlich ist sie unter Druck. Im übrigen ist ihre Einstellung dumm, denn wenn sie Arbeit mit Widerwillen macht, geht sie ihr nicht gut von der Hand. Im übrigen sollte sie bedenken, daß auch sie von den Privateinnahmen profitiert (denn Prof. XYZ beteiligt seine Mitarbeiter prozentual). Die Krankenschwester weiß jedoch nicht, daß ich das weiß.

Die Aufzeichnung von Gedanken hilft dem Betroffenen, den Zusammenhang mit einhergehenden unangenehmen Gefühlen zu erkennen. Er bemerkt in der Regel, wie die Gedanken diese Gefühle noch intensivieren können. Gelingt es dem Betroffenen, die Eigenart von Kognitionen und ihren Einfluß auf die Bewertung von Stress-Situationen zu erkennen, und typische negative Kognitionen aus seinen eigenen Erfahrungen zu identifizieren, ist ein wichtiger Schritt zur Verhaltensänderung getan.

Die Überprüfung automatischer Gedanken und Vorstellungen auf ihren Realitätsgehalt sollte nicht zum Ziel haben, alle negativen Gedanken in positive zu verwandeln. Vielmehr geht es um eine möglichst objektive Wahrnehmung von Situationen. Dabei kann es durchaus vorkommen, daß auch negative Vorstellungen weiter Gültigkeit haben. Es kommt dabei darauf an, daß kognitive Muster der Situationsbewertung auf ihre Angemessenheit geprüft werden. «Das Wesen der Realitätsprüfung liegt in der Befähigung des Menschen, seine verzerrten Wahrnehmungen zu korrigieren. Die Analyse der Bedeutungen und Einstellungen deckt die Unvernunft und die selbstschädigende Wirkung dieser Einstellungen auf» (Beck, [4]1994).

Wenn besonders stressanfällige Menschen einmal gelernt haben, ihre Wahrnehmungen zu prüfen, werden sie feststellen, daß bestimmte Kognitionen in besonders anstrengenden Zeiten gehäuft und verstärkt auftreten. Dies ist besonders bei Menschen zu beobachten, bei denen psychische Erschöpfung in einer Depression fortdauert und die tagelang nicht mehr aus dieser Phase herauskommen. So kann beispielsweise das Öffnen des Briefkastens Stress bedeuten, und zwar dann, wenn der Betroffene sehr müde abends nach Hause zurückkehrt und ohnehin ein Tief durchlebt im Sinne einer depressiven Phase. In diesem Fall durchlebt der Betroffene eine Gefahr erneut, die er Monate zuvor realiter erlebt hat, als er den Brief eines Erpressers im Briefkasten gefunden hatte. Wenn Stress durch eine so klar analysierbare Kognition ausgelöst wurde, sollte der Betroffene lernen, sich seinen eigenen Gedanken gegenüber zu distanzieren und sie, wenn immer sie auftauchen, als das zu sehen, was sie sind: ein psychisches Ereignis, was in den Alltag deutlich hineinwirkt.

Grundgedanke der in diesen Zusammenhang hineinspielenden «rational-emotiven Therapie» (Ellis, [5]1993) ist es denn, daß das Individuum von bestimmten irrationalen Glaubenssätzen geleitet wird, die negativ wirkende Emotionen hervorbringen. Deshalb müssen diese Glaubenssätze in Frage gestellt werden mit dem Ziel der Veränderung, auch der sie begleitenden hinderlichen Gefühlsreaktionen.

In der Verhaltenstherapie werden bestimmte kognitive Aktivitäten (z. B. Erwartungen, Einstellungen) unter anderem für die Entstehung und für die Veränderung eines bestimmten, auch pathologischen Verhaltens angesehen. Im Zusammenhang mit Coping-Strategien in stressrelevanten Situationen besteht das Problem darin, daß das Individuum aufgrund bestehender Kognitionen mit den einhergehenden Emotionen eine Situation als «Stress» empfindet, die unter anderen Umständen nicht als solche bewertet werden würde. Die Verhaltenstherapie stellt einige Ansätze zur Verfügung, die bei gezielter Anwendung und Übung selbst ohne Therapeuten eine Verhaltensänderung bewirken können. Schließlich laufen die einzelnen Ansätze immer darauf hinaus, der jeweiligen Situation das Belastende und Bedrohliche zu nehmen durch eine veränderte Wahrnehmung, so daß durch den angestrebten Klarblick jede neue oder ungewohnte Situation als Herausforderung im Sinne einer neuen, bereichernden Erfahrung gewertet werden kann.

Anhang

Literaturverzeichnis

Für dieses Buch wurde Material unter anderem aus den folgenden Veröffentlichungen ausgewertet:

Einführung in das Phänomen «Stress»

Cannon, Walter B., Wut, Hunger, Angst und Schmerz. München, Berlin, Wien: Urban & Schwarzenberg 1975

Crisand, Ekkehard & Ursula Lyon, Anti-Streß-Training. Heidelberg: Sauer [2]1991

Filipp, Sigrun-Heide (Hrsg.), Kritische Lebensereignisse. München: Urban & Schwarzenberg [3]1995

Holmes, Thomas H. & Rahe, Richard H., «The social readjustment rating scale», Journal of Psychosomatic Research, 1967, 11, 213–218

Jerusalem, Matthias, Persönliche Ressourcen, Vulnerabilität und Streßerleben. Göttingen, Toronto, Zürich: Verlag für Psychologie, Hogrefe 1990

Kramis-Aebischer, Kathrin, Stress, Belastungen und Belastungsverarbeitung im Lehrberuf. Bern, Stuttgart, Wien: Paul Haupt 1995

Lazarus, Richard S., Emotion und Adaptation. New York, Oxford: Oxford University Press 1991

Lazarus Richard S., Psychological stress and the coping process. New York: McGraw-Hill 1966

Lazarus, Richard S., «Streß und Streßbewältigung – ein Paradigma», (1978) in: Filipp ([3]1995: 198–232)

Lazarus, Richard S., «The concepts of stress and disease», in: L. Levi (ed.), Society, Stress and Disease, Volume 1. London: Oxford University Press 1971, 53–58

Lazarus, Richard S. & Susan Folkman, Manual for the Hassles and Uplifts Scales. Palo Alto, California: Consulting Psychologists Press 1989

Lazarus, Richard S. & Susan Folkman, Stress, Appraisal, and Coping. New York: Springer 1984

Lazarus, Richard S. & Raymond Launier, «Streßbezogene Transaktionen zwischen Person und Umwelt», in: Nitsch (1981: 213–259)

Linneweh, K., Streß und Streßbewältigung. Stuttgart: Deutscher Sparkassenverlag ^{3}1996 (1988)

Nitsch, Jürgen R., «Aspekte der Streßforschung», in: Nitsch (1981: 27–160)

Nitsch, Jürgen R. (Hrsg.), Stress. Bern, Stuttgart, Wien: 1981

Pschyrembel Klinisches Wörterbuch. Berlin, New York: de Gruyter ^{255}1986

Schwarzer, Ralf, Streß, Angst und Handlungsregulation. Stuttgart, Berlin, Köln: Kohlhammer ^{3}1993

Selye, H., Stress. Bewältigung und Lebensgewinn. München: R. Piper & Co. Verlag 1974

Selye, Hans, The stress of life. New York: McGraw-Hill 1956

Spielberger, Charles, Stress und Angst: Risiko unserer Zeit. Weinheim, Basel: Beltz 1980

Tausch, Reinhard, Hilfen bei Stress und Belastung. Reinbek bei Hamburg: Rowohlt 1996

Teegen, Frauke, Ganzheitliche Gesundheit. Der sanfte Umgang mit uns selbst. Reinbek bei Hamburg: Rowohlt 1987

Teegen, Frauke, Körperbotschaften. Reinbek bei Hamburg: Rowohlt 1994

Wagner-Link, Angelika, Verhaltenstraining zur Streßbewältigung: Arbeitsbuch für Therapeuten und Trainer. München: Pfeiffer 1995

Whittlesey, Marietta, Stress. München: Goldmann 1989

Zimbardo, Philipp G., Psychologie. Berlin: Springer ^{6}1995

Wie der Organismus auf Stress reagiert

Buser, Kurt & Ursula Kaul-Hecker, Medizinische Psychologie, Medizinische Soziologie. Stuttgart, Jena, New York: G. Fischer ^{4}1996

Cannon, Walter B., Wut, Hunger, Angst und Schmerz. München, Berlin, Wien: Urban & Schwarzenberg 1975

Crisand, Ekkehard & Ursula Lyon, Anti-Streß-Training. Heidelberg: Sauer ^{2}1991

Goleman, Daniel, Lebenslügen. Weinheim, Basel: Beltz 1991

Hayward, Jeremy, Die Erforschung der Innenwelt. Frankfurt am Main, Leipzig: Insel Verlag 1996

Hellhammer, D. H. & A. Buske-Kirschbaum, «Psychobiologische Aspekte der Schutz- und Reparaturmechanismen», in: E. Lamprecht & R. Johnen (Hrsg.), Salutogenese. Ein neues Konzept in der Psychosomatik? Frankfurt/Main: VAS 1994: 95–105

Kabat-Zinn, Jon, Heilsame Umwege. Meditative Achtsamkeit und Gesundung. München: Piper 1995

Kaluza, Gert, Gelassen und sicher im Streß. Psychologisches Programm zur Gesundheitsförderung. Berlin, Heidelberg, New York: Springer ^{2}1996

Lazarus, Richard S. & Susan Folkman, Stress, Appraisal, and Coping. New York: Springer 1984

Linneweh, Klaus, Streßmanagement. Stuttgart: Deutscher Sparkassenverlag ^{3}1996

Miketta, Gaby, Netzwerk Mensch. Stuttgart: TRIAS-Thieme, Hippokrates, Enke 1991

Müller, Matthias J. & Petra Netter, «Unkontrollierbarkeit und Leistungsmotivation – Einflüsse auf Cortisol- und Testosteronkonzentrationsveränderungen während einer mentalleistungsbezogenen und einer physisch-aversiven Belastungssituation», Zeitschrift für Medizinische Psychologie 1992, 3, 103–113

Psychrembel Klinisches Wörterbuch. Berlin, New York: de Gruyter ^{255}1986

Schnack, Gerd, Am Computer gesund und fit. München: Pflaum1996

Schonert-Hirz, Sabine, Der Brigitte-Streß-Ratgeber für Frauen. München: Wilhelm Goldmann Verlag 1995

Schwarzer, Ralf, Psychologie des Gesundheitsverhaltens. Göttingen: Hogrefe ^{2}1996

Schwarzer, Ralf, Streß, Angst und Handlungsregulation. Stuttgart, Berlin, Köln: Kohlhammer ^{3}1993

Selye, H., Stress. Bewältigung und Lebensgewinn. München: R. Piper & Co. Verlag 1974

Selye, Hans, The Stress of Life. New York: McGraw-Hill 1956

Stress-Bewältigung. Neue Kraft schöpfen. Amsterdam: (Time-Life) 1988

Teegen, Frauke, Ganzheitliche Gesundheit. Der sanfte Umgang mit uns selbst. Reinbek bei Hamburg: Rowohlt 1987

Whittlesey, Marietta, Stress. München: Goldmann 1989

Zimbardo, Philipp G., Psychologie. Berlin: Springer ^{6}1995

Das psychische Stressgeschehen

Benson, Herbert, & Eileen M. Stuart, Das große Wellness Buch. Wien: Buchgemeinschaft Donauland Kremayr & Scheriau 1995

Burisch, Matthias, Das Burnout-Syndrom: Theorie der inneren Erschöpfung. Berlin, Heidelberg, New York: Springer 1989

Buser, Kurt & Ursula Kaul-Hecker, Medizinische Psychologie, Medizinische Soziologie. Stuttgart, Jena, New York: G. Fischer ^{4}1996

Dwyer, John, Krieg im Körper. Wie unser Immunsystem sich gegen Angreifer wehrt. Stuttgart: TRIAS Thieme, Hippokrates Enke 1994

Filipp, Sigrun-Heide (Hrsg.), Kritische Lebensereignisse. München: Urban & Schwarzenberg ^{3}1995

Goller, Hans, Psychologie: Emotion, Motivation, Verhalten. Stuttgart: Kohlhammer 1995

Jores, Arthur (Hrsg.), Praktische Psychosomatik. Bern, Stuttgart, Wien: Huber ^{2}1981

Kaluza, Gert, Gelassen und sicher im Streß. Psychologisches Programm zur Gesundheitsförderung. Berlin, Heidelberg, New York: Springer ^{2}1996

Kerekjarto, Margit von, Küchler, Thomas & Karl-Heinz Schulz, Onkologische Erkrankungen, in: Adolf-Ernst Meyer, Hellmuth Freyberger, Margit von Kerekjarto, Reinhard Liedtke & Hubert Speidel (Hrsg.), Jores Praktische Psychosomatik. Bern, Göttingen, Toronto, Seattle: Verlag Hans Huber ^{3}1996, 393–422

Krohne, Heinz Walter, «Das Konzept der Angstbewältigung», in: Heinz Walter Krohne (Hrsg.), Angstbewältigung in Leistungssituationen. Weinheim: Edition Psychologie der VCH Verlagsgesellschaft 1985: 1–13

Kuno, Manfred D., «Wenn Stress die Zellen krank macht», in: Schäfgen (1995: 174–195)

Laux, Lothar & Hannelore Weber, Emotionsbewältigung und Selbstdarstellung. Stuttgart, Berlin, Köln: Verlag W. Kohlhammer 1993

Lazarus, Richard S., Emotion und Adaptation. New York, Oxford: Oxford University Press 1991

Lazarus Richard S., Psychological Stress and the Coping Process. New York: McGraw-Hill 1966

Lazarus, Richard S., «Streß und Streßbewältigung – ein Paradigma», (1978) in: Filipp (^{3}1995: 198–232)

Lazarus, Richard S., «The concepts of stress and disease», in: L. Levi (ed.), Society, Stress and Disease, Volume 1. London: Oxford University Press 1971, 53–58

Lazarus, Richard S. & Susan Folkman, Manual for the Hassles and Uplifts Scales. Palo Alto, California: Consulting Psychologists Press 1989

Lazarus, Richard S. & Susan Folkman, Stress, Appraisal, and Coping. New York: Springer 1984

Lazarus, Richard S. & Raymond Launier, «Streßbezogene Transaktionen zwischen Person und Umwelt», in: Nitsch (1981: 213–259)

Linneweh, K., Streß und Streßbewältigung. Stuttgart: Deutscher Sparkassenverlag ^{3}1996

Nitsch, Jürgen R. (Hrsg.), Stress. Bern, Stuttgart, Wien: 1981

Rempe, Klaus, Positives Mental-Training im Führungsalltag. Stuttgart: Dt. Sparkassenverl. 1994

Schäfgen, Maria (Hrsg.), Streß beiseite. Berlin: Orlanda Frauenverlag 1995.

Selye, Hans, Stress. Bewältigung und Lebensgewinn. München: R. Piper & Co. Verlag 1974

Selye, Hans, The stress of life. New York: McGraw-Hill 1956

Teegen, Frauke, Ganzheitliche Gesundheit. Der sanfte Umgang mit uns selbst. Reinbek bei Hamburg: Rowohlt 1987

Zimbardo, Philipp G., Psychologie. Berlin: Springer ^{6}1995

Wie Emotionen entstehen

Anton, Karl-Heinz & Dieter Weiland, Soziale Kompetenz: vom Umgang mit Mitarbeitern. Düsseldorf: Econ 1993

Beck, Aaron T., et al. (Hrsg. von Martin Hautzinger), Kognitive Therapie der Depression. Weinheim: Psychologie Verlags Union [4]1994

Delhees, Karl H., Soziale Kommunikation. Psychologische Grundlagen für das Miteinander in der modernen Gesellschaft. Opladen: Westdeutscher Verlag 1994

Ellis, Albert, Die rational-emotive Therapie. München: Pfeiffer [5]1993

Ellis, Albert & Russel Grieger (Hrsg.), Praxis der rational-emotiven Therapie. Weinheim: Psychologie Verlags Union [2]1995

Filipp, Sigrun-Heide (Hrsg.), Kritische Lebensereignisse. München: Urban & Schwarzenberg [3]1995

Goller, Hans, Psychologie: Emotion, Motivation, Verhalten. Stuttgart: Kohlhammer 1995

Hayward, Jeremy, Die Erforschung der Innenwelt. Frankfurt am Main, Leipzig: Insel Verlag 1996

Kaluza, Gert, Gelassen und sicher im Streß. Berlin, Heidelberg, New York: Springer [2]1996

Kramis-Aebischer, Kathrin, Stress, Belastungen und Belastungsverarbeitung im Lehrberuf. Bern, Stuttgart, Wien: Paul Haupt 1995

Lazarus, Richard S., Emotion und Adaptation. New York, Oxford: Oxford University Press 1991

Lazarus Richard S., Psychological Stress and the Coping process. New York: McGraw-Hill 1966

Lazarus, Richard S., «Streß und Streßbewältigung – ein Paradigma», (1978) in: Filipp ([3]1995: 198–232)

Lazarus, Richard S. & Susan Folkman, Stress, Appraisal, and Coping. New York: Springer 1984

Lazarus, Richard S. & Susan Folkman, «Transactional theory and research on emotions and coping», European Journal of Personality 1, 1987: 141–169

Lazarus, Richard & Raymond Launer, «Streßbezogene Transaktionen zwischen Person und Umwelt», in: Nitsch (1981: 213–259)

Nitsch, Jürgen R. (Hrsg.), Stress. Bern, Stuttgart, Wien: 1981

Schwarzer, Ralf, Streß, Angst und Handlungsregulation. Stuttgart, Berlin, Köln: Kohlhammer [3]1993

Stavemen, Harlich H., Emotionale Turbulenzen. Weinheim: Beltz, Psychologie Verlags Union 1995
Zimbardo, Philipp G., Psychologie. Berlin: Springer ^{6}1995

Arbeitsbedingter Stress

Cooper, Carl L., Streßbewältigung: Person, Familie, Beruf. München: Deutscher Taschenbuch Verlag 1987
Greif, Siegfried, «Arbeit und Streß: Perspektiven», in: Siegfried Greif, Eva Bamber & Norbert Semmer (Hrsg.), Psychischer Streß am Arbeitsplatz, Göttingen, Toronto, Zürich: Verlag für Psychologie, Hogrefe 1991: 241–255
Hampel, Petra, Zum Einfluß von Belastung und Entspannung auf die psychophysische Regulation Hoch- und Niedrigängstlicher. Ein Beitrag zur Psychoneuroimmunologie. Frankfurt am Main, Berlin: Lang 1994
Jerusalem, Matthias, Persönliche Ressourcen, Vulnerabilität und Streßerleben. Göttingen, Toronto, Zürich: Verlag für Psychologie, Hogrefe 1990
Jores, Arthur, «Die Diagnose psychosomatischer Krankheiten», in: Jores (^{2}1981: 64–68)
Jores, Arthur (Hrsg.), Praktische Psychosomatik. Bern, Stuttgart, Wien: Huber ^{2}1981
Kompier, Michiel & Lennart, Levi, Streß am Arbeitsplatz: Ursachen, Wirkungen und Verhütung. Luxemburg: Amt für amtliche Veröffentlichungen der Europäischen Gemeinschaften 1995
Linneweh, Klaus, Streßmanagement. Stuttgart: Deutscher Sparkassenverlag ^{3}1996
Mackenzie, Alec R., Zeit für Erfolg: eine Strategie für Zielbewußte. Heidelberg: Sauer 1990
Mohr, Gisela, «Arbeit und Gesundheit», in: Schwarzer (1990, 229–244)
Mohr, Gisela, «Fünf Subkonstrukte psychischer Befindensbeeinträchtigungen bei Industriearbeitern: Auswahl und Entwicklung», in: Sigfried Greif, Eva Bamber & Norbert Semmer (Hrsg.), Psychischer Streß am Arbeitsplatz, Göttingen, Toronto, Zürich: Verlag für Psychologie, Hogrefe 1991: 91–119

Myrtek, M., «Streß und Typ-A-Verhalten», in: P. Allhoff, G. Flatten & U. Laaser (Hrsg.), Krankheitsverhütung und Früherkennung. Berlin, Heidelberg, New York: Springer 1993, 316–337
Plattner, Ilse E., Zeitstreß. München: Kösel 1993
Rempe, Klaus, Neue Wege der Selbstmotivation. Stuttgart: Dt. Sparkassenverl. ^{2}1991
Rosemeier, Hans Peter, Medizinische Psychologie und Soziologie. Stuttgart: Ferdinand Enke ^{4}1991
Schräder-Naef, Regula, Keine Zeit? Zeit-Erleben und Zeit-Planung. Weinheim: Beltz ^{3}1993
Schwarzer, Ralf, Streß, Angst und Handlungsregulation. Stuttgart, Berlin, Köln: Kohlhammer ^{3}1993
Schwarzer, Ralf (Hrsg.), Gesundheitspsychologie. Göttingen, Toronto, Zürich: Verlag für Psychologie, Hogrefe 1990
Sobull, Dagmer, «Management by Streß ist unproduktiv», Handelsblatt Karriere, 10.05.1996
Stuhr, Ulrich, «Zum Stellenwert der Arbeitswelt in der Psychosomatik», in: Adolf-Ernst Meyer, Hellmuth Freyberger, Margit von Kerekjarto, Reinhard Liedtke & Hubert Speidel (Hrsg.), Jores Praktische Psychosomatik. Bern, Göttingen, Toronto, Seattle: Verlag Hans Huber ^{3}1996, 574–583

Stressbewältigung – ein Schlüssel zur Gesundheit

Antonovsky, Aaron, «Gesundheitsforschung versus Krankheitsforschung», in: Alexa Franke & Michael Broda (Hrsg.), Psychosomatische Gesundheit. Tübingen: dgvt-Verlag 1993: 3–14
Antonovsky, Aaron, Health, Stress, and Coping. San Francisco, Washington, London: Jossey-Bass 1979
Antonovsky, Aaron, «The salutogenic perspective: Toward a view of health and illness, Advances Vol. 4, No. 1, 1987: 47–55
Birbaumer, Niels & Robert F. Schmidt, Biologische Psychologie, Berlin: Springer ^{2}1991
Federspiel, Krista & Vera Herbst, Die andere Medizin: Nutzen und Risiken sanfter Heilmethoden. Berlin: Stiftung Warentest ^{3}1994
Filipp, Sigrun-Heide (Hrsg.), Kritische Lebensereignisse, München: Urban & Schwarzenberg ^{3}1995

Folkman, Susan, «Personal control and stress and coping processes: A theoretical analysis», Journal of Personality and Social Psychology, 1984, 46, 839–852
Hayward, Jeremy, Die Erforschung der Innenwelt. Frankfurt am Main, Leipzig: Insel Verlag 1996
Kabat-Zinn, Jon, Heilsame Umwege. Meditative Achtsamkeit und Gesundung. München: Piper 1995
Kaluza, Gert, Gelassen und sicher im Streß. Psychologisches Programm zur Gesundheitsförderung. Berlin: Springer ^{2}1996
Klesse, Rosemarie et al., Gesundheitshandeln von Frauen. Frankfurt/Main, New York: Campus Verlag 1992
Kobasa, Suzanne C., «Stressful life events, personality, and health: An inquiry into hardiness», Journal of Personality and Social Psychology, 1979, 37, 1–11
Laux, Lothar & Hannelore Weber, Emotionsbewältigung und Selbstdarstellung. Stuttgart, Berlin, Köln: Kohlhammer 1993
Lazarus, Richard S., «Streß und Streßbewältigung – ein Paradigma», (1978) in: Filipp (^{3}1995: 198–232)
Lazarus, Richard S. & Susan Folkman, Stress, Appraisal, and Coping. New York: Springer 1984
Lazarus, Richard S. & Raymond Launier, «Streßbezogene Transaktionen zwischen Person und Umwelt», in: Nitsch (1981: 213–259)
Meyer, Ernst (Hrsg.), Burnout und Streß, Hohengeren: Schneider 1991
Moyers, Bill, Die Kunst des Heilens. München: Wilhelm Goldmann Verlag 1996
Nagel, Gerhard, «Editorial», Brückenschlag, 1996, 7, 1
Nitsch, Jürgen R. (Hrsg.), Streß. Bern, Stuttgart, Wien: 1981
Ohm, Dietmar, Psyche, Verhalten und Gesundheit. Stuttgart: Trias 1990
Olschewski, Adalbert, Streß bewältigen: ein ganzheitliches Kursprogramm. Heidelberg: Haug 1995
Ottawa Charter for Health Promotion, Canadian Journal of Public Health, 1986, 77, 425–430
Pines, Ayala M., Aronson, Elliot & Ditsa Kafry, Ausgebrannt: Vom Überdruß zur Selbstentfaltung. Stuttgart: Klett-Cotta ^{7}1992
Rosemeier, Hans Peter, Medizinische Psychologie und Soziologie. Stuttgart: Ferdinand Enke ^{4}1991

Schonert-Hirz, Sabine, Der Brigitte Streß-Ratgeber für Frauen. München: Wilhelm Goldmann Verlag 1995

Schwarzer, Ralf, Psychologie des Gesundheitsverhaltens. Göttingen: Hogrefe [2]1996

Schwarzer, Ralf, Streß, Angst und Handlungsregulation. Stuttgart; Berlin; Köln: Kohlhammer [3]1993

Schwarzer, Ralf, Gesundheitspsychologie. Göttingen: Verlag für Psychologie, Hofgrete 1990

Stress-Bewältigung. Neue Kraft schöpfen. Amsterdam: 1988 (Time-Life)

Tausch, Reinhard, Förderlicher Umgang mit seelisch-körperlichen Streß-Belastungen – Möglichkeiten für Erwachsene und Jugendliche, in: Meyer: (1991 60–74)

Teegen, Frauke, Ganzheitliche Gesundheit. Der sanfte Umgang mit uns selbst. Reinbek bei Hamburg: Rowohlt 1987

Wagner-Link, Angelika, Verhaltenstraining zur Streßbewältigung. München: Pfeiffer 1995

Weber, Hannelore. «Emotionsbewältigung», in: Schwarzer (1990: 279–294)

Wendt, Almuth, Diagnostik von Bewältigungsverhalten. Landau: Empirische Pädagogik 1995

Zimbardo, Philipp G., Psychologie. Berlin: Springer [6]1995

Problemorientieres Handeln

Bosong, Clemens, Zeitmanagement. Köln: Buch und Zeit 1992

Buser, Kurt & Ursula Kaul-Hecker, Medizinische Psychologie, Medizinische Soziologie. Stuttgart, Jena, New York: Fischer [4]1996

Cooper, Cary L., Streßbewältigung: Person, Familie, Beruf. München: Deutscher Taschenbuch Verlag 1987

Graichen, Winfried U. & Lothar J. Seiwert, Das ABC der Arbeitsfreude: Techniken, Tips und Tricks für Vielbeschäftigte. Speyer: GABAL [5]1990

Kabat-Zinn, Jon, Heilsame Umwege. Meditative Achtsamkeit und Gesundung. München: Piper 1995

Kaluza, Gert, Gelassen und sicher im Streß. Berlin, Heidelberg, New York: Springer [2]1996

Kitzmann, Arnold, Persönliche Arbeitstechniken und Zeitmanagement. Ehningen bei Böblingen: expert 1992

Lazarus, Richard S. & Raymond Launier, «Streßbezogene Transaktionen zwischen Person und Umwelt», in: Nitsch (1981: 213–259)

Linneweh, Klaus, Streßmanagement. Stuttgart: Deutscher Sparkassenverlag ^{3}1996

Mackenzie, Alec & Kay Cronkite Waldo, Die doppelte Zeitfalle: Zeitmanagement für die Frau. Heidelberg: Sauer ^{3}1992

Nitsch, Jürgen R. (Hrsg.), Stress. Bern, Stuttgart, Wien: 1991

Rosemeier, Hans Peter, Medizinische Psychologie und Soziologie. Stuttgart: Ferdinand Enke 1991

Schräder-Naef, Regula, Keine Zeit? Zeit-Erleben und Zeit-Planung. Weinheim: Beltz ^{3}1993

Schulz von Thun, Friedemann, Miteinander reden, Band 2. Reinbek bei Hamburg: Rowohlt 1989

Seiwert, Lothar J., Das 1 × 1 des Zeitmanagements. Speyer: GABAL ^{15}1992

Seiwert, Lothar J., Selbstmanagement: Persönlicher Erfolg, Zielbewußtsein, Zukunftsgestaltung. Offenbach: GABAL ^{5}1995

Stroebe, Rainer W., Arbeitsmethodik I. Heidelberg: Sauer ^{6}1993

Walter, Peter, Optimales Zeitmanagement. Stuttgart: Deutscher Sparkassenverlag 1994

Wellmann, Andreas & Regina Zelms, Professionelles Zeitmanagement. Wiesbaden: Gabler 1995

KörperManagement: Das Körperbewußtsein stärken

Benson, Herbert, Das große Wellness Buch, Wien: Buchgemeinschaft Donauland Kremayr & Scheriau 1995

Carper, Jean, Nahrung ist die beste Medizin. Düsseldorf: Econ 1994

Crisand, Ekkehard & Ursula Lyon, Anti-Streß-Training. Heidelberg: Sauer ^{2}1991

Deutsche Gesellschaft für Ernährung, «Ernährungsbericht 1992». Frankfurt: 1995

Diedrichsen, Iwer, Ernährungsberatung: psychologische Basiskonzepte. Göttingen: Verlag für angewandte Psychologie 1993

Federspiel, Krista & Vera Herbst, Die andere Medizin: Nutzen und Risiken sanfter Heilmethoden. Berlin: Stiftung Warentest [3]1994

Federspiel, Krista & Ingeborg Lackinger Karger, Kursbuch Seele. Köln: Verlag Kiepenheuer & Witsch 1996

Franke, Alexa, «Die Unschärfe des Begriffs ‹Gesundheit› und seine gesundheitspolitischen Auswirkungen», in: Alexa Franke & Michael Broda (Hrsg.), Psychosomatische Gesundheit. Tübingen: dgvt-Verlag 1993: 15–34

Gimbel, Bernd & Edwin Kalkbrenner, Handbuch KörperManagement: Training gegen Alltagsstreß. Reinbek bei Hamburg: Rowohlt 1994

Jost, Herbert, Wege zum Wunschgewicht. Reinbek bei Hamburg: Rowohlt 1995

Kaluza, Gert, Gelassen und sicher im Streß. Psychologisches Programm zur Gesundheitsförderung. Berlin, Heidelberg, New York: Springer [2]1996

Kitzmann, Arnold, Persönliche Arbeitstechniken und Zeitmanagement. Ehningen bei Böblingen: expert 1992

Lazarus, Richard S. & Susan Folkman, Manual for the Hassles and Uplifts Scales. Palo Alto, California: Consulting Psychologists Press 1989

Liedtke, Reinhard & Michael Stienen, «Neurologische Erkrankungen», in: Adolf-Ernst Meyer, Hellmuth Freyberger, Margit von Kerekjarto, Reinhard Liedtke & Hubert Speidel (Hrsg.), Jores Praktische Psychosomatik. Bern, Göttingen, Toronto, Seattle: Verlag Hans Huber [3]1996, 501–518

Nöldner, Wolfgang, «Gesundheitsverhalten in Freizeit und Urlaub», in: Schwarzer (1990: 215–228)

Plattner, Ilse E., Zeitstreß. München: Kösel 1993

Pudel, Volker & Norbert Maus, «Ernährung», in: Schwarzer (1990: 150–167)

Schlicht, Wolfgang, Wohlbefinden und Gesundheit durch Sport. Schorndorf: Hofmann 1995

Schnack, Gerd, Am Computer gesund und fit. München: Pflaum 1996

Schwarzer, Ralf, Psychologie des Gesundheitsverhaltens. Göttingen: Hogrefe [2]1996

Schwarzer, Ralf (Hrsg.), Gesundheitspsychologie. Göttingen, Toronto, Zürich: Verlag für Psychologie, Hogrefe 1990

Wendlandt, Wolfgang, Entspannung im Alltag. Weinheim, Basel: Beltz ²1995
Whittlesey, Marietta, Stress. München: Goldmann 1989

InnerManagement I: Die eigenen Energiequellen nutzen

Deest, Hinrich van, Heilen mit Musik: Musiktherapie in der Praxis. Stuttgart: TRIAS 1994
Deutsche Gesellschaft für Verhaltenstherapie, Verhaltenstherapie – Theorien und Methoden. Tübingen: DGVT ⁸1996
Eberlein, Gisela, Gesund durch Autogenes Training. Düsseldorf: Econ ⁸1993
Eisenberg, David, «Medizin in einer Körper/Seele-Kultur», in: Moyers (1996: 243–287)
Federspiel, Krista & Ingeborg Lackinger Karger, Kursbuch Seele. Köln: Verlag Kiepenheuer & Witsch 1996
Gerber, Gisela & Franz Sedlak (Hrsg.), Autogenes Training – mehr als Entspannung. München: E. Reinhardt 1990
Goleman, Daniel, Meditation: Wege nach innen. Weinheim, Basel: Beltz 1990
Graf Dürckheim, Karlfried, Zen und wir. Frankfurt/Main: Barth 1978
Hayward, Jeremy, Die Erforschung der Innenwelt. Frankfurt am Main, Leipzig: Insel Verlag 1996
Hegi, Fritz, Improvisation und Musiktherapie. Paderborn: Junfermann ²1988
Kabat-Zinn, Jon, Heilsame Umwege. Meditative Achtsamkeit und Gesundung. München: Piper 1995
Lazarus, Arnold, Innenbilder. Imagination in der Therapie und als Selbsthilfe. München: Pfeiffer 1980
Lie, Foen Tjoeng, Tai-Ji-Quan. Niederhausen: Falken 1996
Linden, Michael & Martin Hautzinger (Hrsg.), Verhaltenstherapie: Techniken, Einzelverfahren und Behandlungsanleitung. Berlin: Springer ³1996
Loehr, James E., Persönliche Bestform durch Mentaltraining für Sport, Beruf und Ausbildung. München: BLV Verlagsgesellschaft ²1991

Loew, Sybille, «Gestreßt, erschöpft und ausgebrannt. Kunsttherapie bei Streßpatienten», in: Werner Kraft, Die Heilkraft des Malens. Einführung in die Kunsttherapie. München: Beck 1996: 69–78

Luby, Suy, Hatha Yoga. Reinbek bei Hamburg: Rowohlt 1990

Markham, Ursula, Visualisieren. Braunschweig: Aurum Verlag 1992

Moyers, Bill, Die Kunst des Heilens. München: Wilhelm Goldmann Verlag 1996

O'Connor, Joseph & John Seymor, Neurolinguistisches Programmieren: gelungene Kommunikation und persönliche Entfaltung. Freiburg: VAK ^{5}1995

Ohm, Dietmar, Progressive Relaxation. Tiefenmuskelentspannung nach Jacobson. Stuttgart: Trias 1992

Olschewski, Adalbert, Streß bewältigen: ein ganzheitliches Kursprogramm. Heidelberg: Haug 1995

Schmidt, Christian, Erfahrungsweg Yoga. München: Claudius Verlag 1993

Schulz von Thun, Friedemann, Miteinander reden, Band 2. Reinbek bei Hamburg: Rowohlt 1989

Schwarz, Aljoscha A. & Ronald P. Schweppe, T'ai Chi easy. München: Humboldt Taschenbuchverlag 1994

Schwarzer, Ralf, Streß, Angst und Handlungsregulation. Stuttgart, Berlin, Köln: Kohlhammer ^{3}1993

Seifert, Theodor & Angela Waiblinger (Hrsg.), Therapie und Selbsterfahrung. Stuttgart: Kreuz Verlag 1986

Simonton, O. Carl, Auf dem Wege der Besserung. Schritte zur körperlichen und spirituellen Heilung. Reinbek bei Hamburg: Rowohlt 1993

Wendlandt, Wolfgang, Entspannung im Alltag. Weinheim, Basel: Beltz ^{2}1995

InnerManagement II: Geist und Psyche stärken

Allmen, Fred von, Die Freiheit entdecken. Zürich, München: Theseus Verlag 1990

Beck, Aaron T., et al. (Hrsg. von Martin Hautzinger), Kognitive Therapie der Depression. Weinheim: Psychologie Verlags Union ^{4}1994

Delhees, Karl H., Soziale Kommunikation. Psychologische Grundla-

gen für das Miteinander in der modernen Gesellschaft. Opladen, Westdeutscher Verlag 1994
Eisenberg, David, «Medizin in einer Körper/Seele-Kultur», in: Moyers (1996: 243–287)
Ellis, Albert, Die rational-emotive Therapie. München: Pfeiffer ^{5}1993
Ellis, Albert & Russel Grieger (Hrsg.), Praxis der rational-emotiven Therapie. Weinheim: Psychologie Verlags Union ^{2}1995
Federspiel, Krista & Ingeborg Lackinger Karger, Kursbuch Seele. Köln: Kiepenheuer & Witsch 1996
Hayward, Jeremy, Die Erforschung der Innenwelt. Frankfurt am Main, Leipzig: Insel Verlag 1996
Kabat-Zinn, Jon, Heilsame Umwege. Meditative Achtsamkeit und Gesundung. München: Piper 1995
Linneweh, K., Streß und Streßbewältigung. Stuttgart: Deutscher Sparkassenverlag ^{3}1996
Moyers, Bill, Die Kunst des Heilens. München: Wilhelm Goldmann Verlag 1996
Müller, Harry, Schwierigkeiten sind Möglichkeiten. Neuhausen, Stuttgart: Hänssler ^{3}1994
Olschewski, Adalbert, Streß bewältigen: ein ganzheitliches Kursprogramm. Heidelberg: Haug 1995
Schäfgen, Maria (Hrsg.), Streß beiseite. Berlin: Orlanda Frauenverlag 1995
Smentek, Ute, «Gelassenheit kann gelernt werden», in: Schäfgen (1995: 11–31)
Stavemen, Harlich H., Emotionale Turbulenzen. Weinheim: Beltz, Psychologie Verlags Union 1995
Zimbardo, Philipp G., Psychologie. Berlin: Springer ^{6}1995

Weitere Literatur

Bartmann, Ulrich, Laufen und Joggen. Stuttgart: TRIAS – Thieme Hippokrates Enke 1991

Beyer, Günther, Zeitmanagement. Düsseldorf. Econ Verlag 1992

Böning, Uwe, Umgehen mit Streß. Düsseldorf, Wien, New York, Moskau: Econ-Verlag 1993

Breton, Sue, Die Entdeckung der Sorglosigkeit: Denkgewohnheiten ändern und das Leben genießen. Stuttgart: TRIAS – Thieme Hippokrates Enke 1996

Carnegie, Dale, Wie man Freunde gewinnt. München: Scherz Verlag 1991

Conen, Horst, Die Kunst, mit Menschen umzugehen: ein Ratgeber mit Übungen für erfolgreiche Kommunikation und Körpersprache. Köln: DuMont 1991

Crisand, Ekkehard, Psychologie der Persönlichkeit: eine Einführung. Heidelberg: Sauer ^{6}1992

Decker-Voigt, Hans-Helmut, Knill, Paolo & Eckhard Weymann (Hrsg.), Lexikon Musiktherapie. Göttingen: Verlag für Psychologie, Hogrefe 1996

Devi, Indra, Yoga für Sie: neue Energie für Körper und Geist durch Entspannung und rhythmisches Atmen. Genf, München: Ariston Verlag ^{9}1991

Dieterich, Michael, Wir brauchen Entspannung. Gießen, Basel: Brunnen ^{2}1989

Gadenne, Volker, Bewußtsein, Kognition und Gehirn. Einführung in die Psychologie des Bewußtseins. Bern: Huber 1996

Gallwey, W. Timothy, Tennis – Das innere Spiel. Durch entspannte Konzentration zur Bestleistung. München: Goldmann Verlag 1977

Graf Dürckheim, Karlfried, Der Alltag als Übung. Vom Weg zur Verwandlung. Bern, Stuttgart, Toronto: Huber ^{9}1987

Höhnke, Olaf & Astrid Ramme-Wichmann, Bewegung und Entspannung am Arbeitsplatz: ganzheitliches Trainingsprogramm für alle, die am Bildschirm arbeiten, viel sitzen und etwas gegen die Folgen einseitiger Beanspruchung unternehmen wollen. Stuttgart: TRIAS – Thieme Hippokrates Enke 1990

Jacobson, Edmund, Entspannung als Therapie. Progressive Relaxation in Theorie und Praxis. München: Pfeiffer 1990

Kass, Frederic I., John M. Oldham & Herbert Pardes (Hrsg.), Das große Handbuch der seelischen Gesundheit. Weinheim, Berlin: Quadriga Verlag 1996

Kempf, Hans-Dieter, Die Rückenschule. Das ganzheitliche Programm für einen gesunden Rücken. Reinbek bei Hamburg: Rowohlt 1995

Knörzer, Wolfgang & Adalbert Olschewski (Hrsg.), Ganzheitliche Gesundheitsbildung in Theorie und Praxis. Heidelberg: Haug 1994

Krug, Jürgen, Das Autogene Training. Wie man Entspannung, Ruhe und Gesundheit gewinnt. München: Beck 1991

Lazarus, Richard, S., Patterns of Adjustment. New York: McGraw-Hill ^{3}1976

Limmer, Ruth, «Der ganz normale Beziehungsstreß», in: Lothar Laux & Hans Reinecker (Hrsg.), Mit Leib und Seele. Psychologie in Bamberg. Berichte aus der Otto-Friedrich-Universität Bamberg 1994, 6: 129–134

Maslow, Abraham H., Motivation und Persönlichkeit. Reinbek bei Hamburg: Rowohlt 1989

Maslow, Abraham H., Psychologie des Seins. Ein Entwurf. Frankfurt 1978

Mittag, Oskar, Mach' ich mich krank? Bern: Huber 1996

Pudel, Volker & Joachim Westenhöfer, Ernährungspsychologie: eine Einführung. Göttingen, Toronto, Zürich: Hogrefe 1991

Röhrle, Bernd, Soziale Netzwerke und soziale Unterstützung. Weinheim: Psychologie Verlags Union 1994

Schroeder, Wolfgang C., Musik – Spiegel der Seele: Eine Einführung in die Musiktherapie. Paderborn: Junfermann 1995

Solé-Leris, Amadeo, Die Meditation, die der Buddha selber lehrte. Freiburg: Herder 1994

Vaitl, Dieter & Franz Petermann (Hrsg.), Handbuch der Entspannungsverfahren. Band 1. Grundlagen und Methoden. Weinheim: Psychologie Verlags Union 1993

Von Quast, Christoph, Psychotest Streßmanagement. München: Humboldt 1994

Weissman, Rosemary & Steve Weissman, Der Weg der Achtsamkeit: Vipassana-Meditation. München: Hugendubel 1994

Wydra, Georg, Gesundheitsförderung durch sportliches Handeln. Sportpädagogische Analysen einer modernen Facette des Sports. Schorndorf: Hofmann 1996

Adressen

Diese Anlaufstellen helfen weiter, wenn Sie Körperübungen erlernen möchten oder an allgemeinen Informationen zu einzelnen Verfahren interessiert sind:

Feldenkrais-Gilde
Theresienstr. 102/V
80333 München
Tel.: 089/5234174

Schweizerischer Feldenkrais Verband
Hotzestr. 29
Ch-80006 Zürich
Tel.: 01/3626188

Berufsverband Deutscher Yogalehrer (BDY)
Heinrich-Groh-Str. 48
97250 Erlabrunn
Tel.: 09364/4797

Österreichischer Yogalehrer-Verband
Zwischenhäg 16
A-6714 Nüziders
Tel.: 05552/64228

Schweizer Yoga-Gesellschaft
Seilerstr. 24
CH-3011 Bern
Tel.: 031/3824544

Yoga-Hilfsmittel-Versand
Michael Forbes
Maistr. 31
80337 München
Tel.: 089/537170

AFA-Arbeits- und Forschungsgemeinschaft
für Atempflege e. V. und
Verband der Atemtherapeutinnen
Kaiser-Friedrich-Str. 17
10585 Berlin
Tel.: 030/3417226

Ilse-Middendorf-Institute
für den Erfahrbaren Atem
Postweg 23
64743 Beerfelden-Falken-Gesäß
Tel.: 06068/912026

Deutsche Eutonie-Gesellschaft
Gerda Alexander (DEGGA)
Kohlhökerstr. 38
28203 Bremen
Tel.: 0421/326217

Deutsche Gesellschaft für Kunsttherapie
und Therapie mit Kreativen Medien e. V. (DGKT)
Sekretariat:
Kühlwetterstr. 49
40239 Düsseldorf
Tel.: 0211/632711

Deutsche Gesellschaft für Musiktherapie e. V. (DGMT)
Postfach 440550
12005 Berlin
Tel.: 030/6247364

Medizinische Gesellschaft für Qigong Yang-sheng e. V.
Herwarthstr. 21
53115 Bonn

Netzwerk für Tai Chi Chuan und Quigong e. V.
Eppendorfer Landstr. 164
20251 Hamburg
Tel.: 040/4604365

International Tai Chi Chuan Association
(ITCCA)
c/o Schule Frieder Anders
Im Trutz 23
60322 Frankfurt/Main
Tel.: 069/727378

Deutsche Gesellschaft für
Neurolinguistisches Programmieren (DGNLP)
Schloß Elbroich
Am Falder 4
40589 Düsseldorf
Tel.: 0211/7570757

NLP-Consulting & Coaching
Widerhofergasse 4
A-1090 Wien
Tel.: 0222/317402

NLP-Consulting/Stowasser
Gresgen 40
Ch-79669 Zell
Tel.: 07625/7636

Deutsche Akademie für Angewandtes NLP
Meinrad Kamps
Ludwig-Jahn-Str. 86
47918 Tönisvorst
Tel.: 02151/701647

Deutsche Gesellschaft für Ärztliche
Hypnose und Autogenes Training (DGÄHAT)
Oberforstbacher Str. 416
52076 Aachen
Tel.: 02408/4354

Österreichische Gesellschaft für Autogenes
Training und allgemeine Psychotherapie
Testarellogasse 31
A-1130 Wien
Tel.: 0222/8770461

Schweizerische Gesellschaft für Autogenes
Training
Könizbergstr. 1
CH-3097 Liebefeld
Tel.: 031/9718100

Institut für Autogenes Training, Biofeedback
und Hypnosetherapie
Vonwilstr. 27
CH-9001 St. Gallen

Institut für Autogenes Training, Biofeedback
und Hypnosetherapie
Stockerstr. 56
CH-8002 Zürich

Psychologischer Arbeitskreis für Autogenes Training
und Progressive Relaxation
Koogstr. 96
25541 Brunsbüttel
Tel. 04852/2224

Buddha-Haus
Meditations- und Studienzentrum e. V.,
Uttenbühl 5
87466 Oy-Mittelberg
Tel.: 08376/502

Deutsche Buddhistische Union (DBU) e. V.
Geschäftsstelle
Amalienstr. 71
80799 München
Tel.: 089/280104

Haus der Stille e. V.
Buddhistisches Meditationszentrum
Mühlenweg 20
21514 Roseburg
Tel.: 04158/214

Seminarhaus Engl
Engl 1
84339 Unterdietfurth
Tel.: 08728/616

Dhamma-Gruppe Schweiz
Buddhistische Meditationskurse
Postfach 5909
CH-3001 Bern
Tel.: 004131/58768

Meditation:
Weitere Adressen, Hinweise auf Veranstaltungen u. ä.
im Katalog von:
klang & stille Versand
Hauptstr. 17
74189 Weinsberg
Tel.: 07134/23448

Neumühle
Ökumenisches Zentrum für
Meditation und Begegnung
66693 Mettlach-Tunsdorf
Tel.: 06868/1215

Odenwald-Institut
für personale Pädagogik
Trommstr. 25
69483 Wald-Michelbach
Tel.: 06207/5071

Deutsche Gesellschaft für Ernährung e. V.
Feldbergstr. 28
60323 Frankfurt/Main
Tel.: 069/720146

Sachregister

Abwehrmechanismen 22, 50, 51, 56, 108, 109, 110, 126
Achtsamkeit 25, 105, 106, 107, 108, 109, 110, 126
Ärger 20, 36, 43, 48, 49, 51, 52, 53, 54, 133, 194, 198
Ärgernisse, tägliche s. Alltagsstress
Aggression 22, 38, 39, 49, 52, 53, 54, 64, 81, 133
Aggressivität 48, 49
Alarmbereitschaft 21, 32, 48, 163, 164
Alarmreaktion 31, 32, 33, 34, 48, 49, 96
Alkoholgenuß s. Alkoholkonsum
Alkoholkonsum 12, 21, 75, 79, 96, 134, 135
Allgemeines Adaptationssyndrom (AAS) 31
Alltagsstress 13, 19, 27, 32, 38, 40, 90, 91, 146, 158
Angst 12, 20, 22, 29, 37, 43, 46, 47, 51, 54, 59, 80, 81, 96, 98, 133, 146, 147, 149, 164, 166, 182, 183, 199
Anpassungsfähigkeit 10, 15, 29
Anpassungsmöglichkeiten 63, 67
Anspannung 17, 19, 96, 100, 124, 151, 152, 162, 167, 168, 170, 190, 196
Arbeitsmethodik 121, 122
Arbeitstechnik(en) 114, 121
Atemarbeit 150
Aufmerksamkeit 23, 30, 41, 44, 60, 62, 63, 80, 105, 110, 111, 118, 136, 145, 150, 151, 152, 153, 165, 174, 186, 187, 188, 189, 190, 192, 197, 198
Ausgebranntsein («burnout») 22, 33
Autogenes Training 13, 152, 169, 171, 172

Balance, innere 15, 195
Bedrohung 13, 17, 24, 29, 30, 31, 32, 37, 38, 42, 43, 46, 47, 48, 56, 60, 68, 72, 89, 92, 102, 103, 104, 190
Belastungsfaktoren 74
Bewältigung 20, 21, 23, 44, 67, 93, 106, 112, 135, 163, 189, 194
Bewältigungskompetenz 61
Bewältigungsstrategien 11, 15, 19, 36, 66, 67, 79, 82, 86, 91, 93, 100, 112, 113, 210
– emotionszentrierte 91
– problemzentrierte 91
Bewältigungsverhalten 12, 19, 61, 86, 87, 95, 149, 163
Bewegungsmangel 141

Bewegungsübungen 164, 206
Bewertung 10, 13, 15, 20, 26, 31, 32, 38, 47, 58, 60, 62, 63, 67, 68, 69, 78, 81, 104, 207, 208, 209
Bewertung
– kognitive 17, 20, 58, 60, 61, 63, 64, 66, 67, 68, 69, 81, 95, 104, 107, 108, 179, 197
– primäre 66, 68
– sekundäre 66, 68
– unbewußte 68
Bewertungsprozesse 63, 68
Bewußt-sein 104
Beziehung Person/Umwelt s. Person-Umwelt-Beziehung

Coping («coping») s. Bewältigung
Coping-Verhalten s. Bewältigungsverhalten
Coping-Strategien s. Bewältigungsstrategien

«daily hassles» s. Alltagsstress
Dauerbelastung s. Dauerstress
Dauerstress 16, 19, 27, 37
Denken, positives 179
Denkmuster 13, 60, 68, 69, 162, 179, 181, 207
Diskrepanz 17, 20, 26, 127, 134
Distanz 10, 13, 17, 23, 103, 104, 107, 194
Distress s. Stress, negativer

Emotion(en) 11, 12, 13, 20, 26, 31, 34, 35, 37, 42, 58, 59, 60, 61, 64, 68, 70, 87, 108, 140, 149, 181, 194, 195, 198, 210
Endorphin 97, 146, 147
Entspannung 12, 35, 92, 109, 112, 128, 129, 135, 147, 150, 153, 165, 166, 167, 168, 169, 170, 171, 172, 175, 184, 190
Entspannungsmethoden s. Entspannungstechniken
Entspannungstechniken 45, 129, 135, 162, 163, 166, 190
Entspannungstraining 159, 162, 167, 168, 173
Entspannungsübungen 160, 162, 164, 166, 167
Ernährung 12, 82, 134, 154, 155, 156, 175
Ernährungsverhalten 154, 156
Erschöpfung 21, 75, 142
Erschöpfungszustand 84, 85
Eustress s. Stress, positiver

Fitness 141, 142
Freizeit 74, 82, 84, 129, 148, 157, 158, 159, 160
Freizeitverhalten 141, 157, 158
Furcht 22, 46, 47, 48, 54

Gelassenheit 13, 66, 102, 104, 109, 168, 169, 174, 179, 187, 194, 195, 197
«generalized resistance resources» (GRRs) 100
Gesundheitsförderung 85, 89
Gleichgewicht, inneres 15, 78, 169, 195

Grübeln 23, 59, 195, 196

«hardiness» 100, 102
HEDE-Kontinuum 88, 100
Herausforderung 10, 12, 13, 23, 30, 32, 39, 43, 60, 64, 66, 67, 101, 102, 103, 104, 108, 131, 194, 195, 197, 198, 210
Hilflosigkeit 36, 43, 48, 52, 100, 102, 184
Homöostase s. Gleichgewicht, inneres

Improvisation, freie 192, 193

Kampf-oder-Flucht-Reaktion 31, 32, 197
Klarblick 104, 105, 107, 108, 210
Konfliktsituation(en) 75, 112, 200, 202, 203
Körperarbeit 161, 162, 167
Körpersignale 33, 147, 173, 174, 187
Körpertraining s. Körperarbeit
Kognition(en) 13, 20, 44, 54, 58, 60, 61, 163, 182, 207, 208, 209, 210
Kohärenzgefühl («sense of coherence», SOC) 89, 100, 101
Kohärenzsinn s. Kohärenzgefühl
Kontakte, soziale 137, 145, 147
Kontrolle 11, 48, 52, 62, 73, 102, 106, 136, 175, 195, 197
Kontrollierbarkeit 100

Lebensereignis, kritisches 14, 27, 40, 44, 66
Lebensstil 12, 135, 136, 137, 139, 152
Leistungsängstlichkeit 80
Loslassen 152, 166, 186, 201, 203

Meditation 13, 106, 108, 109, 162, 184, 185, 188, 189, 190, 205
Muskelverspannung 150, 153, 161, 207

Netz, soziales 55, 91, 94, 99, 100, 202
Neubewertung 68
Nikotinkonsum 12, 22, 51, 73, 96, 97

Optimismus 100
Optimist 179
Ottawa-Charta 89

Persönlichkeitsmerkmale 64, 74, 93, 100, 147
Person-Umwelt-Beziehung 20, 64, 87
Pessimismus 22
Pessimist 179
Präsenz 176, 179, 183, 186, 187, 197
Progressive Muskelentspannung s. Progressive Relaxation
Progressive Muskelrelaxation s. Progressive Relaxation
Progressive Relaxation 152, 167, 168, 169

Rauchen s. Nikotinkonsum
Rückenschmerzenm, chronische 38
Rückhalt, sozialer 77, 78, 98, 99

Salutogenese 88, 101
Schaden s. Schaden/Verlust
Schaden/Verlust 39, 43, 60, 64, 67, 104, 187
Schlafstörungen 33, 34, 74, 78, 97, 130, 151, 152, 153, 167, 170
Selbstmanagement 74, 113, 189
Selbstverbalisierungen 60
Selbstwertgefühl 23, 26, 51, 52, 54, 61, 67, 126, 147, 176
Stress
– negativer 16
– positiver 12, 31, 16, 46
Stressauslöser s. Stressor
Stressbewältigung 11, 12, 18, 20, 39, 54, 56, 57, 63, 67, 82, 88, 89, 95, 99, 100, 101, 125, 134, 135, 137, 152, 157, 184, 189, 202
Stresshormonachsen 30, 31, 34, 35
Stressmodell, transaktionales 60, 104
Stressniveau 13, 76, 90, 123
Stressor(en) 15, 18, 21, 22, 25, 26, 27, 32, 33, 37, 38, 42, 43, 49, 64, 66, 72, 74, 75, 78, 79, 80, 85, 86, 87, 92, 95, 97, 99, 100, 126, 127, 128, 151, 164, 201
Stressor(en)
– äußere (externe) 30, 47, 52
– innere (interne) 26, 30, 47, 52, 91, 133
Stresspotential 116, 120
Stressprophylaxe 11, 140, 203
Stressprozeß 11, 13, 15, 17, 19, 20, 21, 49, 75, 87, 103
Stressrelevanz 112
Stressresistenz 100, 139
Stresstoleranz 16, 44, 45, 83
Stressvermeidung 11, 204
Stressverstärker 24, 96, 99, 156

Training
– aerobes 143, 144
– anaerobes 143
Transaktion 20, 104
Typ-A-Verhalten 81

Umdeutung, positives 180, 181
Unterstützung, soziale 76, 98, 99

Verdrängung 48, 50, 87, 113
Verleugnung 48, 51, 87
Vermeidung 50, 51, 91
Verhaltensänderung 12, 86, 127, 128, 154, 209, 210
Verhaltensmuster 42, 53, 58, 64, 69, 108, 181
Verletzbarkeit (Vulnerabilität) 22, 42, 93, 102
Vipassana 104, 107, 108, 109
Visualisation 185
Vorstellung(en) 41, 50, 52, 59, 60, 62, 68, 69, 104, 113, 123, 140, 171, 172, 176,

177, 182, 183, 184, 186, 199, 201, 206, 207, 209
Vorstellungskraft 184, 185

Wahrnehmung 11, 17, 22, 47, 51, 53, 60, 62, 63, 67, 68, 83, 84, 87, 90, 104, 107, 110, 136, 147, 158, 167, 170, 174, 179, 190, 191, 195, 209, 210
Wahrnehmungsverzerrungen 12
Wertvorstellungen 69, 100
Widerstandsquelle(n) («resistance resource[s]») 89, 101
Wohlbefinden 11, 20, 27, 54, 55, 66, 67, 72, 89, 109, 110, 139, 140, 141, 142, 146, 152, 154, 155, 161, 163, 175, 176, 180, 184, 201

Zeitdruck 32, 75, 81, 82, 99, 116, 127, 156, 196, 199
Zeitmanagement 113, 114